Ich kann nicht mehr! Hilfe für entmutigte Christen

Helmut Prock

Christlicher Mediendienst Hünfeld GmbH – CMD
Postfach 13 22
D-36082 Hünfeld
Tel: (0 66 52) 91 81 87
Fax: (0 66 52) 91 81 89
e-Mail: mail@mediendienst.org
Internet: www.mediendienst.org

ISBN: 978-3-939833-44-4

Umschlaggestaltung: Oleksandr Hudym, Berlin
Satz & Layout: Digital Design Deubler, Neckargemünd

Die Bibelzitate sind – wenn nicht anders vermerkt – der revidierten
Elberfelder-Übersetzung entnommen.

Inhaltsverzeichnis

Werft nun eure Zuversicht nicht weg,
die eine große Belohnung hat.
Hebräer 10,35

Euer Herz lasse sich nicht verwirren.
Glaubt an Gott, und glaubt an mich!
Johannes 14,1

Einleitung

Darf ich mich kurz vorstellen?

Mein Name ist Helmut Prock, ich lebe in Österreich und bin verheiratet mit meiner Frau Barbara. Wir haben fünf Kinder. Dir offen aus meinem Leben zu erzählen ist gleichzeitig eine Herausforderung für mich.

Eines Tages, ich war noch ein Teenager, standen zwei seltsame Personen vor meiner Haustür und erzählten mir »ihre Botschaft«. Es stellte sich heraus, dass es Zeugen Jehovas waren. Sie lasen mir aus ihrer Bibel vor. Das sprach mich wirklich an. Nun begann ich selbst in der Bibel zu lesen. Immer mehr wurde ich in dieses Buch sozusagen hinein- und von der Person angezogen, von der es ständig sprach – von Gott! Anfangs verstand ich beim Bibellesen nicht viel. Wie auch? Fehlte mir doch die richtige Anleitung dazu. Daher lehnte ich vorerst die Botschaft der Zeugen Jehovas ab. Aber eine Frage drängte sich mir auf: Gibt es diesen Gott wirklich, und wie kann ich mit Ihm ins Reine kommen? Eines Tages begegnete mir dann Gott persönlich – in meinem Zimmer. Es war etwas Übernatürliches: Seine Existenz bewies sich mir als sehr nachhaltig. Über den Umweg mit den Zeugen Jehovas wurde mir dann schließlich durch bibeltreue Christen gezeigt, wie ich mit Gott im biblischen Sinne leben kann.

Im April 1982 war es dann soweit: Ich durfte den Herrn Jesus als meinen Erlöser annehmen und erlebte den Frieden, die Ruhe und die Gewissheit eines echten Kindes Gottes.

Rückblickend darf ich Gott dankbar sein. Durch mittlerweile fast drei Jahrzehnte hat Er mich durchgetragen. Und die Liebesbeziehung zu Ihm war nie größer. Gelegenheiten zum Aufgeben hätte es genug gegeben, aber Er ist treu und Seine Gnade hält uns.

Hier nun einige negative »Highlights« aus meinem Leben. Einige wären auch vermeidbar gewesen – das muss ich ganz ehrlich sagen.

1. Mit zehn Jahren kam ich in ein streng katholisches Internat. Das hatte natürlich auch seine positiven Seiten, aber insgesamt habe ich diese Zeit nicht in guter Erinnerung. Keine drei Jahre später war ich auch schon wieder daheim. In dieser Zeit verließ uns mein Vater, um mit einer jüngeren Frau ein neues Leben zu beginnen. Dieser Verlust war sehr schmerzlich. Ich war sehr enttäuscht. Die Geschichte mit meinem Vater endete schließlich damit, dass ich Jahre später an seinem Sterbebett saß, um Abschied von ihm zu nehmen. Es war göttliche Führung, dass ich ihn nach Jahren der Ablehnung, in denen wir keinen Kontakt hatten, noch kurz vor seinem Tode begegnen durfte. In der zweiten Nacht verstarb mein Vater, er hatte Krebs. Ich hatte nichts von seiner Krankheit gewusst und diese tragische Situation brannte sich in mein Gedächtnis ein.

2. Meine Mutter ist mit der Scheidung kaum fertig geworden. Daher waren auch wir Kinder sehr auf uns allein gestellt. Einerseits hatten wir zwar mehr Freiheiten als andere Kinder und Jugendliche in unserem Alter, andererseits aber keine richtige Familie. Keinen Rahmen, der Kids und Teenagern Sicherheit und Rückhalt geben könnte.

3. In den ersten Jahren meines Glaubenslebens war ich innerlich oft sehr zerrissen, voller Zweifel und nagender Fragen. Diese inneren Kämpfe zeigten mir meine Grenzen auf. Aber mit Gottes Hilfe hielt ich am Glauben fest. So erhielt ich hilfreiche Antworten aus der Heiligen Schrift z. B. auf das Thema menschlichen Leidens. Diese bildeten eine starke Basis meines christlichen Glaubens. Aber auch Fragen, die sich verstandesmäßig nicht beantworten ließen und mir somit meine Begrenztheit aufzeigten, wurden mir bewusst. Diese wertvolle Lebensphase habe ich noch dankbar in Erinnerung. Die Bibel begründet den trostlosen Zustand in dieser gefallenen Welt und beantwortet zufriedenstellend Fragen, woher wir kommen, wie wir unser Leben sinnvoll gestalten können und wohin unsere Reise gehen wird.

4. In meinen Zwanzigern spielte die Partnersuche natürlich eine große Rolle. Als Melancholiker durchschritt ich tiefe emotionale Täler. Der Liebeskummer blieb nicht aus.

Eine Herausforderung war Gottes vorläufiges Nein zu meiner späteren ersten Frau. Obwohl der Wunsch nach Heirat beiderseits vorhanden war, hatten wir drei Jahre keinen Frieden darüber. Im Jahr vor unserer Verlobung ergab es sich, dass wir nur drei Minuten voneinander entfernt wohnten. In den Gemeindeveranstaltungen sahen wir uns auch regelmäßig. Das machte die Sache nicht gerade leichter. Nach dieser schweren Zeit, in der es zu keinerlei gefühlsmäßigen Abkühlung kam, gab Gott mir den Mut und die Gewissheit, um ihre Hand anzuhalten.

5. Nach zweieinhalb Jahren wurden wir glückliche Eltern einer lieben Tochter und fuhren dann in den Urlaub nach Kroatien – die zweiten Flitterwochen sozusagen. Dieser Urlaub kulminierte in einer Katastrophe: Meine Frau wurde von einem Motorboot erfasst und konnte nur noch tot geborgen werden. In letzter Sekunde konnte ich mich durch einen Sprung ins Wasser retten. Es sollte Jahre dauern, um über diesen Schmerz hinwegzukommen. Nur wer selbst so etwas miterlebt hat, weiß, wie schwer es ist, damit fertig zu werden.

6. Im Zuge meiner zweiten Verehelichung kam es aus verschiedenen Gründen zu heftigen Problemen, zu Zerwürfnissen mit engen Freunden und Mitarbeitern. Zu dieser Zeit nahm ich an christlicher Aktivitäten gar nicht mehr teil, in die ich doch all meine Kraft und meine Jugend gesteckt hatte – mehr oder weniger unfreiwillig und aus vermeintlichen Vernunftgründen. Diese Phase verlangte mir vorübergehend meine letzten inneren Reserven ab.

7. Zu guter Letzt erwischte es mich auch noch im finanziellen Bereich: Entgegen dem Rat guter Freunde, gründete ich mit einem christlichen Bruder und Freund ein Blockhausunternehmen. Das Ganze sollte überschaubar bleiben und so risikoarm wie möglich gestaltet werden. Unter massivem Einsatz konnten wir dann auch einige Häuser verkaufen. Und es waren immer höhere Geldsummen im Spiel. Während dieser Zeit war ich zutiefst davon überzeugt, dass meine Motive rein sind, und dass wir mit Gottes Hilfe durch die schwere Anfangszeit durchkommen

würden. Nichtsdestotrotz musste ich im November 2002 Konkurs anmelden. Unser Unternehmen war gescheitert, die ganze Mühe war umsonst gewesen. Wieder eine herbe Enttäuschung und noch dazu ein Schuldenberg, der mich noch lange begleiten würde – erneut eine Grenzerfahrung, in der mein Glaube schwer geprüft, aber auch geläutert wurde.

Ja, in meinem Leben ist doch so einiges zusammengekommen: Probleme im geistlichen Dienst, Krankheit, Erschöpfungszustände, Tod geliebter Freunde und massive Schwierigkeiten mit unseren Kindern – ohne hierauf näher einzugehen –, die uns als Eltern das Leben schwer gemacht haben.

Ich durfte viel lernen, und Gottes Gnade bewahrte mir meinen Glauben. Das will ich jetzt – so gut ich es eben kann – dir, lieber Leser, weitergeben. Ich gehe davon aus, dass sich viele Leser dieses Buches, sowohl Christen und Nichtchristen, in einer schwierigen, wenn nicht gar aussichtslos erscheinenden Lebenssituation befinden. Gerade dir sei gesagt: Es gibt Hoffnung!

Gebrauchsanweisung für dieses Buch – bitte unbedingt lesen!

Dieses Buch soll dabei helfen, im Glaubensleben wieder den roten Faden zu finden, nämlich den Frieden in Gott. Egal, was passiert ist und wie groß und unlösbar die Not zu sein scheint: Gott trägt uns durch. Er beginnt da, wo Menschen aufhören – wenn wir es zulassen!

Ein Schwerpunkt dieses Buches liegt auf unserer Verantwortung als Christen in schweren Lebensumständen. Sofern wir nicht durch geistige Krankheit unserer Verantwortung enthoben sind, möchte ich darauf hinweisen, das es in der Bewältigung von Extremsituationen immer zwei Seiten gibt: die Seite Gottes und deine. Deine Mitarbeit ist gefragt, besonders dann, wenn du nicht mehr weiter weißt oder dich in einer scheinbar aussichtslosen Lage befindest. Die Bibel behandelt diese Themen ausführlich. Dabei wird deutlich, dass wir uns nicht aus eigener Kraft aus dem Sumpf ziehen müssen. Wir können uns ganz auf Gott verlassen, dass Er alles in Seiner Hand hält und uns unseren Glauben erhalten wird. Andererseits nimmt Gott dich als Sein

Kind so ernst, dass Er dir auch ein Verantwortungsbewusstsein in dein Wesen hineingelegt hat.

Denken wir an Josef. Als ihn seine eigenen Brüder in den Brunnen warfen, er obendrein noch von der Frau Potiphars verleumdet wurde, nachdem er jahrelang unschuldig im Gefängnis saß, ahnte er noch nicht, wie sein Geschichte ausgehen würde. Er wusste nicht, wie Gott Seinen Plan – besonders in den schweren Zeiten – mit ihm durchführen würde. Aber in jeder noch so schwierigen Situation blieb Joseph seinem Gott treu, und so konnte der Herr ihn auch gebrauchen. Sogar als Erhalter für das Volk Israel. So möchte Gott auch dich gebrauchen. dein Leiden ist nicht sinnlos. Er hat alles in Seiner Hand und kann die Dinge in irgendeiner Art wieder zum Guten wenden, auch wenn sich die Umstände vielleicht nicht so verändern, wie du es dir wünschen würdest.

Über manches Leiden im Leben eines Christen kann man schreiben: »Von mir aus ist diese Sache geschehen« (1Kön12,24); andere schwere Situationen haben wir uns durch übereiltes Handeln, durch Versäumnisse oder durch Sünde selbst eingehandelt. Gott ist nicht nur für die erste genannte Art von Schwierigkeiten zuständig, sondern auch für die zweite. Wir sind Seine Kinder. Und Kinder sind manchmal widerspenstig und machen Fehler. Aber jeder Vater und jede Mutter weiß, dass es in der Erziehung darum geht, abgewichene Kinder wieder auf den rechten Weg zu bringen. Dasselbe tut auch Gott in unserem Leben. David wird trotz seiner schweren Sünden mit all den fatalen Folgen als ein Mann nach dem Herzen Gottes genannt. Viele seiner Schwierigkeiten waren nicht, wie bei Josef, von Gott zugelassen worden, sondern er hatte schlicht und einfach Mist gebaut. Er musste Buße tun, um wieder neu anfangen zu können. Mit den Konsequenzen seiner Fehltritte sollte er bis zu seinem Lebensende konfrontiert sein. Aber das zerstörte sein Leben nicht; Gott liebte ihn dennoch, und David durfte sogar eine geistliche Neubelebung erfahren, so dass wir noch heute aus seinen Psalmen Kraft und Mut schöpfen können. So auch in Deinem Leben: Es ist nicht unwiderruflich verwirkt, auch wenn du dir durch Widerspenstigkeit und Fehler Schwierigkeiten eingehandelt hast. In Gottes Augen bist du noch immer Sein geliebtes Kind. Er möchte jeden Einzelnen in dieser finsteren Welt als Licht gebrauchen.

Satan dagegen verfolgt das Ziel, dich geistlich zu zerstören, dass du unbrauchbar wirst und dein Gottvertrauen wegwirfst. So ist es bei lieben Freunden von mir geschehen. Geistlicher Schiffbruch. Ja, auch das ist möglich und eine sehr ernste Sache.

Da unser Eigenbeitrag wesentlich und mitentscheidend ist (an Gott wird es ja nie scheitern), müssen auch Dinge angesprochen werden, die zunächst nicht tröstlich erscheinen. Aber nur eine richtige Diagnose verhilft zu einer Heilung! Loslassen, sich vertrauensvoll unter Gottes Führung stellen, dem Herrn alles zu übergeben, macht uns frei. Das Festhalten an eigenen Zielen und Wünschen dagegen führt in Sklaverei. Widrige Lebensumstände aus der Hand Gottes anzunehmen ist sinnvoller als Klagen und Murren. Mir ist völlig klar, dass solche Gedanken auf den ersten Blick nicht sehr erbaulich und wenig geeignet erscheinen, um Menschen in Not aufzurichten. Wollen wir aber verstehen, warum Leid geschieht, dann müssen wir an die Wurzel gehen. Das schließt auch Themen wie z.B. die Heiligkeit Gottes, Sein Gericht, die Widerspenstigkeit des Menschen und unsere Verantwortung mit ein. Es geht nicht um oberflächliche Streicheleinheiten, sondern es sollen tragfähige, biblisch-fundierte Antworten gegeben werden, die dich überzeugen und deinen Glauben neu stärken. Das ist es letztlich, was wirklich trägt.

Die einzelnen Abschnitte und Kapitel dieses Buches sind in sich abgeschlossen. Wenn wir seelisch sehr bedrückt sind, können wir meistens nicht viel lesen, sondern wir suchen uns ein Kapitel oder einen Abschnitt aus, der für uns interessant oder hilfreich zu sein scheint. Deshalb möchte ich dich dazu einladen, genau das zu tun. Fange einfach dort an, wo du dir Hilfe und Antwort für deine Situation versprichst. Wenn du dann auch andere Teile liest oder das ganze Buch, wirst du sehen, dass sich manche Beispiele, Bibelstellen oder eigene Lebenserfahrungen wiederholen. Aber das macht nichts: Durch Wiederholungen prägen sich wichtige Dinge noch besser ein. Nimm also das Inhaltsverzeichnis und suche dir ein Kapitel aus, das dich anspricht oder direkt dein Problem behandelt.

Jetzt wünsche ich dir und mir, dass uns diese Erkenntnisse bereichern mögen. Ich kann mich selbst nur beugen und mit Gottes Hilfe versuchen, aus diesen Wahrheiten zu leben. Letztlich ruht mein Vertrauen dabei allein auf dem großen Hohepriester und

Vollender unseres Glaubens und auf der absoluten Gewissheit, dass Er das Werk, das er begonnen hat, auch zu Ende führen wird.

Teil I

Grundsätzliches zu schweren Prüfungen

1 Enttäuschungen und Überraschungen

Es war im Sommer 2002. Ich saß meinem Berater gegenüber, er begutachtete meine Firma. Dann teilte er mir mit, dass es nicht gut ausschauen würde. Zu diesem Zeitpunkt war es für mich undenkbar, dass Gott es zulassen würde, dass bei mir alles den Bach runterginge und mit einer Insolvenz eine Flut von Problemen auf mich zukommen würde. Aber genauso passierte es!

In den darauffolgenden Monaten – noch vor der Insolvenz – fiel mir ein Buch in die Hand, das mir sehr geholfen hat. Der Titel war schon sehr bezeichnend: »Glück suchen oder Gott finden?« (von Lawrence J. Crabb, Brunnen-Verlag 1996). Darin schreibt der Autor, dass es ihn als Seelsorger immer wieder verwundert, wie sehr Christen doch auf die Lösung ihrer Probleme fixiert sind – und nicht darauf, was eigentlich Gottes Wille ist. Vielleicht hat ja Gott andere Vorstellungen von Glück als wir. Dieser Gedanke prägte sich tief in mir ein und sollte mich in den Monaten nach der wirtschaftlichen Katastrophe durchtragen.

Man kann sagen, dass bei einem Mangel an Gottvertrauen zwei Gründe mitspielen:

1. Wir werden enttäuscht

   Falsche Vorstellungen und Lebenserwartungen: Das Leben läuft nicht so, wie wir uns das vorstellen. Das verunsichert uns, oder wir werden sogar in unserem Gottvertrauen zutiefst erschüttert. Denken wir nur an die Erwartungen der Juden an den verheißenen Messias: Wer erwartete schon einen Messias in Niedrigkeit, der gewaltlos ein geistliches und unsichtbares Reich aufrichten würde, um dann schließlich wie ein Verbrecher am Kreuz hingerichtet zu werden. Stattdessen hätte er doch die Römer vertreiben und ein neues goldenes Zeitalter für die Juden einläuten sollen. Die Enttäuschung darüber veranlasste viele Juden dazu, den Messias abzulehnen. Selbst die Jünger Jesu waren teilweise sehr irritiert: Seine Botschaft und Seine Ziele entsprachen überhaupt nicht ihrem Bild. Bis auf Judas waren sie aber zu einem Vertrauensvorschuss bereit, somit konnte der Herr sie korrigieren und später für Sein Vorhaben verwenden. Ent-Täuschung heißt aber auch Befreiung von Täuschung. Das ist ein entscheidender Schritt in Richtung Wahrheit. Hier zeigt es sich, ob wir uns tatsächlich auf den Wegen des Herrn befinden oder weiter an unseren Vorstellungen festhalten wollen.

Vielleicht haben wir auch ein falsches Bild von Gott selbst, das in Kindheit und Jugend geformt wurde; möglicherweise beeinflusst durch falsche Lehre und Zeitströmungen. Wachstum im Glauben ist ein lebenslanger Prozess. Denken wir an Petrus. Für ihn war das Essen von unreinen Tieren undenkbar, obwohl Gott genau das von ihm forderte (siehe Apg 10). Die Aufforderung erfolgte drei Mal, weil er noch in altem judaistischen Denken verhaftet war. Aber er war gehorsam, und so konnte Gott eine Tür für das Evangelium öffnen. Gott hat auch mit unseren falschen Vorstellungen »zu kämpfen«. Wir müssen lernen und es zulassen, Ihn wirken zu lassen. Wir neigen dazu, Wahrheiten wie die Heiligkeit Gottes, Sein Gerichtswirken, die hoffnungslose Verderbtheit des Menschen u. a. zu verdrängen, manchmal gar zu leugnen. Selbstfindung, unsere vermeintlichen Rechte, humanistisches Gedankengut, einseitige Betonung der Liebe Gottes, sind angesagt. Und das enttäuscht uns. Diese Enttäuschung aber macht frei und führt uns in eine innige Gemeinschaft mit dem Herrn.

Und eines gilt heute noch: Der Weg ist für einen Jünger Jesu nicht breiter geworden, und »der Jünger steht nicht über dem Meister«. Echte Nachfolge bedeutet daher immer auch eine Entscheidung gegen die Welt – und das heißt zugleich auch Kampf gegen unsere fleischlichen Begierden. Wahre Nachfolge zeigt sich darin, dass nicht wir und unsere Wünsche im Mittelpunkt stehen, sondern darin, sich dem Willen Gottes unterzuordnen. Ich danke dem Herrn heute für so vieles, das Er mir nicht gegeben hat, und auch für das, was Er in meinem Leben alles zugelassen hat. Meistens sehen wir das erst im Rückblick als Gewinn. Wachsen wir im Vertrauen zu ihm, werden wir lernen, auch für Widrigkeiten zu danken. Sie sind integraler Bestandteil von Gottes Erziehungsprogramm.

Eine Enttäuschung kann auch desillusionierend sein. Es geht dabei um uns selbst und um die Gemeinde Gottes. Nachdem Petrus unseren Herrn dreimal verraten hatte, zerriss es ihm das Herz und er fing an, jämmerlich zu weinen, weil er die Wahrheit über sein sündiges Wesen erkannte. Wir neigen dazu, uns zu überschätzen und uns Dinge herauszunehmen, die uns nicht zustehen. Auch hier muss Gott seinen Meißel ansetzen, damit wir unser Vertrauen ausschließlich auf den Herrn setzen – und nicht auf uns.

Viele Christen sind enttäuscht über ihre Glaubensgeschwister. Man hat zu hohe Erwartungen und ist dann darüber entsetzt, was alles auch unter Christen möglich sein kann. Das ist sicherlich eine harte Schule, aber das Neue Testament schreibt schonungslos ehrlich über Fehler, die von uns Christen begangen werden: Irrlehre, moralische Verfehlung, geistliche Verirrungen, Pharisäertum, Weltlichkeit, Abfall vom Herrn – all das ist auch unter Christen möglich. Die Gemeinde ist eine Baustelle, die erst bei der Wiederkunft des Herrn fertiggestellt wird. Das müssen wir durch verschiedene Lektionen bitter lernen. Dennoch lieben und schätzen wir die Gemeinde trotz aller Niederlagen und falscher Vorstellungen, denn Gott liebt sie auch, und sie ist die irdische Hüterin des Ewigen.

2. Wir werden von unerwünschten Wendungen in unserem Leben überrascht

Eine unerwartete Krebsdiagnose, der plötzliche Verlust des Ehepartners, der unvorhergesehene Verlust des Arbeitsplatzes usw. Dies kann uns sehr erschüttern und uns aus unserem seelischen und geistlichen Gleichgewicht bringen und alles von uns abverlangen. Folgende Fragen plagen uns dann: Wie kann Gott das zulassen? Wie soll ich das einordnen? Was habe ich getan, dass diese Katastrophe über mich hereingebrochen ist? Wie soll ich überhaupt weiterleben? Warum Herr? Wie lange Herr? Ist Gott wirklich gut? Kann Er überhaupt gut sein, wenn Er diesen ganzen

Wahnsinn zulässt und kein Ende absehbar ist? Meint Er es gut mit mir?

Als Musterbeispiel dient Hiob, dessen Geschichte die meisten kennen. Innerhalb kürzester Zeit verlor er alles, was ihm lieb und wert war. Sein vorbildlicher Wandel ermutigte Gläubige aller Generationen, ihr Vertrauen auf Gott nicht wegzuwerfen. Andererseits verschweigt uns die Schrift nicht, dass er zu straucheln begann, als er mit der Situation doch nicht mehr zurechtkam. Sein geistlicher Blick verschob sich, Verzweiflung machte sich breit. Sein lebendiger und klarer Glaube schwand, und er verlor sich in selbstverteidigenden Reden.

In solch einer Situation schwankt das Fundament, wir stoßen an unsere Grenzen und haben nichts mehr im Griff. Eines ist an so einem Punkt ganz wichtig: Unser Leben liegt ganz in Gottes Händen, deshalb dürfen wir unsere Zuversicht nicht wegwerfen. Auch wenn unser Boot unterzugehen droht, dürfen wir wissen, dass Er es zum Guten führen wird. Vielleicht ist es auch schon das, was wir dabei lernen dürfen. Möglicherweise hat uns bis jetzt unser eigenes Vermögen, ein christliches Überzeugungsraster, unser Vertrauen auf menschliche Hilfe, unser unbewusster Stolz, unser Denken und Handeln dominiert. Oder wir waren hartherzig im Umgang mit Menschen, die nicht alles im Griff haben, die in Sünde gefallen sind, die am Rande der Gemeinde stehen. Oder wir dachten insgeheim, dass uns das nie passieren könnte.

Petrus war ein spontaner Draufgänger, der in seinem Größenwahn von sich behauptete, den Herrn niemals zu verraten. Er war es aber, der kläglicher versagte als alle anderen. Wie bereits erwähnt, er weinte, nachdem er den Herrn Jesus das dritte Mal verraten hatte. Das war erschütternd, aber auch reinigend zugleich. Zwar schien alles verloren zu sein, aber der Herr begegnete ihm wieder ganz neu! Und so konnte er auf der Basis von Vergebung und Gnade weiter dienen. Er hatte die Lektion über seine Sündhaftigkeit gelernt.

Gott führt in Nöte, damit das Falsche in unserem Leben zusammenbricht und das Richtige zutage tritt. Eine Kindschaft ohne Erziehung gibt es nicht. Die fruchtbringende Rebe muss beschnitten werden, auf dass sie mehr Frucht bringe. Not und Leiden gehören zum Leben eines Gotteskindes, weil es einfach keinen anderen Weg gibt, um Gott näher zu kommen und an Ihm dranzubleiben. Spurgeon schreibt zu diesem Thema:»Wenn die großen Hunde sie anbellen, laufen die Kinder nicht von der Seite ihres Vaters weg.«

Erschütterungen führen dazu, dass wir geläutert werden, und um uns zu einem effektiveren und barmherzigen Dienst in dieser traurigen Welt auszustatten. Gott führt Seine Kinder in unterschiedlicher Weise; manche bleiben von solchen Erfahrungen auch bewahrt. Aber es muss uns klar sein: Tiefgang kommt durch Not, Ausharren lernen wir durch Ausharren, Glauben lernen wir durch konkret angewendetes Vertrauen. Und die Sehnsucht nach dem Himmel lernen wir oftmals nur durch leidvolle Erfahrungen in der Begrenztheit unseres irdischen Daseins.

Oft habe ich erlebt, dass sich in meinem Leben mehrere Katastrophen gleichzeitig ereignet haben. Aber Gott war immer wieder da und hat die Wüste in eine blühende Oase verwandelt. Mögen auch unsere natürlichen Kräfte schwinden, Er wird in uns immer größer – und das genügt.

2 Tipps für Betroffene und Helfende

Alle angeschnittenen Themen werden vor allem bei den Ausführungen über das Buch Hiob genauer behandelt. Trotzdem ist es mir sehr wichtig, von vornherein eine deutliche Linie zu ziehen, um falsche Behauptungen richtigzustellen.

Manche Fehler werden immer wieder gemacht und verschlimmern die die Not nur noch.

Irrtum 1: Krankheit, Leiden, Probleme haben ihre Ursache in einer Sünde des Betroffenen

Dieser Irrtum ist aus verschiedenen Gründen leider immer noch weit verbreitet und wird sich wohl bis zur Wiederkunft des Herrn nicht mehr korrigieren lassen. Wenn das Buch Hiob wirklich das älteste Buch der Bibel ist, zeigt das noch deutlicher, wie hartnäckig die gläubige Welt an dieser Lüge festhält! Denn klar und deutlich wird von Anfang an festgestellt, dass Gott es ist, der das Böse im Leben Seiner Kinder zulässt, und dass Satan – unter der Leitung Gottes – das Böse ausführen darf. Natürlich in der Hoffnung, die Gläubigen vom rechten Weg abzubringen. Hinter den Kulissen aber hält Gott die Fäden in Seiner Hand. Daher dürfen Kinder Gottes davon ausgehen, dass alles, was in ihrem Leben passiert, von Gott genehmigt werden musste. Wir müssen uns also als Gläubige nicht noch zusätzlich mit der Frage belasten, was ich alles falsch gemacht habe und ob ich gesündigt habe, da die Situation jetzt so ist. Auch als Lebensbegleiter sollten wir nicht gleich davon ausgehen, dass irgendeine Sünde vorliegt, wenn geistliche Geschwister in Schwierigkeiten geraten sind.

Dahinter steht die falsche Annahme, dass Gott – sofern wir dranbleiben – es nicht zulassen wird, dass es Seinen Kindern in irgendeiner Form schlecht geht. Sind wir auf dem rechten Weg, geht es uns gut; ist Sünde in unserem Leben, geht es uns schlecht. Diese Meinung stellt das, was uns die Bibel – und hier

vor allem wieder das Neue Testament – über Leiden im Leben
der Gläubigen sagt, völlig auf den Kopf.

Menschliches Leid gehört in dieser gefallenen Schöpfung einfach zum Leben dazu. Der Herr sagt ganz deutlich, dass jeder
Tag an seinem Übel genug hat. Der Fluch aus 1. Mose 3 erstreckt
sich auf alle Menschen – auch auf Gläubige. Gott benutzt Leid
auch dazu, um uns zu erziehen, um uns im Herzen näher zu
Sich zu bringen, um uns auf die Ewigkeit vorzubereiten und
auszurichten. Und auch, um uns unserer Unvollkommenheit
gewahr und unsere ständige Abhängigkeit von Ihm bewusst
zu werden. Hinzu kommt, dass der Glaube an Ihn und Seinen
Sohn Jesus Christus in den Augen der Welt anstößig ist und
somit Widerstand erzeugt, sodass noch weitere Reibungspunkte
vorprogrammiert sind.

Lesen wir dazu einige Stellen aus der Schrift, die für sich
selbst sprechen:

> Sie stärkten die Seelen der Jünger und ermahnten sie,
> im Glauben zu verharren, und sagten, dass wir durch
> viele Bedrängnisse in das Reich Gottes hineingehen
> müssen.
>
> Apostelgeschichte 14,22

> Nicht allein aber das, sondern wir rühmen uns auch
> in den Bedrängnissen, da wir wissen, dass die Be-
> drängnis Ausharren bewirkt, das Ausharren aber
> Bewährung, die Bewährung aber Hoffnung; die Hoff-
> nung aber lässt nicht zuschanden werden, denn die
> Liebe Gottes ist ausgegossen in unsere Herzen durch
> den Heiligen Geist, der uns gegeben worden ist.
>
> Römer 5,3–5

> Haltet es für lauter Freude, meine Brüder, wenn ihr in
> mancherlei Versuchungen geratet, indem ihr erkennt,
> dass die Bewährung eures Glaubens Ausharren be-
> wirkt. Das Ausharren aber soll ein vollkommenes
> Werk haben, damit ihr vollkommen und vollendet
> seid und in nichts Mangel habt.
>
> Jakobus 1,2-4

> Ihr habt im Kampf gegen die Sünde noch nicht bis
> aufs Blut widerstanden und habt die Ermahnung

vergessen, die zu euch als zu Söhnen spricht: »Mein Sohn, schätze nicht gering des Herrn Züchtigung, und ermatte nicht, wenn du von ihm gestraft wirst! Denn wen der Herr liebt, den züchtigt er; er schlägt aber jeden Sohn, den er aufnimmt.« Was Ihr erduldet, ist zur Züchtigung: Gott behandelt euch als Söhne. Denn ist der ein Sohn, den der Vater nicht züchtigt? Wenn ihr aber ohne Züchtigung seid, deren alle teilhaftig geworden sind, so seid ihr Bastarde und nicht Söhne. Zudem hatten wir auch unsere leiblichen Väter als Züchtiger und scheuten sie. Sollen wir uns nicht vielmehr dem Vater der Geister unterordnen und leben? Denn sie züchtigten uns zwar für wenige Tage nach ihrem Gutdünken, er aber zum Nutzen, damit wir seiner Heiligkeit teilhaftig werden. Alle Züchtigung scheint uns zwar für die Gegenwart nicht Freude, sondern Traurigkeit zu sein; nachher aber gibt sie denen, die durch sie geübt sind, die friedvolle Frucht der Gerechtigkeit. Hebräer 12,4-11

Die letzte Stelle zeigt auf, dass wir ohne Zucht – im Sinne von Erziehung – keine legitimen Kinder Gottes sind. Erziehung und Zucht sind also notwendige Bestandteile unseres Glaubenslebens. Gott ist daran interessiert, uns als Seine Söhne und Töchter gedeihen zu lassen und weiterzuführen. Es heißt auch nicht: »Ihr werdet bestraft, weil ihr gesündigt habt – sondern ihr werdet erzogen, weil Gott euer Vater ist!«

Das ist der Grundgedanke dieser Bibelstellen. Und nicht, dass Leiden, Krankheit und Böses ausschließlich für ungehorsame Christen bereitet sind. Der nächste Schritt wäre dann, krampfhaft nach der Ursache zu suchen. Und wieder der nächste, die fortdauernde Not als ein Zeichen fehlender Buße oder mangelnden Glaubens zu interpretieren. Solche Gedanken können für den Betroffenen nicht selten zu einer unerträglichen Last werden, was ihn noch tiefer in die Verzweiflung ziehen würde. Die Freunde Hiobs, die diese Strategie verfolgten – wenn auch gut gemeint –, wies Gott zurecht.

Natürlich können Sünden die Ursachen einer Notsituation sein. Fehlhaltungen, Sünden in Gedanken, Worten und Werken – bewusst oder unbewusst. Das muss man nüchtern betrachten;

aber einem Gläubigen von vornherein zu unterstellen, dass seine Misere nur mit Sünde zusammenhängen kann, ist schlicht und einfach lieblos. Das sollte auch entschieden zurückgewiesen werden. Wenn kein Zusammenhang zwischen einem sündhaften Lebenswandel und der Not hergestellt werden kann, besteht auch kein Grund zur Selbstanklage. Die Bibel ermutigt uns vielmehr, auf den Herrn zu schauen und uns vertrauensvoll unter seine Führung zu stellen. Gerade dann erleben wir Segnungen des Glaubens. Fehlgeleiteter Glaube aber wirkt sich destruktiv aus.

Irrtum 2: Es gibt keine Hoffnung mehr für mich, denn ich habe alles selbst verschuldet

Was ist aber, wenn du dir die Suppe selbst eingebrockt hast, und dich tatsächlich Sünde wie beispielsweise Unzucht, Ehebruch, Ungehorsam, Zorn, Neid, Weltliebe, Betrug, Diebstahl, Hartherzigkeit, Rebellion oder Ungeduld zum Straucheln gebracht hat? Was ist also, wenn eine Sünde dich in eine Situation gebracht hat, die sich jetzt nicht mehr ausbügeln lässt, sondern ihre Frucht nun voll auskosten musst? Auch hier gibt es Hoffnung, lieber Leser.

Als Beispiel und Veranschaulichung dafür sei auf die Frauen aus dem ersten Kapitel des Matthäusevangeliums hingewiesen. Sie alle waren mit einem großen Makel behaftet und werden trotzdem im Stammbaum des Erlösers aufgeführt. Das soll doch verdeutlichen, dass Gott sich gerade der Sünder bedient, um Sein Werk zu vollbringen. Sünde und Ungehorsam im Leben Seiner Kinder stellen kein Hindernis für Ihn dar.

Beginnend mit Thamar, die Schwiegertochter Judas, mit der er – in der Meinung, sie sei eine Hure – Söhne gezeugt hatte, von denen einer ein Vorfahre des Herrn Jesus wurde, finden wir dann Rahab, die Hure. Eine Hure! Aber sie tat Buße, wurde vom Gericht Gottes verschont; sie wurde sogar von einem ehrenwerten Mitglied der Gesellschaft geheiratet und gebar einen Sohn, der die Linie zum Herrn weiterführte. Ruth wird dann als Nächste genannt. Ihr widmete Gott sogar ein ganzes Buch der Bibel! Das zeigt uns, dass der Herr auch in einer Zeit des Niedergangs und des geistlichen Chaos im Leben einzelner Menschen weiter wirkt. Er führt Sein Werk über Generationen hinweg an denen weiter, die das von ganzem Herzen zulassen. Ruth hatte ein Manko: Sie war Moabiterin und dadurch eigentlich von den Segnungen des Volkes Gottes ausgeschlossen. Aber ihre Treue zu ihrer Schwiegermutter und ihr klares Bekenntnis zu Jahwe, dem Gott Israels, führten sie und ihre Nachkommenschaft in die Segnungen des Volkes Gottes – und wieder eine Generation näher zum Erlöser.

Nun kommt es aber ganz dick: Von David heißt es gar, dass er Salomo »von der Frau des Uria« zeugte. Also mit der Frau eines anderen! Ungeschminkt und ohne irgendetwas zu vertuschen wird diese Tatsache angeführt. Ja, wir alle kennen Davids Vergehen: der Ehebruch mit Bathseba. Was hätte er sich, seiner Familie und seinem Volk nicht alles ersparen können, hätte er seiner Lust nicht nachgegeben. Dem Ehebruch folgte Mord. Es sollte so aussehen, dass Uria im Kampf gefallen sei, aber er fiel einem Mordanschlag Davids zum Opfer. Eiskalt und erbarmungslos! Das markiert den traurigen Höhepunkt in Davids Leben. Von nun an würde sich in Davids Leben nichts mehr so abspielen, wie es einmal war: Bis zu seinem Lebensende sollte das Schwert nicht mehr von seinem Hause weichen. Nichts mehr sollte so wie vorher sein! Dennoch benutzte Gott gerade diese Frau und deren Sohn, um das Königtum glorreich weiterzuführen – und um einen weiteren Schritt in der Linie des Messias zu gehen.

David konnte seine schreckliche Tat nicht mehr ungeschehen machen. Die Folgen waren auch nicht mehr aufzuhalten. Aber eines ging doch: in Sack und Asche Buße zu tun, seinen Gott um Vergebung zu bitten und wieder neu beginnen. Nur auf diese Weise konnte er, ein Mann nach dem Herzen Gottes, weiterhin große Siege erringen. Einige der schönsten Psalmen fanden ihren schriftlichen Niederschlag – Trost und Erquickung für Menschen aller Jahrhunderte. Nur auf diese Weise konnte er die Basis für den Bau des Tempels legen. Als Gegenbeispiel dient sein Sohn Salomo: Vielweiberei und Bauwahn auf Kosten des gemeinen Volkes. Beides war ja in der von Salomo praktizierten Form für einen König untersagt. Sein Leben und Wirken erfuhr einen Abwärtstrend. Salomo aber kehrte wahrscheinlich nicht um und brachte somit Schande über sich und sein Königtum.

Auch du stehst vor derselben Wahl. Wenn du gesündigt hast und nun mit deren Folgen konfrontiert bist, so hast du immer noch die Möglichkeit, ein David zu werden. Die Sünde wird vielleicht ihren Preis einfordern – Monate, Jahre oder vielleicht sogar dein Leben lang; aber du kannst noch heute einen Neuanfang wagen und dich dem Herrn wieder ganz neu zur Verfügung stellen. Der Herr starb für alle deine Sünden – auch für die, die du dir selbst nicht vergeben kannst. Ergreife diese herrliche Wahrheit wieder aufs Neue und übergib dein Leben ganz dem Herrn. Gib nicht auf! Der Herr kann durch dich, trotz deines Scherbenhaufens, noch Ewigkeitsfrucht schaffen und deinem Leben eine sinnvolle Wende geben. Mögen die Anklagen Satans oder die deiner Umgebung auch eine andere Sprache sprechen.

> Aber geht hin, sagt seinen Jüngern und Petrus, dass er euch nach Galiläa vorausgeht! Dort werdet ihr ihn sehen, wie er euch gesagt hat. Markus 16,7

Unser wunderbarer Herr ist so ganz anders: Nach seiner Auferstehung lässt er Petrus eine Botschaft ausrichten, dass Er ihn nicht verworfen hat, sondern ihn für sein Werk gebrauchen will. Petrus war zu diesem Zeitpunkt noch am Boden zerstört. Sein größter Fehler aber wäre es gewesen, nicht wieder aufzustehen. Dasselbe gilt auch dir, lieber Leser. Jetzt ist der Zeitpunkt, dein ganzes Versagen dem Herrn hinzulegen, dich Ihm neu hinzugeben und dein Leben in Seiner Kraft neu zu gestalten.

Wir fassen also zusammen:

1. Der Blick hinter die Kulissen der Leiden Hiobs zeigt uns, dass Gott selbst es war, der all die Widerwärtigkeiten zugelassen hatte, die im Leben Hiobs mit aller Wucht hereinbrachen. Das dürfen wir auch direkt auf uns übertragen, um unser Leiden richtig einordnen zu können. Es kommt aus der Hand unseres liebenden Vaters; es ist nicht sinnlos, sondern soll uns erziehen, um uns als Mitarbeiter in Seinem Reich wirkungsvoller zu gebrauchen. Immer wieder hören und lesen wir von Zeugnissen vieler Leidender, dass sie gerade durch schwierige Situationen überaus gesegnet wurden und Gott seither ganz anders sehen und erleben. Hiob drückte es so aus: »Vom Hörensagen habe ich dich gehört, jetzt aber hat mein Auge dich gesehen« (Hi 42,5).

   Es ist also völlig unangebracht, sich mit der Frage herumzuquälen, welche Sünde zu diesem und jenem Leiden geführt hat. Das würde deine Situation nur noch unnötig verschlimmern. Leiden ist mit Jüngerschaft verbunden und auch hierin dürfen wir Gott ehren.

2. Haben wir uns selbstverschuldet in eine scheinbar hoffnungslose Situation manövriert, ist die Situation noch lange nicht hoffnungslos! Wenn wir Buße tun, unsere Sünde bekennen, dann wird Er uns auch helfen, die Folgen der Sünde zu tragen, gegebenenfalls sogar rückgängig zu machen – falls das noch möglich ist. Er kann aber unser Leben noch fruchtbarer machen. Es ist Gottes Ziel in dieser gefallenen Welt, uns hoffnungslos sündige, egoistische Menschen in Sein Bild umzugestalten. Die größten Taten vollbringen jene, die aufgrund ihres Versagens und hoffnungslosen Zustands zerbrochen sind. Sie vertrauen nicht mehr ihrer eigenen Kraft, sondern nur noch Gottes Gnade. Nur durch das vollkommene Erlösungswerk unseres Herrn Jesus sind wir für Gott annehmbar und als Werkzeug einsetzbar. Und das nur, weil Er in uns lebt. Dadurch gibt es auch Hoffnung auf Veränderung. Das gilt sowohl für den »braven« Christen, der auf Kurs ist, als auch für den Christen, der sein Leben durch einen Fehltritt verpfuscht zu haben scheint.

Gefahr 1: Vorschnelles Urteilen und billige Schema-F-Antworten

Weit verbreitet unter Christen ist die Unsitte, vorschnell zu urteilen und Ratschläge zu geben. Und dies oft auch noch ungefragt!

Tief beschämt muss ich bekennen, auch selbst immer wieder vorschnell geurteilt und somit auch verurteilt zu haben. Mit der Bibel in der Hand gibt es dann schnelle Antworten. Sei es, was die Ursache des Problems betrifft; sei es, was die Lösung angeht. Dabei scheint man zu vergessen, dass wir zuerst einmal zuhören sollten. Und das in einer barmherzigen und verständnisvollen Grundhaltung.

Man tritt auch nicht noch auf jemanden drauf, der sowieso schon am Boden liegt. Das ist einfach nur lieblos. Und das hat schon so manchen von seiner Gemeinde und vom lebendigen Glauben weggerissen. Auch wenn jemand Fehler gemacht hat, sollte es immer das Ziel sein, den Bruder oder die Schwester in Liebe wieder aufzurichten. Dazu gehört auch, die Dinge einfach mal so stehen zu lassen. Gott hält das aus, und wir als Sein unvollkommenes Bodenpersonal sollten es ebenfalls tun.

In Römer 12,8 werden zwei seelsorgerliche Geistesgaben genannt:

- Ermahnen/Ermutigen: Dem Bruder oder der Schwester mittels liebevoller Korrektur und Ermunterung zum richtigen Denken und Handeln zu verhelfen, ihre Situation zu verstehen und einen Ausweg zu finden.

- Barmherzigkeit: Ich denke, dass eine barmherzige, mitfühlende Grundhaltung in der seelsorgerlichen Betreuung von Schwachen von vorrangiger Bedeutung ist.

In der Seelsorge sollten wir weise und verständnisvoll sein; großer Schaden ist hier schon entstanden. Wenn du, lieber Leser, in einer notvollen Situation Hilfe suchst, dann suche sie dort, wo es sich schon erwiesen hat, dass diese Person auch dazu geeignet ist.

Gefahr 2: Der Begleiter übt unnötigen Druck auf den Betroffenen aus

Alles braucht seine Zeit. Wenn ein Bruder oder eine Schwester noch nicht in der Lage ist, einen Rat umzusetzen, dann darf man das als Begleiter nicht persönlich nehmen und den Hilfesuchenden auf gar keinen Fall unter Druck setzen. Diese Art der Seelsorge ist einfach nur abstoßend. Die Verantwortung liegt stets beim Betroffenen; ein Helfer hat nur eine begleitende Funktion: ermahnend bzw. ermutigend – und keinen unnötigen Druck ausübend.

Nicht selten entarteten manche seelsorgerliche Methoden in Machtmissbrauch vonseiten des Seelsorgers und in eine krankhafte Abhängigkeit des Hilfesuchenden.

Gott zeigt uns in Seinem Wort Alternativen auf, akzeptiert es aber auch, wenn wir noch nicht so weit sind. Oder Er führt uns behutsam in die richtige Richtung. Auch wenn die Schule Gottes manchmal sehr hart ist, zwingt Er uns nicht zu unserem Glück.

Wenn Gott schon so handelt, wie viel mehr sollten wir das als fehlerhafte Menschen tun!

Gefahr 3: Der Hilfesuchende setzt sich selbst unter Druck

Ich will hier nicht zu Passivität anreizen, aber vielleicht kann ich mit einer Begebenheit aus meinem Leben diese Gefahr besser veranschaulichen: Kurz nachdem meine erste Frau gestorben war, beklagte ich mich in einem seelsorgerlichen Gespräch darüber, dass mir das Bibellesen und Beten sehr schwer fiel, und dass ich mich kaum konzentrieren konnte. Mein Gesprächspartner sagte daraufhin sinngemäß, dass dies vielleicht jetzt auch nicht in der dieser Form dran wäre, sondern dass Gott mich durch diese Leidenszeit gebrauchen möchte und mir besonders hier nahe sein möchte. Das zeigte mir, dass ich kein schlechtes Gewissen haben musste, weil ich dem selbst auferlegten Maßstab während dieser Zeit einfach nicht entsprechen konnte.

Wir müssen kein selbstauferlegtes Programm abarbeiten, um uns von Gott geliebt zu wissen. Gott liebt uns – auf der Basis der Erlösung. Einfach so. Wir dürfen uns in Seine Arme schmiegen, auch, und gerade dann, wenn wir entmutigt und verzweifelt sind. Haben wir unsere Messlatte zu hoch angesetzt, können wir eigentlich nur verlieren.

Teil II

Situationen, die uns an die Grenzen führen

3 Burnout – wenn man nicht mehr kann

Vor einigen Jahren lag ich im Krankenhaus. Das Immunsystem war stark angeschlagen, Beulen wuchsen mir am Kopf, die Blutwerte spielten verrückt und nur eine intensive Cortison-Behandlung brachte Linderung. Ich war einfach am Ende. Nach der ersten spürbaren Besserung verließ ich auf eigenen Wunsch das Krankenhaus. Da draußen wartete eine Firma mit zwanzig Arbeitern auf mich und eine Gemeinde, die im Aufbau meine Hilfe benötigte. Sehr bald musste ich reumütig den Rückweg ins Krankenhaus antreten; sämtliche Symptome traten wieder auf – und zwar noch stärker als zuvor. Es ging einfach nicht mehr. So lag ich in meinem Krankenbett und betete in tiefer Verzweiflung zu meinem Herrn. Warum, Herr? Wie soll es weitergehen? Wer wird sich um all meine Aufgaben kümmern? Was dann folgte, war einer meiner schönsten Lebensphasen. Gott erfüllte mein Herz mit solch einem Frieden und solch einer Freude, »die allen Verstand übersteigt«. Ich erlebte Ihn und Seine Führung im Dienst an Menschen so intensiv wie selten zuvor. Und auch danach. Den restlichen Krankenhausaufenthalt verbrachte ich in einem einzigen geistlichen Hoch. Es war eine Zeit, an die ich mich immer wieder gerne zurückerinnere. Ich durfte also lernen, dass Gott auch dann gegenwärtig ist, wenn wir körperlich und seelisch am Ende sind. Und Er weiß sehr wohl, wie es um uns steht.

Nach einer scheinbaren »Genesung« entließ man mich mit einer Packung Cortison-Tabletten aus dem Krankenhaus. Ohne diese Tabletten hätte ich es überhaupt nicht geschafft. Zurück im aktiven Leben, wurden die Tage eine einzige Qual – ich hatte einfach keine Kraft mehr und wusste nicht, wie ich den Anforderungen gerecht werden sollte. Schon morgens sehnte ich mir das Ende des Tages herbei, abends setzte sich dieser Kreislauf fort. Auch in der Nacht fand ich keine Erholung. Der Körper streikte, ein seelisches Tief wurde vom nächsten abgelöst. Während dieser Zeit – ich war gerade mal 28 Jahre alt! – dachte ich an ein vorzeitiges Ende. Ich hatte intensiven Raubbau mit meiner Gesundheit betrieben – körperlich wie seelisch. Ich war in ein klassisches Burnout hineingeraten. Jetzt, wo es zu spät war, schien guter Rat teuer. Geistlich war ich zwar auf den Herrn ausgerichtet, aber es musste sich auch an meinem Lebenswandel etwas ändern, ansonsten würde es keine Rettung gegeben. Gott führte mich zu einem gläubigen Arzt, ich nahm ihn als einen Helfenden wahr. Ich musste viel lernen: über gesunde Ernährung, Bewegung und Freizeit. Aber auch über Selbstüberschätzung und unbewältigte geistliche Dinge, über Gottvertrauen und Leiterschaft, über Loslassen und Sich-selbst-zu-wichtig nehmen. Ja, der unbedachte Umgang mit meinem Körper und mein Eigenwille, die Sorge um Dinge, die ich im Letzten nicht ändern konnte, hatten mich aufgerieben und in eine scheinbar ausweglose Situation gebracht.

Gott ließ es zu, dass ich ständig mit schwierigen Dingen konfrontiert war. Das kostete Substanz, sodass ich dauernd an meine körperlichen und seelischen Grenzen stieß. Deshalb kann ich auch einige (hoffentlich) ermutigende Zeilen darüber schreiben. Eines sei schon mal festgehalten: Wenn es auch um dich so steht, oder erste Anzeichen einer Erschöpfung vorhanden sind, dann ist es an der Zeit innezuhalten und über Lebensveränderung nachzudenken.

Da das Thema sehr breit gefächert ist, möchte ich zuerst auf einige biblische Personen hinweisen, die von einer Erschöpfung betroffen waren und trotz geistlich einwandfreier Ausrichtung ihren bisherigen Weg nicht mehr weiter beschreiten konnten. Du bist also nicht der erste Gläubige, der vor diesem Problem steht – im Gegenteil, dieses Symptom ist auch unter ernsthaften Nachfolgern Jesu zu beobachten. Hierzu muss Einiges bedacht werden.

Dann möchte ich noch ein wenig aus einschlägiger christlicher Literatur schöpfen. Oft konnte ich mich damit nicht identifizieren, da in diesen Büchern der Glaube manchmal als bedürfnisorientierte Lebenshilfe dargestellt wird, die uns dabei helfen soll, auf dieser Erde glücklich zu werden und somit ein gutes Leben zu haben. Gott wird für »den, der glauben kann« nur ein beliebig austauschbarer Faktor eines gelungenen Erdendaseins, das eben auch nach spiritueller Erfüllung sucht. Dennoch gibt es viele wertvolle Tipps und Erkenntnisse, wie z. B. auch eine Schuldnerberatung wertvolle Hilfe leisten kann.

Biblische Beispiele finden wir u. a. bei David (1Sam 27,1-4), bei Elia (1Kön 19,1-4; 9-10; 18) und bei Jeremia (Jer 15,16-21).

Zu beachten ist, dass ein allgemeiner Erschöpfungszustand immer den ganzen Menschen betrifft – und nicht nur einen Teil von uns. Sind wir seelisch – also im Bereich der Gefühle und des Denkens – entmutigt, dann wirkt sich das auch geistlich aus. David war nach Jahren der Verfolgung erschöpft, die ständige Anspannung und Ruhelosigkeit hatte ihn ausgelaugt und so entschloss er sich, zum Feind überzugehen. Eine Fehlentscheidung, die auch uns vor dieser Gefahr warnen soll.

Auch Elia war total erschöpft – und dies umfassend. Nach einem großen Sieg über Feinde des Glaubens befand er sich plötzlich in größter Gefahr. Sein erfolgreicher Feldzug gegen die Baals-Priester und die unmittelbar darauffolgende Bedrohung seines Lebens forderten ihm alles ab. Es kam zu einen körperlich-seelischen Burnout-Zustand. Elia wollte einfach nur noch sterben.

Bei Elia kommt noch etwas hinzu, das bei vielen Erschöpften anzutreffen ist: Er überschätzt sich und geht davon aus, dass er als einziger treuer Diener des Herrn übergeblieben ist. Er sieht nur noch schwarz und setzt sich dadurch unnötigerweise selbst unter großen Druck. Er glaubte tatsächlich, als Einziger die Sache Gottes retten zu müssen. Gott musste ihn korrigieren: Er teilte Elia mit, dass es neben ihm noch 7 000 weitere Gleichgesinnte gab. Will heißen: Es ist Sein Werk; mögen wir auch noch so sehr von Ihm gebraucht werden.

Ich denke, dass dies Elia dazu bewogen hat, die ganze Situation entspannter zu sehen und seinen Blick zurechtzurücken. Gott ist der Baumeister. Er ist auch in Zeiten des Niedergangs und Verfalls Herr der Lage. Auch ohne uns wird er Sein Werk vollenden. Negative Entwicklungen in der Gemeinde Jesu, sei es am Ort oder überregional, können selbst die hingegebensten und begabtesten Geschwister derart belasten, dass sie anfangen zu glauben, dass Gelingen und Nichtgelingen, dass Wohl und Wehe im Volk Gottes ausschließlich von ihnen abhängt. Tatsächlich sind wir aber nur kleine Räder in diesem Werk – und unfähig, auch nur ein schwarzes Haar grau zu machen. Dieses (eventuell unbewusste) »Gottspielen« muss über kurz oder lang in einer Katastrophe enden: in einem Erschöpfungszustand.

Blicken wir auf Jeremia, der Arme und Überforderte. Ständig bringt er die Menge gegen sich, ständig muss er eine unbequeme Botschaft Menschen verkündigen, die er doch so sehr liebt. Permanentes Schwimmen gegen den Strom und Dauerfrust im Dienst für den Herrn aber kostet viel Kraft – fast zu viel für eine zarte Seele wie Jeremia. Er begann sogar, an Gott zu zweifeln und Ihm schwere Vorwürfe zu machen.

Fortwährender Stress, verursacht durch beschwerliche Umstände und Dauerfrust, führen in die Sackgasse!

Eine Krise ist nicht nur negativ zu werten, sondern auch als Chance zum Wachstum an Weisheit und Einsicht, was unser künftiges Leben grundlegend verändern und auf eine neue Basis stellen kann. Jemand sagte einmal zu mir: »Hoffentlich wird wieder alles so wie früher in deinem Leben!« Meine Antwort war kurz und deutlich: »Wenn der Herr gewollt hätte, dass alles letztlich beim Alten bleiben soll, dann hätte er nicht all das zugelassen, was passiert ist!« Gott will Veränderung in unserem Leben. Und die kann auch durch eine Phase gehen, die aufs Erste nicht sinnvoll, vielleicht sogar zerstörend erscheint.

Wie gesagt, wirkt sich ein totaler Erschöpfungszustand auf den ganzen Menschen aus. Geht der Zustand eher vom Körperlichen aus, werden die Gefühle auch in Mitleidenschaft gezogen. Geistlich werden wir sehr wahrscheinlich auch straucheln. Umgekehrt verhält es sich genauso. Trotzdem müssen wir versuchen zu erkennen, was die Not verursachte, um richtig entgegenwirken zu können.

Zuerst müssen wir die Situation so annehmen wie sie ist, und uns eingestehen, dass wir in einer Krise sind und so nicht mehr weitermachen können. Natürlich baut sich ein Druck auf, weil verschiedene Pflichten drängen und die täglichen Anforderungen erledigt werden wollen. Aber ich kann nur immer wieder sagen: Je länger wir das eigentliche Problem verdrängen, je fataler werden die Folgen sein. Wenn wir z. B. für die Raten eines bestehenden Kredits einen neuen aufnehmen müssen, wird das in einem finanziellen Desaster enden. Wir müssen lernen, in kleinen Schritten und mit der Hilfe des Herrn einen Lebensstil zu führen, der auf unsere Kräfte und Bedürfnisse abgestimmt ist.

Geistliche Erschöpfung, hervorgerufen durch Dauerüberbelastung und die Wirkungslosigkeit bisher angewandter Strategien, ist sehr ernst zu nehmen. Im Buch Hiob und im Hebräerbrief wird ausführlich darüber berichtet. Deshalb möchte ich dich dazu ermutigen, diese beiden Bücher näher zu betrachten. Du musst sie nicht ganz durchlesen, bereits das oberflächliche Lesen oder Durchblättern kann dir schon helfen, ein paar ermutigende Wahrheiten zu finden und sie in deinem Leben anzuwenden. So könnte das aussehen:

> Werft nun eure Zuversicht nicht weg, die eine große Belohnung hat.
>
> Hebräer 10,35

Was immer unser Vater in unserem Leben zulässt: bleiben wir dran, laden wir immer wieder alles bei Ihm ab. Lassen wir uns nicht dazu verführen, die Hoffnung auf einen guten und gerechten Gott, der durch Jesus Christus unser Vater geworden ist, aufzugeben und Ihn letztendlich zu verwerfen. Bis zum heutigen Tag hat sich diese Wahrheit in meinem Leben bestätigt, und auch jetzt, während ich diese Zeilen schreibe, gibt es so einiges, was mein Herz zerreißt, weil ich es gerne anders gehabt hätte. Aber Gott hat es so zugelassen und Er weiß, warum.

Musst du den bitteren Kelch des Leids trinken, vielleicht verursacht durch Sünde und Fehlentscheidungen, dann wisse, dass Gott dir helfen wird, ihn auszutrinken. Er kann Neues schaffen – auch für den, der gefehlt hat. Hören wir nicht auf, stets neu zu beginnen. Er ist der Gott des Neubeginns und Er wird uns dabei helfen, wieder auf den rechten Weg zu kommen.

Im nächsten Abschnitt setze ich mich verstärkt mit körperlich-seelischen Erschöpfungszuständen auseinander. Insbesondere hingegebene Jünger Jesu sind davon betroffen. Es ist sehr wichtig für uns, dass wir weise handeln und es gar nicht erst soweit kommen lassen.

Was ist ein Burnout?

Zuerst: Wie könnte man einen Burnout beschreiben? Es ist ein Zustand eines chronisch körperlichen und seelischen »Ausgebranntseins«, der sich massiv auf unser geistliches Leben auswirken kann. Man hat das Gefühl, die Dinge nicht mehr im Griff zu haben. Nehmen wir das Bild eines abfahrenden Zuges: Man sitzt sozusagen nicht mehr im Zug des Lebens, sondern läuft dem Zug nur noch hinterher – ohne Hoffnung, je wieder aufspringen zu können. Trotz größter Anstrengung wird der Abstand immer größer und letztlich bleibt man frustriert zurück. Man ist also ausgeschlossen. Und man ist nicht mehr in der Lage, das Leben in der bisherigen Form fortzusetzen; es müssen Abstriche gemacht werden. Das wiederum bedeutet neuen Stress: ein Teufelskreislauf. Ein bis dato unbekannter Zustand der totalen Erschöpfung. Ratlosigkeit und Zukunftsängste gehen damit einher. Versagensängste, Selbstvorwürfe, Anklagen – auch gegen Gott – bleiben meist nicht aus. Chronische Müdigkeit und Energielosigkeit werden zur Alltagserfahrung, psychosomatische Symptome wie Verdauungsbeschwerden, Kopf- und Rückenschmerzen, ein schwaches Immunsystem ebenfalls.

Wir müssen zwischen einem vorübergehenden Zustand der Erschöpfung und einem chronischen Burnout unterscheiden. Das eine wird jeder schon einmal in irgendeiner Form durchlebt haben; das andere ist vielleicht etwas völlig Neues. Bisherige Lebens- und Bewältigungsstrategien greifen nicht mehr. Das ist also durchaus keine Alltagserfahrung mehr, sondern ein tiefer Einschnitt ins Leben.

Wer ist anfällig für ein Burnout?

Engagierte, ambitionierte Menschen mit weit gesteckten Zielen und hohen Anforderungen – sich selbst und anderen gegenüber –, ebenso Menschen aus Helferberufen (»Helfersyndrom«). So verwundert es nicht, dass vor allem Vertreter jener Sparten zusammen ca. 70 % der Betroffenen ausmachen. Ebenso wenig, dass Burnout auch bei Christen anzutreffen ist, da Gläubige fast alle oben genannten Kriterien erfüllen. Es kann also auch bei uns zu einem »Überengagement« kommen; dort entsteht oftmals ein Missverhältnis zwischen

– Idealen und Möglichkeiten,
– Anstrengung und Erfolgen,
– Positiven und negativen Erfahrungen.

Da Menschen mit hohen Idealen trotz hohen Einsatzes auch zu Egozentrik und Selbstüberschätzung neigen, vergrößert sich die Gefahr einer Frustration nur noch. Auch eine sehr subjektive Sichtweise ist bei ihnen stark ausgeprägt. Elia glaubte, wie bereits erwähnt, dass er als einziger Nachfolger Jahwes übrig geblieben sei. Diese Sicht resultierte aus einer egozentrischen Sichtweise.

Ja, ein wenig zynisch ausgedrückt, sind engagierte Christen ideale Burnout-Kandidaten. Jahrelanges Auspowern im Dienst für den Nächsten, jahrelanger Frust im Gemeinde- oder Missionsdienst bereiten den Boden für einen Erschöpfungszustand. Auch wenn wir mit Misserfolgen besser umgehen könnten als unsere Mitmenschen ohne Gott, begegne ich doch immer wieder lieben Geschwistern, die nach fünfzehn und mehr Jahren Dienst Verschleißerscheinungen in Form von Erschöpfung und Entmutigung zeigen. Teilweise ziehen sich diese Geschwister dann auch aus dem Dienst zurück.

Die Phasen des Burnout-Prozesses

Die Schilderung eines möglichen Verlaufs eines Burnouts soll dazu beitragen, dass man eine Bestandsaufnahme machen sollte, bevor man in diesen Prozess hineingerät. Oder um diesen zu stoppen. Diejenigen, die es noch nicht wahrhaben wollen, sollten lernen, ihre Situation realistisch einzuschätzen. Und wer sich in den folgenden Zeilen wiederfindet, soll in der Gewissheit Mut finden, dass er nicht alleine ist. Auch nicht unter Christen.

Zuerst kommt es aus besagten Gründen zu ersten Warnsymptomen. Es wurde einfach zu viel an Kraft verbraucht. Der Energiehaushalt ist schon lange nicht mehr im Lot. In dieser Phase kommt es oftmals zu einem Ausgleichsversuch: durch noch größere Anstrengung. Das, was nicht mehr in gewohnter Form bewältigt werden kann, muss jetzt mit noch größerem Aufwand erreicht werden. Ein Gefühl der Unentbehrlichkeit lässt einen trotzdem weitermachen wie bisher – nur mit entsprechend größerem Nachdruck. Vorübergehende Erschöpfungszustände sind eben noch vorübergehend und nicht dauerhaft. Man interpretiert es (natürlich teilweise zurecht) als alterstypische Lebensphase – aber nicht als Vorstufe einer ernst zu nehmenden Krankheit.

In der zweiten Phase erkennen wir das ganze Ausmaß unseres schlechten Gesundheitszustands immer noch nicht. Das Problem einer massiv verminderten Leistungsfähigkeit nehmen wir zwar wahr, aber es führt dennoch zu einem reduzierten Engagement. Jede Aufgabe, jede Arbeit und Aktivität kostet enorme Überwindung; die alten Lebensvorstellungen und -gestaltungen müssen neuen weichen. Man zieht sich zurück, soziale Kontakte nehmen ab (dies beinhaltet Gemeinde und Mitmenschen, denen man sich als Christ besonders verpflichtet fühlte). Man ist dazu gezwungen, sich mit der eigenen Person auseinanderzusetzen. Die eigene Verfassung drängt sich in den Vordergrund. Symptomatisch ist auch ein krankhaftes Suchen nach Ausgleich, z. B. durch übermäßigen Alkoholkonsum oder übertriebener Ausübung von Freizeitaktivitäten. Trotzdem wird in dieser Situation der bisherige Lebensstil im Großen und Ganzen weitergeführt.

In der dritten Phase ist ein Fortsetzen des bisherigen Lebenswandels gar nicht mehr möglich. Man steigt in irgendeiner Form aus, sei es durch einen längeren Krankenstand, sei es eine Kur. Oder man zieht sich zurück (z.B. aus der Gemeindeleitung). Ehemals vorgenommene Ziele verfolgt man nicht mehr weiter. Es kann eine Art Trauerarbeit vonnöten sein, weil man einfach nicht mehr in der Lage ist, die alte Lebensführung mit allen Idealen oder Zielvorstellungen weiter fortzusetzen. Man ist gezwungen, sich der Diskrepanz zwischen dem, was man eigentlich will, und dem, was noch umsetzbar ist, zu stellen. Diese Phase kann mit heftigen Gefühlen des Versagens, der Schuld und einer Ziellosigkeit verbunden sein. Man hat feste Vorstellungen von einem Christenleben, das aber umzusetzen man jetzt nicht mehr in der Lage ist. Und das muss man jetzt zur Kenntnis nehmen. Entmutigungen und Enttäuschungen durch andere Christen können auch eine Erschöpfung auslösen. Man muss vielleicht ehrlich zugeben, dass man selbst evtl. schwere Fehler getan oder zugelassen hat. Oder wichtige Dinge, wie etwa die Pflege der Beziehungen zu den Kindern, vernachlässigt hat. Und so gibt es noch manches, das erst noch heil werden muss. Psychosomatische Reaktionen wie Infektionskrankheiten, Magen- oder Herzprobleme, Kopfschmerzen, Verspannungen etc. treten auf: Vorboten einer Depression. Spätestens in dieser Phase ist höchste Vorsicht geboten. Wenn man den Kreislauf nicht durchbricht, sind die Folgen nahezu irreversibel.

Ab jetzt hat man immer weniger Kraft, den Anforderungen des Lebens gerecht zu werden. Man ist unausgeglichen, gereizt und legt ein krankhaftes Suchtverhalten an den Tag. All diese Dinge können in eine chronische Depression münden, die behandelt werden muss. Das emotionale, soziale und geistige

Leben verflacht, man kann anderen kaum mehr echtes Interesse entgegenbringen, weil man mit sich selbst zu sehr beschäftigt ist. Selbst für die einfachsten Dinge des Lebens benötigt man sehr viel Energie. Verzweiflung, Selbstvorwürfe und Bitterkeit machen sich breit und für den geistlichen Dienst nahezu unbrauchbar.

Wie bereits gesagt, das ist nur ein gedanklicher Ablauf, und er wird genau in dieser Form relativ selten auftreten. Vorstufen und mildere Ausprägungen der Symptome in den entsprechenden Phasen aber sind oft anzutreffen.

Der Christ und Burnout

Noch einmal: Jeder engagierte Christ ist gefährdet. Das ist auch nicht unbedingt etwas Ungeistliches. Auch der Herr Jesus zog sich aus dem intensiven Alltagsgetriebe zurück – alleine oder mit Seinen Jüngern. Auch bei ihnen waren Stress– und Ermüdungssymptome zu erkennen. Dennoch sei auf zwei »Fehler« hingewiesen, die ein Burnout begünstigen:

- Zunächst muss festgehalten werden, dass wir in der heutigen Zeit in dreierlei Hinsicht benachteiligt sind. Jesus und Seine Apostel waren einem anderen Lebensrhythmus unterworfen; sie bewegten sich körperlich ausgiebiger und sie ernährten sich gesünder. Lange Wege legte man zu Fuß oder mit einem Ruderboot zurück. Es gab kein Telefon, kein Internet. Und doch waren sie in ihrer Arbeitsweise sehr effektiv. Lange Wanderungen und Bootsfahrten waren ideale Gelegenheiten, um Stress abzubauen, zur Ruhe zu kommen und im Gebet neue Kraft zu schöpfen. All das fehlt uns heute.

  Oft wird eine Aktion schon gleich von der nächsten abgelöst. Solch ein Lebenswandel, über mehrere Jahre ausgeübt, macht krank! In christlichen Seminaren über Zeitmanagement lernen wir, wie wir noch mehr aus dem Tag herauspressen können. Ob das wirklich sinnvoll und für die Ewigkeit fruchtbringend ist, sei dahingestellt. Zu Jesu Zeiten ernährte man sich vorwiegend von Getreide, Früchten, Fischen und anderen gesunden Nahrungsmitteln – und dies nicht im Übermaß. Schlechte Ernährung und Bewegungsmangel in der heutigen Zeit führen nicht selten auch zu einem schlechten körperlichen Zustand.

- Damit verbunden ist eine falsche Leistungsfrömmigkeit. Ich muss bekennen, dass ich selbst bis zum heutigen Tag für dieses Denken sehr anfällig bin. Ich habe aber zu viel gesehen und erlebt, um zu diesem Thema einfach schweigen zu können. Als junger Christ war ich sehr darauf ausgerichtet, aktiv – und nicht tatenlos! – in der Gemeindearbeit mitzuwirken. Etwas tun! Letztlich lief es bei vielen darauf hinaus, ganz normale Dinge des Lebens wie beispielsweise Arbeit und Familie als etwas Widerstrebendes zu einem geistlichen Leben zu sehen. Einige aber leiden heute darunter, dass sie z. B. in der Kindererziehung große Fehler gemacht haben; andere haben ihre Ehe zu sehr vernachlässigt, und wieder andere befinden sich heute beruflich in einer unbefriedigenden Situation. Nun ist es ein Vorrecht zunehmenden Alters, auch an Weisheit und Einsicht zuzunehmen. Trotzdem werden wir mit den Folgen konfrontiert – aber man darf sich mit der Hilfe des Herrn damit auseinandersetzen.

Diese Leistungsfrömmigkeit wirkt sich in Aktionismus und somit in geistlichem Ungleichgewicht aus. Wenn ich heute zurückblicke, wie viele Gemeindeaktionen ich geplant und dem Herrn erst im Nachgang die Durchführung hingelegt habe, kann ich nur noch den Kopf schütteln. Das war in vielen Fällen reine Energieverschwendung. Energie, die mir heute fehlt. Solange wir es noch nicht begriffen haben, dass unsere persönlichen Vorstellungen zweitrangig sind, haben wir noch eine wichtige Lektion zu lernen. Gott kann aber gerade ein Burnout dazu benutzen, uns dies lernen zu lassen. Gott hat uns errettet, um in den Werken, die zuvor für uns bestimmt worden sind, zu wandeln – und nicht mehr. Der Herr Jesus wurde gesandt, um den Willen Gottes zu erfüllen – und nichts darüber hinaus! Drei Jahre auf der Erde reichten aus, um Sein Werk zu vollbringen. Dreißig Jahre unseres Lebens reichen oft nicht einmal aus, um ein paar Menschen den Weg zu Gott zu zeigen, geschweige denn ein gottesfürchtiges Leben zu führen. Deshalb sollen wir aus dem Zerbruch lernen, Ihn und alles, was Er durch uns tun kann, entsprechend zu würdigen. Wir dürfen uns nicht so wichtig zu nehmen. Lernen wir es, unseren Dienst in Abhängigkeit vom Herrn auszuführen, und wir werden Ruhe finden und effektiver im Dienst sein. Gott hat uns nicht dazu berufen, um uns mit einer permanenter Überforderung zugrunde zu richten. Mögen wir bis zum Ende unseres Lebens aufrichtig und treu vor dem Herrn erfunden werden. Mögen wir aber auch weise genug sein, um nicht Raubbau an Körper, Geist und Seele zu betreiben, was wir möglicherweise noch als geistlich einstufen. Ja, es ist Weisheit und Ausgeglichenheit vonnöten, wir müssen stets in Abhängigkeit vom Herrn wandeln. Ich behaupte jedenfalls: Es ist besser, etwas für sich selbst zu tun als die Zeit mit etwas zu verbringen, das Gott uns gar nicht aufgetragen hat. Und wir müssen auch lernen, »Nein« zu sagen! Das Gute ist bekanntlich der größte Feind vom Besten!

Ratschläge bei einem Burnout

Viele im Reich Gottes Tätige machen schlechte Erfahrungen, und diese müssen erst mal verarbeitet werden. Der Mensch ist von Grund auf böse, rebellisch und egoistisch. Da kann es schon zu Frustrationen kommen, was an Seele und Körper Tribut fordert. Andererseits haben wir als Christen Möglichkeiten, die die Welt nicht hat. Wir können negative Gefühle wesentlich besser verarbeiten und wesentlich besser damit umgehen als der ungläubige Mensch. Er hat nur sich, und die Ewigkeit spielt bei ihm eine untergeordnete Rolle – wenn überhaupt. Trotzdem noch einmal: Ich kann und muss Anzeichen eines beginnenden oder bereits eingetretenen Erschöpfungszustandes gerade bei solchen Christen feststellen, die doch von ganzem Herzen dem Herrn nachfolgen und ihr Leben ganz in den Dienst an ihre Mitmenschen stellen. Nutzen wir also geistliche Weisheit, um uns davor zu wappnen.

Es ist nicht dein Werk, sondern das Werk Gottes

Meine wertvollste Lektion war die, als ich als junger Mann Folgendes erlebte: Ich sagte:»Übergib alles dem Herrn, es ist Sein Werk und nicht deines!« Ich kann mich noch erinnern, als ob es heute wäre. Sonntagnachmittags war ich oft unglaublich frustriert, weil dieser oder jener am Vormittag nicht im Gottesdienst erschienen war. Welche Erleichterung war es für mich, innerlich völlig loslassen und alles Gott übergeben zu dürfen. Das Schicksal und der Werdegang dieses Menschen lag nun nicht mehr in meiner Hand (das war sowieso nie der Fall gewesen!), sondern die Last war jetzt dort, wo sie hingehörte: in der Hand des souveränen, allmächtigen Gottes, der auch mich auf übernatürliche Weise erreicht hatte, und mich bis auf diesen Tag bewahrt und hält.

Ich war auch oft enttäuscht von Geschwistern, die so verheißungsvoll begonnen hatten, dann doch nicht den Weg mit dem Herrn weitergehen wollten – oder sich sogar gegen Ihn und gegen uns wendeten. Ich verstand einfach nicht, warum Menschen in unsere Gemeinde gekommen sind, nur um sie dann wieder in die Welt ziehen lassen zu müssen. Das war wirklich frustrierend für mich und verletzte mich auch sehr. Als Diener des Herrn fragte ich mich, was ich falsch gemacht hatte.

Auch hier musste ich Folgendes lernen – als ob Gott es mir persönlich und direkt gesagt hätte: »Du bist nur ein Werkzeug, durch das ich wirke! Ich gebe meinen Geschöpfen durch dein Wirken eine Chance – und nicht mehr. Ich rufe sie und will sie durch dich erreichen, aber wenn sie diesem Ruf folgen, ist es nicht dein Erfolg. Und wenn sie diesem Ruf nicht gehorchen, bist du nicht schuld daran! Du bist nur mein Werkzeug – und nicht mehr. Sieh zu, dass du dein Leben in Ordnung hältst und somit für mich brauchbar bleibst. Alles andere musst du nicht tragen, denn es ist meine Sache.«

Burnout hat also auch mit einem übersteigerten Sendungsbewusstsein und einem Sich-zu-wichtig-nehmen zu tun. Erfolgsdenken ist nicht unbedingt etwas Geistliches, sondern entspringt eher unserem Fleisch, auch wenn wir es gut meinen und dem Herrn wirklich dienen wollen. Gott sieht dieses Herz, trotzdem muss Er aber dieses Verhältnis korrigieren, um uns zu zeigen, wer Er ist, und wer wir sind. Es ist Sein Werk und wir sind nur Seine Werkzeuge in dieser Generation. In der nächsten Generation ist Er immer noch Derselbe; Seine Diener aber werden andere sein. Wir sind also nicht so wichtig, und das soll unsere Seele entlasten. Es stimmt einfach nicht, dass nur wir allein übrig geblieben sind, sondern der Herr hat für einen treuen Überrest gesorgt (siehe Elia) und Er wird Sein Werk weiterführen. Natürlich wird der Diener Gottes im Werk Gottes mitwirken, aber das Empfinden seiner Ohnmacht soll ihn nicht in die Verzweiflung führen, sondern in die Arme Gottes. Und natürlich wird ein hingegebener Diener nicht unbeteiligt und emotionslos seinen Dienst verrichten. Paulus schreibt ja auch davon, dass er die Sorge um die Gemeinden – neben aller eigenen Not – im Herzen stets mittrug. Aber diese Teilnahme soll uns nicht aufreiben, sondern unsere Hoffnung umso mehr auf Gott werfen lassen.

Ich behaupte, dass im Wirken des Paulus eine gewisse Entwicklung festzustellen ist: Aus einem über die Maßen engagierten Dienst in der Gemeindegründungsphase reift die Gewissheit, dass Der, Der das gute Werk begonnen hat, dieses auch zu Ende führen wird (Phil 1,6). In der »erzwungenen Tatenlosigkeit« während seiner Inhaftierung wird Paulus sozusagen aus dem Frontkampf herausgenommen, um die großen Wahrheiten des Epheserbriefes und den Brief der Freude (Philipperbrief) niederzuschreiben. Später, in den Pastoralbriefen, finden wir ihn in einer Zeit des Verfalls und der Ernüchterung wieder. Und diese Briefe sind eine ganz besondere Ermutigung, indem sie den Schwerpunkt auf das legen, was wir zu verantworten haben: Gelebte Treue, das Festhalten an der Wahrheit und persönliche Heiligung stehen hier im Fokus. Aber das Gesamtwerk dürfen und müssen wir Gott überlassen. Ist das nicht auch Wegweisung für uns? Gott wirkt Selbst Sein Werk! Auch wenn die von uns geschaffenen Strukturen und Gemeinden zusammenbrechen, geht die Fackel des ewigen Evangeliums an die nächste Generation weiter. Er erweckt neue Diener, Männer und Frauen, die Sein Werk weiterführen. Die Begrenztheit unserer Möglichkeiten soll dazu führen, dass wir uns ganz darauf konzentrieren. Alles andere ist Sache des großen und ewigen Gottes, der Seine Sache zu Ende bringen wird.

So lesen wir noch heute die Schriften des Paulus, studieren sie und erleben sie als Herausforderung und Ansporn für unser geistliches Leben, auch wenn alle (!) neutestamentlichen Gemeinden mittlerweile nicht mehr existieren. Seine Schriften sind von welthistorischer Bedeutung; das Christentum hat die Weltgeschichte entscheidend beeinflusst. Niemals hatte Paulus an derart weitreichende Folgen seines Wirkens gedacht. Er wollte nur seinem Gott dienen und Ihm seine Gaben ganz zur Verfügung stellen. Preis dem Herrn für das, was daraus geworden ist! Auch du bist dazu berufen, Ewigkeitsfrucht zu schaffen. Viele (scheinbare) Rückschläge und Misserfolge werden sich in der Ewigkeit als überaus wertvoll erweisen; viele, in menschlichen Maßstäben gemessene Großtaten, werden bei Gott als wertlos erachtet.

Als junger Missionar war Hudson Taylor über das Werk, das Gott ihm anvertraut hatte, oft sehr beunruhigt. Durch persönliche Führungen des Herrn fand er aber eine ganz neue Ruhe in Ihm: ein völlig neues Vertrauen, das ihn im Dienst fortan begleiten sollte. Als er – Jahre später – von einem anderen Missionar auf diesen tiefen Frieden angesprochen wurde, den er auch in schweren Zeiten ausstrahlte, antwortete er darauf:»Mein lieber Bruder, der Friede, von dem sie sprechen, ist in meinem Fall mehr als ein köstliches Vorrecht: er ist eine Notwendigkeit. Ich könnte die Arbeit, die ich zu tun habe, unmöglich tun, wenn nicht der Friede Gottes, der höher ist als alle Vernunft, mir Herz und Sinne bewahrte.« Wir haben als Christen die große Chance, irdische und geistliche Lasten abzugeben. Natürlich wird dadurch auch die Tragfläche wieder größer. Wahre Nachfolger Jesu werden möglicherweise auch noch mit zusätzlichen Dingen belastet. Aber trotzdem: Zwischen Menschen mit und jenen ohne lebendige Hoffnung gibt es einen großen Unterschied.

Ruhen in etwas Höherem

Damit zusammenhängend müssen wir uns immer wieder fragen: Was will ich eigentlich in meinem Leben erreichen? Wollen wir in diesem Leben auf unsere Kosten kommen, oder stellen wir uns wirklich Gott ganz zur Verfügung? Unser Herr spricht: Nicht ihr habt mich erwählt, sondern ich habe euch erwählt, damit ihr hingeht und Frucht bringt! Erst das Loslassen falscher Lebenserwartungen und das Akzeptieren von Gottes Plänen machen uns frei. Ich kann einigen christlichen Büchern nicht darin folgen, Gott als Bedürfniserfüller darzustellen, der uns zu einem guten Leben der Selbstverwirklichung verhelfen soll. Das Umgekehrte scheint doch eher der Fall zu sein: Wir sind dazu berufen, Seine »Bedürfnisse« zu erfüllen. So finden wir Frieden in einer höheren Berufung – etwas, was der natürliche Mensch, ohne den Geist Gottes, nicht hat.

Nicht umsonst ist in unserem westlichen Wohlstandschristentum bzw. Laodicäa-Christentum – im Gegensatz zum neutestamentlichen Christentum – so wenig die Rede von der zukünftigen Hoffnung. Viel zu viel wird von diesem irdischen Leben erwartet. In verchristlichter Form erwarten wir – wie die Welt – Glück und Zufriedenheit auf dieser Erde. Diese irdische Hoffnung hat aber immer einen fahlen Nebengeschmack, und ihre eventuelle Erfüllung einen unbeständigen Charakter, weil nichts auf dieser Welt uns dauerhaft glücklich und zufrieden machen kann. Ein Lot wird letztendlich schwer enttäuscht sein von seinem Leben und sich viele Schmerzen aufladen. Ein Abraham aber ist in allen schweren Situationen immer auch geborgen in seinem Gott. Die Ewigkeit umleuchtete ihn und die Pläne Gottes, die weit über das hinaus gingen, was er sich vorstellen konnte, gaben ihm Ruhe und Zufriedenheit. Wir können es auch ganz radikal ausdrücken: Ein brennender Märtyrer kann unter Umständen mehr innere Freude erfahren als ein Christ, der es sich gerade richtig gut gehen lässt. Dieser Weg steht jedem Gläubigen offen. Wollen wir ihn beschreiten?

Ich möchte das Gesagte auch noch ergänzen. Da wir nun einmal Menschen sind, haben wir auch grundlegende Bedürfnisse, deren Nichterfüllung großen Stress bedeuten und uns sehr viel Kraft kosten kann. Diese Bedürfnisse haben alle Menschen – ob Christ oder nicht. Man könnte sie so definieren:

- Körperliche Grundbedürfnisse

- Bedürfnis nach Sicherheit und Geborgenheit

- Bedürfnis nach Anerkennung und Liebe

- Bedürfnis nach Selbstentfaltung

Wenn wir nun z. B. verleumdet werden oder Unrecht erfahren, wird das aufs Erste stark negative Gefühle auslösen. Solche Erfahrungen werden in dieser Welt trotzdem unvermeidlich sein, weil sie einfach nicht perfekt ist und auch nie sein wird. Die Nicht- bzw. Teilerfüllung in diesen Bereichen unseres Lebens bedeuten eine große Belastung – auch für Christen. Trotzdem muss es jedoch etwas anderes sein, ob wir in solch einer Situation mit oder ohne Gott wandeln. Wenn kein wesentlicher Unterschied in unserem Leben sichtbar ist, müssen wir es noch lernen, in Gott allein unseren Frieden zu finden und uns in Seine souveränen Pläne einzufügen. Auch in scheinbar unerträglichen Situationen steht uns dieser Weg offen.

Bis jetzt habe ich Dinge angesprochen, die im geistlichen Bereich vorzufinden sind. Da unser Geist unser Innerstes ausmacht und hier unser Leben bewusst und unbewusst gestaltet, sind diese Lektionen sehr wichtig. Ich musste sie persönlich durch verschiedene Erfahrungen bitter erlernen. Heute verhält es sich in entsprechenden Situationen nicht anders. Trotzdem kann es sein, dass du dich nicht angesprochen fühlst, da dir das klar ist und dein Burnout nicht darin wurzelt. Um dir hierzu hilfreiche Ratschläge zu geben, möchte ich ein Bild verwenden, das die Zusammenhänge eines ausgeprägten Erschöpfungszustandes gut erklärt.

Wenn beispielsweise ein Lastwagen über eine Brücke fährt, spielen drei grundlegende Faktoren zusammen:

- die Stabilität der Brücke

- der Lastwagen und

- die Last auf dem Lastwagen

Das entspricht drei elementaren Dingen, die in unserem Erleben zusammenspielen:

- unsere Veranlagung

- die objektive Belastung

- die subjektive Gewichtung, also wie wir persönlich – innerlich und äußerlich – mit der Belastung umgehen.

Unsere Veranlagung

Unsere Veranlagung ergibt sich aus dem, wie wir genetisch gestrickt und wie wir geprägt sind. Beide Faktoren spielen stark zusammen. In welchem Verhältnis aber, darüber mögen sich die Gelehrten streiten. Tatsache ist, dass wir als Menschen sehr verschieden sind, wenn auch immer wieder ähnliche »Menschentypen« festgestellt werden können. Die einen sind sehr introvertiert und sensibel, die anderen genau das Gegenteil. Manche sind schwer zu motivieren und andere wiederum gleich Feuer und Flamme, nur um bald darauf wieder etwas anderes im Visier zu haben. Sowie es nun unterschiedlich starke Brücken gibt, sind auch wir Menschen unterschiedlich stark belastbar. Und so, wie die verschiedenen Bauweisen von Brücken ihre Vor- und Nachteile haben, trifft das auch auf jeden »Menschentyp« zu. Deshalb ist es auch so wichtig, dass wir uns selbst richtig einordnen und einschätzen können, sei es in Bezug auf unseren Charakter, oder sei es in Bezug auf unsere Belastbarkeit. Sich selbst oder z. B. seinem Partner ständig zu viel zuzumuten, führt über kurz oder lang in einen Energienotstand und eine Lebenskrise. Je länger der Lastwagen auf einer Brücke steht, die ihn gerade mal aushält, desto gefährlicher wird es. Zuerst beginnt das Holz zu knirschen und zu knacken, dann bricht das Holz an den Schwachstellen, und dann, wenn der Lastwagen immer noch nicht weiterfährt, bricht die ganze Brücke zusammen. Vielleicht sehen wir das nicht gleich, wenn aber Anzeichen eines Zusammenbruchs vorhanden sind, gibt es nur eins: So schnell wie möglich runter. Alles andere ist Dummheit.

So müssen auch wir unsere Grenzen erkennen und die Tatsache akzeptieren, dass wir sowohl charakterlich als auch belastungsmäßig begrenzt sind. Es ist wichtig, diese Grenzen zu akzeptieren, und das Wenige, das uns möglich ist, dem Herrn zu übergeben. Er erledigt dann den Rest.

Für Versagen und Rückschläge dürfen wir um Vergebung bitten und immer wieder neu beginnen. Gott selbst wird uns dann so umgestalten, dass wir nicht in erster Linie von unserer Veranlagung her unser Handeln bestimmen lassen, sondern von unserem neuen Menschen, der ein ganz anderes Trachten und Sinnen hat. Ein stures Fortsetzen des bisherigen Lebensstils, auch wenn sich immer häufiger Anzeichen der Erschöpfung zeigen, deuten auf einen fleischlichen Ehrgeiz und Selbstüberschätzung hin. Es besteht die Gefahr, von einem Extrem ins andere zu fallen und somit unbrauchbar zu sein.

Fassen wir also zusammen:

1. Es ist sehr wichtig, seine Grenzen zu kennen. Verstehe auch die Motivation deiner Handlungsweisen, und was deine Stärken und Schwächen sind. Hierzu gibt es sehr gute Bücher, in denen die verschiedenen Grundtypen, Charaktere und Temperamente näher beleuchtet werden. Durchschaust du dich etwa als Stresstyp mit übersteigertem Pflichtbewusstsein, dann ist das schon eine Hilfe, um entsprechend entgegenzuwirken. (Auch für Paare ist es übrigens sehr wichtig, das eigene Verhalten und das des Partners einordnen zu können).

2. Lerne, deine Grenzen wahrzunehmen. Nur Gottes Kraft ist unerschöpflich!

3. Nimm Gottes Willen über deinem Leben an. Nicht weil du so toll bist, sondern weil Gott dich als rein und heilig ansieht und du für Ihn einzigartig bist. Natürlich haben wir ein Leben lang Grund zu Selbstvorwürfen, aber dadurch wird es nicht besser.

4. Übergib Gott deine kleine Kraft und konzentriere dich auf das, was in deiner Verantwortung liegt.

   Gott gebe mir die Gelassenheit, Dinge hinzunehmen, die ich nicht ändern kann,
   den Mut, Dinge zu ändern, die ich ändern kann,
   und die Weisheit, das eine vom anderen zu unterscheiden.

   Reinhold Niebuhr

5. Lerne, weise zu sein und betrachte deinen Körper nicht als eine Maschine.

6. Es gibt Signale deines Körpers, positive wie negative. Handeln wir danach, hören wir darauf, und wir werden auf Dauer leistungsfähiger.

7. Weniger ist mehr! Nichtumsetzbare Vorsätze führen zum Misserfolg. Kleine Schritte führen uns dem Ziel näher.

8. Übergib das Wenige, das du hast, dem Herrn und sei nicht ob deiner geringen Möglichkeiten entmutigt. Vergleiche

dich nicht mit Begabteren, denn jeder wird, wenn er ehrlich ist, seine Grenzen schmerzlich empfinden. Ihm geht es also genauso wie dir. Das Wenige der Witwe war vor Gott mehr wert als der Anteil der Reichen. Weil es alles war, was sie hatte.

9. Denke nicht zu hoch von dir. Sondern achte den anderen höher als dich selbst.

10. Jeder von uns steht in Gefahr, geistliche Dinge aufgrund fleischlicher Motive ausüben zu wollen. Gott ist ein Gott, der im Verborgenen sieht und belohnt. Wir sollen uns nur auf Ihn ausrichten. Das ist erfüllender als ein »geistlicher Egotrip«.

Belastungen

Nun sind wir beim zweiten Teil unseres Bildes angelangt, dem Lastwagen, der unabhängig von der Brücke und der auf ihm befindlichen Last immer dasselbe Gewicht hat. Belastungen kann man in drei Hauptgruppen einteilen:

1. Traumatische Ereignisse, die uns lange oder sogar ein Leben lang nachhängen und eine Menge Energie kosten, weil wir damit (noch) nicht fertig werden. Solche Situationen können z. B. durch den Tod eines geliebten Menschen ausgelöst werden. Oder vielleicht durch einen Konkurs.

2. Aussichtslose, frustrierende Situationen, in die man hineingezwängt wurde und somit eine Beeinträchtigung der Lebensfreude bedeuten. Kinderlosigkeit, ungewollte Ehelosigkeit, chronisch finanzielle Engpässe, frustrierende Arbeitssituation usw. Also Situationen, die man sich freiwillig nie ausgesucht hätte. Aber trotzdem sind sie da und man muss mit ihnen fertig werden. Beschäftigt man sich mit dem Leben Abrahams, so wird sehr schnell klar, dass er einige Spannungen auszuhalten hatte. Bis zur Geburt Isaaks mussten sie sich in Geduld üben.

3. Belastungen, die uns persönlich schwer erschüttern. Dazu gehören z. B. Beziehungs- und Eheprobleme oder rebellische Kinder, die uns alles abverlangen.

Letztlich gibt es zwei Arten von Belastungen:

- solche, an denen man etwas verändern kann

- solche, an denen man nichts verändern kann.

Demgemäß muss sich auch unsere »Strategie« ausrichten. Einer der wichtigsten Lektionen im Glaubensleben ist der Umgang mit Widrigkeiten. Widrigkeiten, an denen wir nichts ändern können – und das vielleicht sogar bis zu unserem irdischen Tod. So wie bei Abraham kann auch bei uns die Situation, die uns so sehr belastet, durchaus von Gott ausgegangen sein. Warum lässt Gott uns so leiden? Wohl auch deshalb, damit Vertrauen und Ausharren in uns Gestalt annehmen und wir in der Barmherzigkeit mit anderen Menschen wachsen.

Wollen wir nun zu beiden Arten von Belastungen einige hilfreiche Punkte anmerken. Das sind Ratschläge, die über Überwinden und Nichtüberwinden entscheiden.

1. Stelle dich der Tatsache, dass du ein Problem hast und daran etwas ändern musst. Das muss mühsam erlernt werden. Hier liegt oft schon die Ursache eines Erschöpfungszustands oder eines Burnouts: Man will es einfach nicht wahrhaben, dass man ein Problem hat. Was sind die Ursachen? Manchmal gibt es tatsächlich Ausnahmesituationen, in denen ein bestimmtes Verhalten vorübergehend notwendig ist. Aber auf Dauer kann das nicht gut gehen. Übersteigerter Leistungswille, falscher Ehrgeiz, Leistungsfrömmigkeit, sich selbst für unverzichtbar halten usw. können zu einem Verdrängen führen und somit die Situation nur noch verschlimmern. Wir sollten uns eine weise und durchdachte Lebensführung aneignen. Sind wir nur noch am Reagieren, und stehen wir permanent unter Druck, wird es zum Zusammenbruch kommen. Gestehen wir uns ein, dass der momentane Zustand kein Dauerzustand sein kann, und dass wir daran etwas ändern müssen. Das ist Voraussetzung für alle folgenden Punkte.

2. Oft kann ich nicht sofort im Großen etwas ändern, aber ich kann es im scheinbar Kleinen und Unbedeutenden tun. Tue ich das jetzt nicht freiwillig, werde ich es später

unfreiwillig tun müssen. Ob es mir passt oder nicht. Dann wird es noch viel schwieriger.

- Achte deinen Körper und deine Seele nicht für gering, beides sind die Instrumente, durch die du Wertvolles und Geistliches tun kannst. Deshalb müssen wir uns Gedanken über Ernährung und Bewegung machen. Gerade wenn man beruflich ständig vor dem Computer sitzt, muss man unbedingt darüber nachdenken. Ich brauche nicht viel darüber zu sagen, weil wir sowieso wissen, was richtig wäre. Ausgewogene Ernährung und regelmäßige Bewegung sind ein Muss für einen Menschen, der sich ausgelaugt und kraftlos fühlt. Wie gesagt, hat sich früher vieles von selbst ergeben, z. B. durch lange Fußmärsche, harte körperliche Arbeit, gesündere Ernährung usw. Heute müssen wir uns Gedanken machen, was wir entwertetem Getreide und Fastfood entgegensetzen, und wie wir unseren Körper wieder in Schwung bringen können. Dem ausschließlich mit Tabletten oder noch höherer Kraftanstrengung entgegenzuwirken, wäre ein weiterer Schritt in die falsche Richtung. Setze dich also damit auseinander. Das kostet auch immer wieder Überwindung, das muss ich zugeben. Ein Schweinebraten schmeckt halt einfach besser als ein Thunfisch-Salat (zumindest mir) und Herumsitzen wäre mir auch oft lieber als auf den Heimtrainer zu steigen.

- Finde einen Ausgleich, einen, der dir Spaß macht und dich somit entlastet. Spazierengehen, Gartenarbeit, Reiten, Saunieren, Briefmarkensammeln, Lesen (auch trivialer Literatur) – egal, was es ist.

- Du darfst und solltest ein Hobby haben. Es ist besser, dies weniger und wohldosiert, dafür aber langfristig und konsequent auszuüben. Bei Übertreibung droht wiederum Gefahr, ausgebrannt auf der Strecke zu bleiben. Maßvolle, entspannende Freizeitaktivität ist geradezu eine Notwendigkeit in der heutigen Zeit. Es gibt auch Gegenbeispiele: Menschen, die schon mit Ende zwanzig oder Anfang dreißig sterben mussten, aber in ihrem kurzen Leben mehr geleistet haben als die meisten von uns es je tun werden. Und natürlich besteht auch hier die Gefahr, auf der anderen Seite herunterzufallen. Aber wir brauchen Möglichkeiten, seelisch und körperlich aufzutanken; egal ob Christ oder nicht. Zeit dafür ist meistens genug vorhanden, vor allem wenn wir einsehen, dass wir uns die Zeit dazu nehmen müssen. Wir sollten darüber nachdenken, was wir tun und warum wir es tun. Wir sollten Prioritäten setzen und uns die Zeit richtig einteilen, dann ist es auch möglich, eine Zeit des Ausgleichs zu finden. Auch für Schlaf, einen der wichtigsten Ausgleichsfaktoren, muss genug Zeit da sein. Die Frage, wofür ich mir Zeit nehme, ist viel wichtiger als die Frage, wie ich Zeit spare.

3. Falls wir an Dinge gekettet sind, die uns nicht befriedigen und uns zusehends auslaugen und unglücklich machen, müssen wir auch darüber nachdenken, wie wir kurz-, mittel- oder langfristig aus dieser Situation herauskommen können. Ich denke dabei an zwei Freunde, die jeweils ein positives und ein negatives Beispiel abgeben. Der eine übernahm den elterlichen Gastbetrieb, der oft die ganze Nacht geöffnet hatte. Erhöhter Alkoholkonsum, sinnlose Gespräche an der Theke etc. standen auf der Tagesordnung. Diese Tätigkeit ließ sich mit seinem durch die Bekehrung sensibilisiertes Gewissen nicht vereinbaren. So reifte der Entschluss, diesen Beruf aufzugeben und eine Ausbildung als Physiotherapeut zu beginnen. Aber so einfach ist das nicht: Den Eltern zu sagen, dass man den Betrieb, den sie jahrzehntelang geführt haben, nun nicht mehr weiterführen will und eine neue Ausbildung (mit karger Entlohnung) zu beginnen – weit weg von der gewohnten Umgebung noch mal die Schulbank zu drücken –, hat seinen Preis. Das waren keine einfachen Jahre. Aber sie sind mittlerweile längst vergessen. Heute führt mein Freund eine eigene Praxis, ist verheiratet und hat große Freude an seinem neuen Beruf, überhaupt an seinem ganzen Leben. Ich könnte da noch von einigen anderen positiven Beispielen erzählen, leider aber auch von negativen. Ein anderer Bruder klagte bereits vor 25 Jahren, dass ihn sein Beruf total aufzehrt und ihn

in seinem geistlichen Leben und als Familienvater sehr einschränkt. Schon damals gaben wir ihm den dringenden Rat, diese überaus kraftzehrende Stelle – trotz bester Bezahlung – aufzugeben, da sie ihn in seinem Leben zu sehr beeinträchtigt. Er tat es nicht, und die Folgen sind heute offenbar. Er ist verbraucht und muss seine letzten Kraftreserven mobilisieren, um seinen arbeitsintensiven Job überhaupt noch ausüben zu können. Auch in anderen Bereichen ist es nicht so gut gelaufen. Er wird seinen Platz im Himmel haben, aber sein Leben hier auf dieser Erde wird hauptsächlich in Ausübung eines Berufs bestanden haben. Beharrliche Unzufriedenheit war die logische Folge.

Ich frage mich, ob wir als Christen trotz aller Verpflichtungen unserer Familie und der Gesellschaft gegenüber so ein Leben führen sollen. Ich persönlich glaube das ganz entschieden nicht! Sogar als Ungläubiger würde ich dir wärmstens empfehlen, dich intensiv mit einer grundlegenden Veränderung auseinanderzusetzen und nach neuen Möglichkeiten zu suchen. Wir sind keine Leibeigenen irgendeines Adeligen mehr, sondern können in vielem unser Leben selbst gestalten. Was hält uns zurück? Falsches Sicherheitsdenken, Furcht vor der Meinung anderer oder vor möglichen Schwierigkeiten, die sich auftun könnten? Angst vor Veränderungen, die den meisten von uns angeboren ist? Vergessen wir aber nicht: Christus will uns nicht nur erretten, sondern auch unsere Prioritäten zurechtrücken oder gar auf den Kopf stellen. Wir müssen uns nicht in Sachen hineinzwängen und festhalten lassen, die uns unglücklich oder kaputt machen. Wir können uns ganz neu der Zukunft stellen und Ihn fragen, ob wir da bleiben sollen, wo wir gerade sind, oder ob Er etwas Neues mit uns vorhat. Stellen wir uns die Frage: Wo werde ich in 15 oder 20 Jahren sein, wenn ich so weitermache wie bisher? Wie werde ich im Alter auf mein Leben zurückblicken? Natürlich werden wir im Rückblick viele Versäumnisse beklagen, aber es sollte doch nicht so sein, dass wir die Weichenstellungen unseres Lebens bereuen müssen. Gott ist der Gott unseres Lebens und ist somit Herr über jede Situation unseres Leben. Er ist der lebendige Gott, und wir werden Ihn erleben, wenn wir nach Seinem Willen fragen und Ihm dabei alles offen und korrekturbereit übergeben.

4. Stimmen diese Weichenstellungen, müssen wir nichtsdestotrotz die Belastungen überdenken, die wir uns evtl. zumuten. Eines ist klar: Es kann nicht so weitergehen, sie müssen weniger werden. Ein weltbekannter Prediger, den ich einmal hören durfte, richtete es sich so ein, nur an drei Abenden in der Woche Dienste zu tun. Weil es keinen Sinn hat, anderen zu dienen, wenn das eigenen Lebensgefüge dabei zugrunde geht. Es geht mir dabei nicht darum, eine Regel über die Anzahl der Abende aufzustellen, die wir für den Herrn einsetzen müssen, sondern eher um die Warnung, nicht den Weinberg anderer zu hüten, nur um den eigenen dabei zugrunde gehen zu lassen: das wäre Torheit. Welche Belastungen kannst du also über Bord werfen, welche ehrenamtliche Tätigkeiten aufgeben, welches überflüssige Hobby, welchen Dienst zurückstellen, der vielleicht gar nicht vom Herrn geplant war? Wieder gilt: Stellen wir uns ganz unter die Führung Gottes, und er wird uns in diesen Fragen leiten und führen.

5. Gönne dir einen Tag der Ruhe und der Besinnung. Einen, an dem du wieder zu dir selbst findest, und den du dazu benutzt, dich deinem Gott neu zu weihen und dich geistlich neu auszurichten. An dem du dir Zeit nimmst für deine Familie und für deinen persönlichen Ausgleich. Das sind etliche Vorsätze für einen Tag, daher sollte man sich auch den ganzen Tag Zeit nehmen. Etwas anderes hat da nicht mehr Platz. Ein Heimatmissionar, der fast jedes Wochenende im Dienst für den Herrn verbringt, erzählte mir, dass er sich aus Furcht vor Nachrede in seiner Gemeinde praktisch während der Woche nie einen Ruhetag genommen hat. So ist leider sehr viel vernachlässigt worden, vor allem seine Familie und seine eigene Gesundheit litten darunter. Ist es das, was Gott von uns will? Ich glaube nicht.

6. Befindest du dich schon mitten in einem Burnout und hast die Grenzen schon lange überschritten, wird eine Auszeit fast nicht zu umgehen sein. Natürlich brauchen wir bei

solchen Entscheidungen die Führung unseres Herrn. Ich persönlich habe es so erlebt, dass ich mehr oder weniger gegen meinen Willen aus meiner Hauptaufgabe herausgenommen wurde. Ein echtes Burnout zu überwinden dauert lange und kann nur erreicht werden, wenn man seine Alltagsbeschäftigungen massiv herunterfährt. In solch einem Fall wäre auch die Inanspruchnahme professioneller Hilfe sehr hilfreich, am besten von einem erfahrenen und hingegebenen Christen. Du musst in dieser extrem schwierigen Situation das Rad nicht neu erfinden.

Leider ist der Rat vieler Geschwister oft zu oberflächlich und daher kaum von Nutzen. Du brauchst jemanden, der mit der Situation vertraut ist; jemanden, der weiß, was in dir vorgeht und der befähigt ist, weisen und geistlichen Rat zu geben. Ausschließlich weltlicher Rat ist für einen Christen nicht ratsam. Wir sollten uns nicht von Menschen, die Gott nicht kennen, über die grundlegende Ausrichtung unseres Lebens belehren lassen! Nichtchristen können uns nur im seelisch-körperlichen Bereich beraten; das ist aber in einer Lebenskrise zu wenig. Dieser Bereich wird meist zu sehr in den Vordergrund gestellt, und das kann zu einer falschen Schwerpunktverlagerung führen. Trotzdem können wir einiges an weltlicher Weisheit sehr gut auch an uns anwenden, da unser Organismus genauso funktioniert wie bei allen anderen Menschen auch.

7. Die Eliminierung von Fehlerquellen aus unserem Leben kann selbst wieder zu einer Belastung werden; nämlich dann, wenn ein ausgeprägtes Pflichtgefühl sich dagegen wehrt und unter den veränderten und eingeschränkten Tätigkeitsbereichen leidet. Ein schlechtes Gewissen und das Gefühl, unsere Ziele zu verraten, unsere von Gott aufgetragenen Pflichten zu vernachlässigen oder gar aufzugeben, klagen uns an und wirken sehr bedrückend. Vieles davon kommt aber aus unserem religiösen Fleisch. Daher müssen wir es lernen, in unserem Leben den Willen Gottes von Selbstauferlegtem zu unterscheiden. Von Letzterem sollten wir uns in Zukunft nicht mehr knechten lassen. Lernen wir es, vor dem Herrn stille zu werden und erst dann tätig zu werden, wenn wir einen Auftrag von Ihm erhalten

haben. Es bedarf einer beständigen, innigen Gemeinschaft mit Gott, in der Er uns ermutigen und gleichzeitig auch korrigieren kann. Ein hörender Geist und ein gehorsames Herz werden uns in diesem Prozess voranbringen.

Zusätzlich müssen wir falsche Gedanken von uns weisen, nämlich dass Zeiten der Genesung, der Selbstbesinnung, der Reorganisation und der Wiederherstellung unwichtig oder ungeistlich seien. Ganz im Gegenteil, diese Zeiten sind Voraussetzung, um unsere Effektivität wieder zu erlangen. Ist es unsinnig, die Axt oder die Sense zu schärfen? Ist die Entscheidung, das Auto nicht zum Service zu bringen, nur um Zeit zu sparen, nicht eine ausgesprochene Dummheit?

Ein ständiges Getriebensein ist nicht geistlich, sondern entspricht eher unserem Fleisch, weil man sich zu wichtig nimmt. Der Herr Jesus lobte Maria, die sich für das Wichtigste Zeit nahm und tadelte Martha, deren Hauptaugenmerk ganz auf das Tun ausgerichtet war.

8. Ein echtes Burnout wird uns auch nach Überwindung in einen geschwächten Zustand zurücklassen. Es wird einfach nicht mehr so, wie es vorher einmal war. Das gilt für das Älterwerden überhaupt. Viel mehr aber noch, wenn es bereits einmal zu einem chronischen Erschöpfungszustand gekommen ist. Die Nerven und die Belastungsfähigkeit erfordern einfach einen anderen Lebensstil. Wir müssen nun umso mehr all das bedenken, was ich vorher erwähnt habe. Ist das unbedingt nur negativ zu bewerten? Ist nicht ein Jakob erst nach dem Schlag auf seine Hüfte zu Israel geworden? Für den Rest seines Lebens sollte er hinken.

Die subjektive Wertung

Eines meiner schönsten Erlebnisse in meinem Glaubensleben war eine persönliche Belebung im Jahre 1993 durch den Philipperbrief. Alles, wirklich alles hatte sich scheinbar gegen mich gewendet, und alles schien aussichtslos – zumindest empfand ich es damals so. Durch das gründliche Studium dieses Briefes, Vers für Vers, erneuerte Gott mein Glaubensleben fundamental und zeigte mir auf ganz neue Art und Weise, was Glaube eigentlich ist oder sein kann: nämlich eine positive Bewertung negativer Umstände, sowie eine Freude und ein Friede in Ihm, unabhängig von den Umständen. Heute weiß ich, dass Gott mich damals vorbereitet hat, schwere Lasten (er)tragen zu können. Aus dieser Belebung ist mir eines geblieben: Ich kann ein Glas, das zur Hälfte gefüllt ist, als halbleer betrachten und darüber frustriert sein, oder als halbvoll und dankbar dafür sein.

Natürlich sind wir auch als Christen zunächst traurig oder verzweifelt, wenn wir mit Leid konfrontiert werden. Trotzdem haben wir, im Gegensatz zu Nichtchristen, die Möglichkeit, Belastungen abzugeben. Das schützt uns nicht vor negativen Emotionen, aber wir müssen uns nicht davon gefangen nehmen lassen. Wir müssen Zorn, Trauer, Verbitterung und Frustration nicht ausblenden, sondern können sie in Aufrichtigkeit mit der Hilfe des Herrn verarbeiten.

Während ich diese Zeilen schreibe, befinde ich mich in einer Situation, in der ich in zwei Bereichen meines Lebens Probleme habe, die mir seelisch sehr viel abverlangen. Diese Prüfungen dauern schon jahrelang an, und immer wieder verliere ich die Hoffnung, dass es einmal besser werden könnte. Kaum erscheint Licht am Ende des Tunnels, stellt es sich als Täuschung heraus; ein neuer Rückschlag kommt, neue Probleme ergeben sich. Ich muss schmerzlich zur Kenntnis nehmen, dass sich wieder eine lange Gerade im Tunnel aufgetan hat, die beschritten werden muss, ohne dass sich ein gutes Ende abzeichnet. Vielleicht – und dieser Gedanke stimmt mich nicht glücklich – dauert der Gang durch den Tunnel noch sehr lange an. Vielleicht endet er gar nicht. Menschlich gesehen eine Horrorvorstellung, von Gott aus betrachtet offenbar nicht, weil Er sonst schon längst meinem Flehen nachgegeben hätte. Der Unterschied ist ganz einfach: Als Christen befinden wir uns mit Gott in diesem Tunnel. Deshalb sollen wir nicht darauf fixiert sein, wie und wann wir aus dem Tunnel herauskommen, sondern uns vielmehr auf Ihn konzentrieren. Er lässt es zu, Er ist allmächtig und vergibt, falls du dich selbst durch einen Fehler in den Tunnel hineinmanövriert hast. Allein in dieser Tatsache liegt schon unendlich viel Trost – selbst wenn negative Gefühle uns bedrängen.

Ich schreibe das, weil Erschöpfungszustände auch sehr viel damit zu tun haben, wie sehr wir uns von trübsinnigen Gedanken,

Frustrationen, Trauer oder Verbitterung herunterziehen lassen. Seelisches Ausgebranntsein geht auf den Körper über und beeinflusst auch unser geistliches Leben. Durch unseren Glauben können wir mit nahezu jeder unerträglichen Belastung standhalten. Ungläubige Menschen können nicht aus dieser Quelle schöpfen. Stets bewundere ich den Glauben und die Treue von Abraham, der auf die Erfüllung der Verheißungen Gottes 25 Jahre(!) warten musste. Das lange Warten, die Frustration seiner Frau und innerfamiliäre Spannungen sind nicht spurlos an ihm vorübergegangen. Aber er blieb treu und verließ den Weg der Verheißung nicht.

Er stand nicht über den Dingen, er schüttete sein Herz Gott gegenüber aus. Er beklagte sich, dass doch sein Knecht alles erben würde, weil er keinen Sohn hatte, er begnügte sich ausdrücklich mit Ismael, obwohl der Sohn der Verheißung von der Sarah noch gar nicht geboren war, und, und, und. Aber diese Dinge zerstörten seinen Glauben nicht und das hinderte ihn auch nicht daran, seinen Weg fortzusetzen. Auch wir dürfen unsere Not vor Gott bringen, müssen es sogar, wenn wir weiterkommen wollen. Kehren wir negative Dinge unbewältigt unter den Teppich, verleugnen wir sie, so ist das zusätzlicher Stress, was alles nur noch verschlimmert. Unter Christen sollte immer eine offene Atmosphäre herrschen, wir sollten Fehler ehrlich zugeben können, eine ertragende Liebe füreinander haben. Nichts ist nutzloser als eine betrübte Seele zu tadeln, nichts abstoßender als belehrende Ermahnung, wo offene Arme und Trost notwendig wären.

Diese Zeilen sollen dich zu einem Umdenken anregen. Zum Umdenken, was die Not und die Frustration in deinem Leben betrifft. Auch wenn das, was du momentan als kaum erträglich empfinden solltest, nie enden wird, hast du in Gott einen Quell des Trostes und der Sinngebung für scheinbare aussichtslose Situationen. Und so können wir sogar ein Vorbild und eine Kraftquelle für andere sein, die sich an unserem Glauben aufrichten und durch uns wieder Mut fassen, ihren Weg positiv fortzusetzen. Diese konstruktive Sichtweise unseres Lebens und unserer Probleme kann dem, was wir nicht sofort ändern können, nämlich unsere Veranlagung und der objektiven Belastung, der unser Leben ausgesetzt ist, ein Gegengewicht verschaffen, mit dem wir die Dinge entscheidend erleichtern können. Gelebter Glaube ist Lebenshilfe und Selbsthilfe. So gesehen ist Gottes

Wort voll guter Ratschläge und wegweisender Erzählungen. Eine neue Glaubenssicht der Dinge setzt den ersten Schritt aus der Krise.

Wollen wir diesen Abschnitt und dieses Kapitel mit einschlägigen Zitaten aus dem Wort Gottes beenden:

> Mehr noch, wir rühmen uns ebenso unserer Bedrängnis; denn wir wissen: Bedrängnis bewirkt Geduld, Geduld aber Bewährung, Bewährung Hoffnung.
>
> Römer 5,3-4

> Seid voll Freude, meine Brüder, wenn ihr in mancherlei Versuchungen geratet. Ihr wisst, dass die Prüfung eures Glaubens Ausdauer bewirkt. Die Ausdauer aber soll zu einem vollendeten Werk führen; denn so werdet ihr vollendet und untadelig sein, es wird euch nichts mehr fehlen.
>
> Jakobus 1,2-4

> Freut euch im Herrn zu jeder Zeit! Noch einmal sage ich: Freut euch! Sorgt euch um nichts, sondern bringt in jeder Lage betend und flehend eure Bitten mit Dank vor Gott! Und der Friede Gottes, der alles Verstehen übersteigt, wird eure Herzen und eure Gedanken in der Gemeinschaft mit Christus Jesus bewahren. Schließlich, Brüder: Was immer wahrhaft, edel, recht, was lauter, liebenswert, ansprechend ist, was Tugend heißt und lobenswert ist, darauf seid bedacht!
>
> Philipper 4,4-8

4 Gemeinde – wenn einem alle auf den Wecker gehen

... im Hause Gottes, das die Gemeinde des lebendigen Gottes ist, der Pfeiler und die Grundfeste der Wahrheit.

1. Timotheus 3,15

Wir haben aber diesen Schatz in irdenen Gefäßen, damit das Übermaß der Kraft von Gott sei und nicht aus uns.

2. Korinther 4,7

Ich kenne einige Christen, darunter auch Freunde, die sich aus Enttäuschung über andere Christen aus einer verbindlichen Gemeinschaft zurückgezogen, teilweise sogar den Glauben und die Nachfolge aufgegeben haben. Das Thema ist sicherlich ein heißes Eisen. Aber ich möchte es aufgreifen, um dir vielleicht helfen zu können, diesen Schritt nicht zu tun. Lass uns das Thema in drei Schritten behandeln:

- Allgemeines über Licht und Schatten in der Gemeinde

- Entmutigendes und Falsches unter dem Volk Gottes im Besonderen

- Ermutigendes: Was sollen wir konkret tun, wenn wir von anderen Christen so abgestoßen wurden, dass wir am liebsten nichts mehr mit ihnen zu tun haben wollen.

Licht und Schatten

Die Geschichte Gottes mit Seinem Volk im Alten sowie im Neuen Bund ist auch eine Geschichte des Versagens und der Enttäuschung. Sowie jeder einzelne Christ – sei er noch so heilig und von Gott gebraucht – nicht fehlerlos und sogar zu allem fähig ist, so ist auch jede Ortsgemeinde, egal welcher Denomination und welcher Prägung, unvollkommen und voller fehlerhafter

Menschen. Wir sehen dort viel Unvollkommenes, viel Oberflächlichkeit, viel Falsches. Unter Christen gibt es auch Heuchelei,
oberflächliches Beurteilen, herzloses Verurteilen, Besserwisserei,
Missverständnisse, Verletzungen und Enttäuschungen.

Als junger Christ verstand ich oft nicht, dass in der Bibel das
Versagen des Volkes Gottes so breiten Raum einnimmt. Heute
verstehe ich es umso besser. Ja, in der ganzen Schrift wird scho-
nungslos und radikal ehrlich das Versagen, die Fehler und die
Widerspenstigkeit des Volkes Gottes aufgezeigt. Mose sieht sich
gleich am Anfang seines Dienstes mit einem widerspenstigen
Volk konfrontiert. Nachdem Gott ihn vierzig Jahre hindurch in
Seine Schule genommen hatte, war es immer noch so: Gott hatte
dieses Volk erwählt, es war Sein Eigentum, Sein Heilsträger, Sein
Licht in dieser Welt. Aber die Praxis sah ganz anders aus: Ungehorsam, Murren, Götzendienst standen auf der Tagesordnung.
Dies führte sogar dazu, dass der größte Teil das verheißene Land
gar nicht erst erreichte. Nach siegreichen Zeiten unter Josua ging
es danach umso schneller bergab. Dabei sehen wir im Buch der
Richter, dass es nach unten keine Grenzen gab. Und so geht es
weiter: die Zeit der Könige hindurch und auch in der Zeit nach
dem Exil. Trotzdem kam es immer wieder zu Erweckungen. Und
es traten Männer auf, die das Volk Gottes – zumindest einen
Teil davon – wieder zum lebendigem Gott und somit zu echtem
geistlichen Leben zurückführten.

Auch im Neuen Bund gab es nie ein goldenes Zeitalter, in der
alles richtig gemacht wurde, und alle nur ein Herz und eine Seele
waren. Der Herr Jesus hat durch Seinen Dienst die Gemeinde
ins Leben gerufen, und wir haben Seine Verheißung und Seine
Zusage, dass Er sie nie verlassen und dass Sein Evangelium bis
zu Seiner Wiederkunft verkündigt werden wird.

> ... und auf diesem Felsen werde ich meine Gemein-
> de bauen, und des Hades Pforten werden sie nicht
> überwältigen. Matthäus 16,18

Nichtsdestotrotz ist die Geschichte der Gemeinde des Neuen
Testaments von keinem Heiligenschein umgeben. Von Anfang an
sehen wir die Fehler und Charakterschwächen bei den Aposteln.
Auch sie hatten menschliche Vorstellungen vom Messias. Auch

sie wollten die Ersten sein und über andere herrschen. Auch sie verleugneten den Herrn und flüchteten allesamt bei Seiner Gefangennahme. Nach Pfingsten kam es zu Unstimmigkeiten und einige Jahre später musste im Apostelkonzil die erste Kontroverse ausgestanden werden: die Stellung der Heidenchristen zum mosaischen Gesetz. Im selben Kapitel trennen sich Paulus und Barnabas nach einer »Erbitterung« darüber, ob ihr Diener Markus noch eine Chance erhalten soll.

In den Briefen ist von Problemen innerhalb der Gemeinden, Ungeistlichkeit und grober Sünde die Rede. Wir finden einen Petrus, der sich aus Furcht vor strengen Judenchristen von seinen geliebten Brüdern aus den Nationen zurückzieht; wir finden Christen, die sich beim Abendmahl betrinken und im sexuellen Bereich geschehen Dinge, die nicht einmal unter Ungläubigen üblich waren. Falsche Apostel trieben ihr Unwesen, Irrlehre sickerte in die Gemeinde ein, die Diener Gottes hatten alle Hände voll zu tun, um alles wieder ins Lot zu bringen. Paulus muss am Ende seines Lebens dabei zuschauen, wie es mit den Gemeinden bergab geht. Johannes muss vor einem christlichen Diktator warnen. Und in der Offenbarung finden wir nur zwei von sieben Gemeinden, die der Herr Jesus nicht tadeln muss, also eine klare Minderheit.

Die Geschichte der Gemeinde Jesu ist nicht nur ermutigend, sondern eher das Gegenteil. Schnell entwickelt sich die lebendige, christliche Bewegung in eine verstaatlichte Institution. Griechisches Denken hat wieder Hochkonjunktur, intellektualisiert und verfälscht die reine, biblische Lehre. Es entstehen Streit und Uneinigkeit – im Namen Gottes. Durch Verbindung von Kirche und Staat werden Massen bekehrt; heidnische Vorstellungen vermengen sich mit christlichen, Macht und Politik bestimmen die Handlungen der Kirche. Sie führen immer weiter weg vom ursprünglichen Evangelium. Die Schlichtheit des Glaubens geht verloren, die Missionsbewegung gerät ins Stocken.

Trotzdem gab es zu allen Zeiten einen treuen Überrest. Vor allem in der Zeit der Reformation schenkte Gott viel Licht, später entstanden lebendige Gemeinden, die das Wort Gottes liebten und die Glaubensverantwortung des Einzelnen betonten. Es kam zu einer weltweiten Missionsbewegung, die noch bis heute anhält. Gott verlässt Seine Gemeinde nicht. Er wird weiterhin Seinen Schatz des Evangeliums durch irdene Gefäße verbreiten.

Aber auch die Früchte der Reformation sind am verfaulen. Jedes Jahr hat eben seine eigene Ernte.

Ich gehe davon aus, dass du selbst so eine Frucht bist und du dich in einer Gemeinschaft befindest, in der sich auch andere echte Christen befinden, die den Herrn lieben und mit Ihm ihr Leben gestalten wollen. Jetzt bist du vielleicht durch irgendeine Enttäuschung erschüttert, sei es eine persönliche tiefe Verletzung, sei es Entmutigung durch Vorkommnisse in der Gemeinde. Oder sei es durch Unrecht und Irrlehre, die geduldet wird. Wie auch immer, ich kann das sehr gut verstehen. In den 25 Jahren, die ich mit dem Herrn leben darf, hat es Zeiten gegeben, in der ich von manchen Geschwistern so frustriert war, dass ich am liebsten gar nicht mehr in die Gemeinde gegangen wäre. Im Rückblick bin ich sehr dankbar, dass ich trotz meiner negativen Gefühle weiterhin die Gottesdienste besuchte und doch so sehr gesegnet worden bin. Wenn du dir die einleitenden Verse noch einmal durchliest, haben diese zwei Grundaussagen, aus denen wir konkrete Anwendungen für uns ableiten wollen. Alles beginnt ja immer im Denken und deshalb möchte ich Folgendes zu »bedenken« geben:

1. Gottes Plan bist nicht nur du alleine, sondern Seine Gemeinde. Er liebt Seine Gemeinde und Er kennt jeden Einzelnen, der zu ihr gehört. Er sieht sie durch Christus hindurch, also rein und heilig. Sie ist Sein Werkzeug, um von einer Generation auf die andere das Licht des Evangeliums in dieser Welt hochzuhalten und zu verbreiten. Du bist ein Teil davon, ein Glied des Leibes. Ein Glied kann nicht alleine funktionieren, sondern dient immer in Zusammenarbeit mit den anderen. Die Gemeinde ist Segensträger in dieser Welt – und nicht nur der einzelne Christ.

2. Trotzdem: Die Gemeinde ist nicht vollkommen; sie ist eine Baustelle – bis zum Zeitpunkt der Wiederkunft Christi. Auf einer Baustelle herrscht aber auch manchmal Chaos, Meinungsverschiedenheiten und Streit. Dinge gehen schief, Teile des Gebäudes können einbrechen, Arbeiter und Bauleiter verlassen die Baustelle und, und, und. Wenn du von der Gemeinde Gottes desillusioniert bist, dann sei dir darüber im Klaren, dass uns die Bibel nie zu Illusionen hinreißt. Wie ich aufgezeigt habe, ist die Geschichte des Volkes Gottes auch eine Geschichte des Versagens. Und wir gehören dazu. Auch wir verletzen und ent-

täuschen andere; auch wir heucheln und verhalten uns nicht immer einwandfrei. Dazu eine Geschichte, über die man lachen könnte, wenn sie nicht so traurig wäre: Ein Mann sagte zu Spurgeon, dass er sich nicht entschließen könne, einer der bestehenden Gemeinden beizutreten. Sie seien alle zu sehr hinter dem Ideal der Vollkommenheit zurück. Darauf erwiderte Spurgeon: »Das ist wahr, eine vollkommene Gemeinde gibt es nicht. Und wenn Sie warten wollen, bis Sie eine vollkommene gefunden haben, so können Sie warten bis zu Ihrem Eintritt in den Himmel. Im Übrigen, lieber Freund, wenn Sie jemals eine vollkommene Gemeinde fänden, müsste diese sich weigern, Sie aufzunehmen. Denn sobald Sie aufgenommen wären, hätte jene Gemeinde aufgehört, vollkommen zu sein. Ihr Suchen ist wirklich vollständig zwecklos.«

3. In Zeiten der Entmutigung und des Frustes stehen wir in Gefahr, nur noch das Schlechte zu sehen. Paulus nennt die Korinther »Geheiligte« und »berufene Heilige«, obwohl in dieser Gemeinde so viel danebenging. Er dankt Gott sogar allezeit für sie. Es ist also wichtig, unabhängig vom eigenen Erleben, den Wert der Gemeinde vor Augen zu halten. Gott hat sie nicht aufgegeben. Die ganzen Jahrtausende hindurch. Warum? Weil Er sie liebt, weil sie für Ihn zu wichtig ist. Jede einzelne Ortsgemeinde soll Seinen Willen ausführen. Natürlich sind auch schon viele Ortsgemeinden verfallen, aber es sind auch immer wieder neue entstanden. Oder auch Gruppen – sozusagen ein Überrest – innerhalb einer großen Kirche oder Gemeinde, die den Herrn lieben und Ihm ernsthaft nachfolgen wollen. Gott hat es gefallen, durch den schwachen Leib Seiner Gemeinde zu wirken. Daran erkennen wir die Wichtigkeit, den Adel, die Bestimmung und auch die Verantwortung der Gemeinde. Deshalb sollten wir darauf achten, wie wir von der Gemeinde denken.

4. Oft hört man von Menschen, die wegen ihrer Ehe ein gebranntes Kind sind, dass sie sich so etwas nicht mehr antun wollen. Zu groß war das Leid, als dass man noch einmal sein Herz ganz für jemanden aufschließen will. So lebt man dann lieber alleine oder in einer losen Beziehung, aber immer mit Abstand. Das ist nur ein Beispiel, aber es liegt auf der Hand, dass es manchen mit der Gemeinde genauso so geht. Hat Gott etwa mit der Idee der Ehe einen Fehler gemacht? Hat Gott etwa mit der Idee der Gemeinde einen Fehler gemacht? Beides war

Gottes Idee. Lehnen wir also die Gemeinde ab, so lehnen wir auch Gottes Gedanken ab.

Entmutigendes im Besonderen

Wie schon gesagt, die Geschichte des alttestamentlichen Volkes Gottes ist auch für uns wegweisend. »Probleme« der Gläubigen sind und waren immer die gleichen. Glaubensrichtungen lassen sich in drei Gruppen einteilen: Konservative, Liberale und Gemäßigte. Wir dürfen also nicht glauben, dass wir mit unseren Erfahrungen und Enttäuschungen alleine dastehen. In unserem Empfinden natürlich schon; nicht aber, wenn man sich das Ganze einmal näher anschaut. Es gibt da wirklich nichts Neues unter der Sonne, alles wiederholt sich – auch unsere Fehler. Aber Gott gebraucht in jeder Generation Seine Propheten, um hier zu helfen, sei es ermahnend oder ermutigend.

Auch Paulus greift auf das Alte Testament zurück und wendet es direkt auf die Gläubigen an. Bezugnehmend auf die Wüstenwanderung der Väter schreibt er:

> Diese Dinge aber sind als Vorbilder für uns geschehen, damit wir nicht nach Bösem gierig sind, wie jene gierig waren. Werdet auch nicht Götzendiener wie einige von ihnen! Wie geschrieben steht: »Das Volk setzte sich nieder, zu essen und zu trinken, und sie standen auf zu spielen.« Auch lasst uns nicht Unzucht treiben, wie einige von ihnen Unzucht trieben, und es fielen an einem Tag dreiundzwanzigtausend. Lasst uns auch den Christus nicht versuchen, wie einige von ihnen ihn versuchten und von den Schlangen umgebracht wurden. Murrt auch nicht, wie einige von ihnen murrten und von dem Verderber umgebracht wurden! Alles dies aber widerfuhr jenen als Vorbild und ist geschrieben worden zur Ermahnung für uns, über die das Ende der Zeitalter gekommen ist. Daher, wer zu stehen meint, sehe zu, dass er nicht falle. 1. Korinther 10,6-12

Götzendienst, Unzucht, Christus versuchen und Murren gegen Gott ist also auch unter Christen möglich, sonst würde es Paulus ja nicht erwähnen. Wir können sagen, dass wir als Christen durch den in uns wohnenden Geist die einzigartige Möglichkeit haben, anders zu leben. Wir müssen nicht dahin treiben, wohin uns unsere sündige Natur führen will. Mangel an Hingabe, Verweltlichung, Götzendienst in irgendeiner Form, Heuchelei und Traditionalismus, das Denken in Regeln und Gesetzen, anstatt Leben aus der Erlösung heraus – all dies hindert uns daran, bibelgemäß zu leben. Auch ist kein Christ immun vor diesen Dingen. Nur der Herr weiß, wie es in unseren Herzen und in den Gemeinden tatsächlich aussieht. Wir können davon ausgehen, dass sich nicht nur in den Weizenfeldern der Großkirchen viel Unkraut befindet, sondern auch in denen der Freikirchen. Wir haben also Menschen unter uns, die gar nicht wiedergeboren sind, aber trotzdem in den Gemeinden mitreden, mitgestalten und mitbestimmen – in einem frommen Gewand und nicht aus einer lebendigen Gemeinschaft mit Christus heraus. Das ist, wie wir noch sehen werden, der entscheidende Unterschied.

Von Anfang an war mangelndes Vertrauen das Hauptproblem des Volkes Israel. Man könnte auch zusammenfassend sagen, dass während der Wüstenwanderung Götzendienst und Unmoral die Hauptprobleme waren. Dann, nach einem beständigen Abstieg bis zur vollständigen Bedeutungslosigkeit, besannen sich die Juden wieder auf Ihren Gott und auf Sein Wort. Es entstand das Schriftgelehrtentum, man versammelte sich zu Wortlesung und Gebet. So wurde das Volk der Juden davor bewahrt, von anderen Völkern absorbiert zu werden. Es kam also zu einer Absonderung, aber es entstanden auch parallel zur Heiligen Schrift verschiedene Auslegungen und Zugänge zu ihr, die mit der Zeit mehr beachtet wurden als die Schrift selbst. Die Juden wurden also »exklusiv« und schauten auf andere herab. Sie waren stolz auf ihre Religion. Selbstgerechtigkeit, Traditionalismus und Hartherzigkeit waren die Folge. Unwesentliches stand nun im Mittelpunkt – das sprichwörtliche Pharisäertum bildete sich heraus und brachte letztendlich den Herrn Jesus ans Kreuz.

Gleichzeitig gab es auch die liberale Schule der Sadduzäer, die zwar ambitioniert und penibel den Tempeldienst verrichteten, aber nicht einmal an ein Weiterleben nach dem Tode oder an die Existenz von Engeln glaubte. Umso eifriger verbanden sie sich dafür mit der politischen Elite, mit der sie schließlich den Herrn Jesus ausschalteten. Er passte also weder in dieses Schema noch in das andere.

Diese Entwicklungen wiederholten sich ständig in der Kirchengeschichte. Kurz nach dem Tod der Apostel geriet die Missionsbewegung ins Stocken – aus Gründen, die wir schon beim Volk Israel gesehen haben, und die ich zusammenfassend noch einmal nennen und dann im Einzelnen besprechen will:

1. Götzendienst jeder Form, Weltliebe, Liberalität, Unmoral

2. Pharisäertum, Verkirchlichung, Gesetzlichkeit, Selbstgerechtigkeit, Richtgeist, Lieblosigkeit, Unbarmherzigkeit, Traditionalismus und Schwerpunktverschiebung, theologische Streitereien um Zweit- und Drittrangiges

3. Heuchelei, fehlende Hingabe und Nachfolge, das Stützen auf Krücken statt auf eigenen Beinen zu stehen.

In Jeremia 25 finden wir eine Zusammenfassung der alttestamentlichen Prophetenbotschaft, die sehr aufschlussreich ist:

> Und der HERR hat all seine Knechte, die Propheten, zu euch gesandt, früh sich aufmachend und sendend. Aber ihr habt nicht gehört und habt eure Ohren nicht geneigt, um zu hören, wenn er sprach: Kehrt doch um, jeder von seinem bösen Weg und von der Bosheit eurer Taten, dann sollt ihr in dem Land, das der HERR euch und euren Vätern gegeben hat, wohnen von Ewigkeit zu Ewigkeit! Und lauft nicht anderen Göttern nach, um ihnen zu dienen und euch vor ihnen niederzuwerfen! Und reizt mich nicht durch das Tun eurer Hände, dass ich euch nicht Böses antue!
>
> Jeremia 25,4-6

Götzendienst, Weltliebe und menschliches Denken gehen stets mit Abfall Hand in Hand. Götzendienst ist alles, was uns mehr bedeutet als Gott, oder was wir Ihm wider besseren Wissens nicht ausliefern wollen. Das kann ein Mensch sein, das können Hobbies sein oder andere Bereiche, die uns im geistlichen Leben dämpfen.

Ein Hauptgötze des westlichen Christentums ist sicherlich der Materialismus, verbunden mit dem Streben nach Sicherheit und einem glücklichen Leben im Hier und Jetzt. So werden wir lau und anfällig dafür, unserem heidnischen Trachten nach diesen Dingen noch weitere Bereiche hinzuzufügen, die aus der Welt kommen und uns die geistliche Kraft nehmen. Egal, ob theologischer Liberalismus oder weltliche Lehren im christlichen Kleid wie z. B. das Wohlstandsevangelium oder Sünde, die nicht aufgegeben wird – es bringt uns von Gott weg. Vielleicht führen wir ein christliches Scheinleben, das aber ein geistlicher Beobachter entlarven wird. Hier bleiben nur Buße, Umkehr und Neuausrichtung – die Botschaft Jeremias ist also hochaktuell.

Bei zwei von den sieben Gemeinden in der Offenbarung prangert der Herr Jesus Götzendienst und Unmoral an. Bei einer Gemeinde Lauheit. Da mir dies in den westlichen Freikirchen die größere Gefahr zu sein scheint, möchte ich diese bekannten Verse anführen.

> Ich kenne deine Werke, dass du weder kalt noch heiß bist. Ach, dass du kalt oder heiß wärest! Also, weil du lau bist und weder heiß noch kalt, werde ich dich ausspeien aus meinem Munde. Weil du sagst: Ich bin reich und bin reich geworden und brauche nichts, und nicht weißt, dass du der Elende und bemitleidenswert und arm und blind und bloß bist, rate ich dir, von mir im Feuer geläutertes Gold zu kaufen, damit du reich wirst; und weiße Kleider, damit du bekleidet wirst und die Schande deiner Blöße nicht offenbar werde; und Augensalbe, deine Augen zu salben, damit du siehst. Ich überführe und züchtige alle, die ich liebe. Sei nun eifrig und tu Buße!
>
> Offenbarung 3,15-19

Das Streben nach Glück in dieser Welt raubt uns die Kraft, die Einfachheit und das tiefe, innere Glück eines Lebens mit Gott, in dem Er, Sein Reich und Seine Wege im Mittelpunkt stehen – und nicht wir mit all unseren Wünschen. Es ist bezeichnend, dass wir heute Unmengen an Bibelübersetzungen, Büchern und weiteren Hilfsmitteln besitzen, aber so wenig echtes Leben aus Gott. Unsere Gebete sind kraftloser geworden und somit auch unsere Vollmacht im Dienst. Wir glauben also reich zu sein, sind aber arm und blind. Wir sollten uns echten Reichtum vom Herrn erbitten. Wir werden kaum eine Gemeinde finden, die nicht in irgendeiner Form von dieser Lauheit und Unechtheit betroffen ist. Blickt man dann hinter die Kulissen christlicher Fassaden, ist man oft enttäuscht. Manch einer verzweifelt daran. Aber wir sollten damit rechnen und uns nicht aus der Fassung bringen lassen. Wie man damit umgehen kann, möchte ich später noch behandeln.

Schwerwiegender unter Christen ist aber das Problem des Pharisäertums. Gläubige Freunde waren es, die Hiob mit ihrer Fehleinschätzung und Verurteilung fast zugrunde gerichtet hätten. Und diejenigen, die zur Zeit Jesu den Ruf eines bibelgläubigen Frommen hatten, waren gleichzeitig auch die größten Verhinderer des Wirkens Gottes. Beides finden wir heute auch unter uns. Es gibt einige Parallelen zwischen Pharisäern und bibelgläubigen Christen.

Ja, einige fallen mir sofort ein, die sich aus diesen Gründen aus einer verbindlichen christlichen Gemeinschaft zurückgezogen haben. Nichts ist entmutigender als Härte und Verurteilen; stattdessen sollten Barmherzigkeit, aufrichtige Anteilnahme und liebevolle Korrektur ausgeübt werden.

In dem Buch »Die Pharisäerfalle« (Brockhaus, Wuppertal) wird klargestellt, dass wir im Guten wie im Schlechten Ähnlichkeiten mit den Pharisäern aufweisen. Die weniger schönen sind:

1. Selbstgerechtigkeit und Verachtung gegenüber Andersdenkenden,

2. geistliche Überheblichkeit und Heuchelei,

3. Überbetonung von Überlieferungen, die dem Wort Gottes entgegenstehen,

4. Streitigkeiten, die auch noch mit unfairen Mitteln ausgetragen werden,

5. Gesetze und Regeln, entgegen den eigentlichen Bestimmungen Gottes (z. B. das Sabbatgebot),

6. die Zurschaustellung der eigenen Frömmigkeit in irgendeiner Form,

7. Leistungsdenken, das Streben nach Erfolg und Anerkennung,

8. Unbarmherzigkeit (Gleichnis vom barmherzigen Samariter),

9. Verurteilen (das Erkennen des Splitters im Auge des Anderen, aber nicht des Balkens im eigenen),

10. das Festhalten an überholten Anschauungen und Praktiken, die nicht aus der Bibel hervorgehen, aber nichtsdestotrotz umso verbitterter verteidigt werden und, und, und.

Christliches Scheinleben, menschliches Denken, Reden und Handeln, scheinbar richtige Anschauungen – aber irgendwie verzerrt und nicht in lebendiger Verbindung zur Quelle –, »verkleidete« Selbstgerechtigkeit, da man sich ja an die christlichen Gebote und Regeln hält und sein Leben im Griff hat, verkopftes Christentum, die einfachsten Regeln der Menschlichkeit missachtend: All das ist weit verbreitet unter uns. Je älter die Kirchen, Gemeinden oder Bewegungen, desto mehr. So entstehen tiefe Wunden und Verletzungen, und das Glaubensleben von aufrichtigen Gläubigen wird nur allzu oft gedämpft oder gar zerstört.

Zum Thema Tradition gehört auch das weite Feld verschiedenster Lehrmeinungen, Prägungen und Kirchen in der Christenheit. Natürlich müssen wir hier unterscheiden. Zum einen zwischen grundlegenden Unterschieden, die das Zentrum des Wesens Gottes und Seiner Botschaft an die Menschen betreffen, zum andern die unterschiedlichen Standpunkte, die nicht das Zentrum betreffen. Bei Ersterem kann es keinen Kompromiss geben, da Paulus selbst sagt:

> Wenn aber auch wir oder ein Engel aus dem Himmel euch etwas als Evangelium entgegen dem verkündigten, was wir euch als Evangelium verkündigt haben: er sei verflucht! Wie wir früher gesagt haben, so sage ich auch jetzt wieder: Wenn jemand euch etwas als Evangelium verkündigt entgegen dem, was ihr empfangen habt: er sei verflucht!
>
> Galater 1,8-9

Es kommt teilweise zu sehr belastenden Differenzen, die mitunter vehement ausgetragen werden und das Gemeindeleben überschatten können. Wir müssen zur Kenntnis nehmen, dass sich neben der Bibel viele Auslegungen, Deutungen, Vorlieben,

Schwerpunkte und Traditionen entwickelt haben, die oft gerade die Identität der jeweiligen Gruppe vertritt. Überzeugungen und die eigene Identität vermitteln uns aber unbewusst Sicherheit. Sie stellen eine Grundlage für uns dar, auf die wir bis jetzt aufgebaut haben. Eine Gefährdung dieser Grundlage bedeutet aber gleichzeitig auch einen Angriff auf uns selbst. Das haben wir gar nicht gern und wir reagieren darauf aufs Erste ablehnend und emotional. Da wir dazu neigen, eigene religiöse Überzeugungen und Traditionen mit dem Willen Gottes gleichzusetzen, kommen auch noch heiliger Zorn und Entrüstung dazu, wie man da als Christ überhaupt anders denken kann. Außerdem ist der alte Wein alter Gewohnheiten und Überzeugungen lieblicher als der neue rassige und herausfordernde Wein, der Traditionen in Frage stellt. Ja, auch wir Christen neigen dazu, Korrekturen feindlich gegenüberzustehen, weil sie uns etwas kosten und unsere bisherige, vermeintliche Sicherheit in Frage stellen können. Das Bewährte und Gute kann aber sehr wohl der Feind des Besten sein, mag es uns noch so unaufgebbar erscheinen. Praktiken, die sich in der Vergangenheit bewährt haben, können heute überholt sein und zum Hindernis werden – wenn wir daran festhalten.

Besonders entmutigend sind Kontroversen und Meinungsverschiedenheiten, die in Gegnerschaft und sogar erbitterter Feindschaft unter Gläubigen münden können. Verbitterung und Lieblosigkeit sind in jedem Fall Sünde; das vermeintliche heilige Ziel rechtfertigt also nicht die Mittel, auch wenn wir im Recht zu sein glauben. Im Extremfall entzündet sich ein Wortgefecht wie zwischen Hiob und seinen leidlichen Tröstern über das Wesen und die Gerechtigkeit Gottes und Hiobs eigener Schuld an seiner schrecklichen Situation. Das war für beide Seiten zutiefst entmutigend, und für alle Zuhörer keine Quelle geistlichen Wachstums. Paulus schreibt in diesem Zusammenhang:

> Dies bringe in Erinnerung, indem du eindringlich vor Gott bezeugst, man solle nicht Wortstreit führen, was zu nichts nütze, sondern zum Verderben der Zuhörer ist.
>
> 2. Timotheus 2,14

Zum Abschluss noch einige Stellen aus dem Neuen Testament, die für sich selbst sprechen:

Wenn ihr aber erkannt hättet, was das heißt: »Ich will Barmherzigkeit und nicht Schlachtopfer«, so würdet ihr die Schuldlosen nicht verurteilt haben.

Matthäus 12,7

... und ihr habt so das Wort Gottes ungültig gemacht um eurer Überlieferung willen.Heuchler! Treffend hat Jesaja über euch geweissagt, indem er spricht: »Dieses Volk ehrt mich mit den Lippen, aber ihr Herz ist weit entfernt von mir. Vergeblich aber verehren sie mich, indem sie als Lehren Menschengebote lehren«.

Matthäus 15,6-9

Nicht jeder, der zu mir sagt: Herr, Herr! wird in das Reich der Himmel hineinkommen, sondern wer den Willen meines Vaters tut, der in den Himmeln ist. Viele werden an jenem Tage zu mir sagen: Herr, Herr! Haben wir nicht durch deinen Namen geweissagt und durch deinen Namen Dämonen ausgetrieben und durch deinen Namen viele Wunderwerke getan? Und dann werde ich ihnen bekennen: Ich habe euch niemals gekannt. Weicht von mir, ihr Übeltäter!

Matthäus 7,21-23

Und dem Engel der Gemeinde in Sardes schreibe: Dies sagt der, der die sieben Geister Gottes und die sieben Sterne hat: Ich kenne deine Werke, dass du den Namen hast, dass du lebst, und bist tot. Wach auf und stärke das übrige, das im Begriff stand zu sterben! Denn ich habe vor meinem Gott deine Werke nicht als völlig befunden. Denke nun daran, wie du empfangen und gehört hast, und bewahre es und tue Buße! Wenn du nun nicht wachst, werde ich kommen wie ein Dieb, und du wirst nicht wissen, zu welcher Stunde ich über dich kommen werde.

Offenbarung 3,1-3

Ermutigendes: Konkrete Hilfestellungen

Grundlegende Gedanken

Prinzipiell müssen wir uns vor Augen halten, dass uns eine Desillusionierung über uns Christen in eine tiefe Krise stürzen kann, diese aber einen Reifungsprozess in Gang zu setzen vermag, der seinerseits wiederum ein entscheidender Schritt hin zu einer Säule in der Gemeinde Jesu sein kann. Wir sollten uns weiter dem Herrn zur Verfügung stellen, auch wenn wir erschüttert zur Kenntnis nehmen müssen, dass oftmals leider das Geistliche mit dem Fleischlichen vermischt ist. Wir dienen weiterhin den Menschen mit dem Evangelium, auch wenn oft wenig Frucht zu sehen ist. Wir investieren unser Leben weiter für die Sache des Herrn und werden als Trankopfer dargebracht. Gleichzeitig müssen wir zugeben, dass vieles aus dem Fleisch entspringt. Gerade dann werden uns menschliche Krücken und falsche Motive aufgedeckt. Wir lernen mehr von der selbstlosen Liebe des Herrn, die sich zur Verfügung stellt, ohne dafür etwas zu erhalten oder zurückzubekommen. Wir dienen ja eigentlich dem Herrn und nicht anderen Menschen und verstehen durch die Erkenntnis unseres wahren Zustandes, ein Leben aus Seiner Gnade zu führen. Gott hat uns in Seiner unendlich großen Geduld mit uns sogar Sein Liebstes für uns gegeben! Seine Gesinnung ist Vorbild, und dies in dem tiefen Bewusstsein, dass wir ganz persönlich unmittelbare Nutznießer eben jener sind.

Außerdem bewirken Enttäuschungen, dass wir uns viel mehr nach dem Ewigen ausrichten. So wird für uns der Ewige und Sein Reich zu einer Realität, die wir fest in unser Denken, Trachten und Handeln einbeziehen. Erschütterungen und Krisen helfen uns also, die Dinge so zu sehen, wie Gott sie sieht. Wir üben uns in Barmherzigkeit und erhalten somit einen Blick für das Wesentliche. Gott selbst, Sein Evangelium und Sein Reich rücken dadurch ins Zentrum unseres Bewusstseins. Das führt zu christlicher Reife.

Nimm also, lieber Leser, deinen Frust und deine Enttäuschungen auch als Chance wahr, im Glauben zu wachsen. Was der Sturm wegreißt oder beschädigt, wird meist wieder aufgebaut. Nur fließt diesmal das Wissen um die Schwachstelle mit ein, und das Neue ist deshalb umso stärker und bleibt beim nächsten Sturm stehen. So auch im geistlichen Leben: Du kannst das Beschädigte mit dem Herrn wieder aufbauen, und so wirst du gestärkt daraus hervorgehen. Vergiss dabei eines nicht: Gott möchte in Seiner Gemeinde gerade dich gebrauchen – und auch du brauchst geistliche Gemeinschaft.

Es kann auch sein, dass eine Zeit des Zurückziehens notwendig sein wird, und es kann sogar, wie wir später noch sehen werden, im Ausnahmefall für dich erforderlich sein, eine Gemeinschaft zu verlassen, um dich einer anderen anzuschließen. Aber es ist nicht geistlich und förderlich, den Gedanken einer verbindlichen Gemeinschaft überhaupt aufzugeben und sich in ein »geistliches Privatleben« zurückzuziehen. Das zeigt uns folgende Stelle aus Gottes Wort:

> ... und lasst uns aufeinander achthaben, um uns zur Liebe und zu guten Werken anzureizen, indem wir unser Zusammenkommen nicht versäumen, wie es bei einigen Sitte ist, sondern einander ermuntern, und das um so mehr, je mehr ihr den Tag herannahen seht!
>
> Hebräer 10,24-25

Die gegenseitige Korrektur und Ermunterung, der »geistliche Abrieb« durch andere Geschwister mit anderen Charakteren, Gaben und Vorstellungen, das Einbringen eigener Gaben und Fähigkeiten in ein – wenn auch unvollkommenes – Gesamtes ist eben nur in einer verbindlichen Gemeinschaft möglich. Nach über 20 Jahren im leitenden Gemeindedienst weiß ich, welche Belastungen das mit sich bringen kann. Aber ich bin genauso dankbar für den geistlichen Segen und die Ermutigung, die Gott mir durch meine Geschwister schenkt – trotz Verletzungen, Beleidigungen, Lieblosigkeit, Verleumdung und Fehleinschätzung der eigenen Situation durch andere Geschwister, Verurteilung und Pharisäertum.

Wie schon erwähnt, geriet ich hier selbst in eine schwere Krise, die über Jahre andauerte, mein Leben aber neu ausrichtete. Ich wurde dabei sehr empfänglich für kritische Bücher und zynische Kommentare anderer Christen. Meine Sichtweise wurde immer negativer, und ich zog mich auch immer mehr zurück. Auch mein Gebetsleben litt darunter. Der Dienst, den ich noch tat, geschah eher aus Pflichtbewusstsein und Routine, weniger aus

Liebe zum Herrn und zu Geschwistern. In dieser Phase musste ich mich fast jeden Sonntag dazu überwinden, aufzustehen und in die Gemeinde zu gehen. Meine Frau, die mir zwar in meiner Krise nicht direkt helfen konnte, mir aber dafür umso liebevoller beistand, ermutigte mich immer wieder dazu. Meistens war ich dann auch froh darüber.

Geschwister waren wegen meiner geistlichen Unsicherheit, Ziellosigkeit und Passivität ihrerseits nun auch verunsichert. War ich es doch, der für manche von ihnen bisher geradezu die Verkörperung unserer Überzeugungen gewesen war: ein Vorbild und ein Motor im Gemeindeleben und auch ein Vertreter nach außen hin. Viele waren jünger im Glauben als ich und ich hätte sie mit einer ehrlichen Aussprache nur belastet und überfordert. Jahrelang zog sich das unterschwellig so dahin. Zwar hielt ich an der Gemeinde fest, die Begrenztheit und die Versäumnisse von uns Christen schienen mir aber übermächtig und allgegenwärtig. Mein Christsein wurde nur noch von verstandesmäßigen Überzeugungen getragen. Seelische Erquickung erhoffte ich mir in Freizeitaktivitäten und das sogar in regelmäßiger Gemeinschaft mit Nichtchristen. Diese kamen mir oft unbeschwerter und ehrlicher vor als die Christen.

Das muss aber nicht deine Endstation sein. Gott hat auch in den Tiefpunkten dieser Jahre Seine Hände im Spiel gehabt. Im Rückblick sehe ich das heute ganz klar. Es war wichtig für mich, endlich einmal loszulassen und mich der inneren Erschöpfung zu stellen, die sich nach dem Tod meiner ersten Frau mit allen Folgen in mir breitgemacht hatte. Gott hat letztlich das verbissene Festhalten an Pflichten, zu dem ich neige, durch diese Angriffe und Enttäuschungen beendet und mir eine neue, bescheidenere Tür des Dienstes aufgetan, die es mir ermöglichte, mich körperlich, seelisch und auch geistlich wieder zu erholen und mich neu zu orientieren.

Wir können als erste Lektion festhalten: Versuche, die Dinge einfach einmal stehen zu lassen und vorerst selbst damit fertig zu werden. Wenn wir unsere Verletzung vor dem Herrn bewegen und sie bei Ihm im Gebet abladen, bei Ihm sozusagen den Dampf ablassen, wird uns leichter – und wir werden damit besser umgehen können. Dazu gehört auch, für unseren »Feind« zu beten und zu versuchen, ihn besser zu verstehen. War es wirklich so gemeint, wie es herausgekommen ist? Liegt eventuell ein

Missverständnis vor? Versteckt sich hinter den Schwierigkeiten ein persönliches Problem meines Gegenübers?

Geben wir dem Herrn und nicht dem Fleisch Raum. Das Fleisch pocht auf Gerechtigkeit und Vergeltung – und es will Richtigstellung. Wir haben es gerne, in einem guten Licht dazustehen. Es ist eine bewusste Entscheidung, diese Haltung aufzugeben, und stattdessen dem Herrn und Seinem Verhalten ähnlicher zu werden. Er war umgeben von Menschen, die ein falsches Bild von Ihm und Seinen Anliegen hatten. Er war verkannt, abgelehnt und verhasst, ohne jemanden etwas zuleide getan zu haben. Trotzdem lehnte Er es ab, aus Lieblosigkeit zu überführen oder auf Sein Recht zu beharren. Seine mitunter scharfen Worte sollten dem »Gegner« stets eine Gelegenheit bieten, sich in dessen Spiegel zu erkennen und umzukehren. Dieser Vorgang kann einige Zeit in Anspruch nehmen und wir sollten ihn ruhig zulassen, um ihn innerlich abschließen.

Als nächstes wäre es wichtig, die eigenen Fehler, falls vorhanden, zu erkennen und damit die ganze Situation einschließlich aller Faktoren, die zu einer Verfehlung des anderen beigetragen haben, besser zu verstehen. Jetzt, nachdem wir unsere Emotionen geistlich einigermaßen im Griff haben und auch unser Versagen erkennen konnten, wäre es an der Zeit, den ersten Schritt zu tun und das Gespräch mit dem Bruder (oder der Schwester) zu suchen. Wir können ihm/ihr unsere Not mit seinem/ihrem Verhalten schildern und ihn bitten, uns seine/ihre Sicht der Dinge darzulegen. Dann sollten wir sagen, wie weh uns das Ganze getan hat und sie/ihn gleichzeitig um Vergebung bitten für unser eigenes Versagen. Und auch Vergebung aussprechen für das Versagen des anderen.

Es ist auch möglich, dass mein Gegenüber kein Einsehen zeigt. Es kann dann notwendig sein, auch Worte der Ermahnung oder der Überführung auszusprechen. Das soll aber nicht in einen Streit ausarten. Wir müssen lernen, »offene Probleme« auch offen zu lassen. Wir selbst können nur das ändern, was in unserem Verantwortungsbereich und somit in unseren Möglichkeiten liegt und sind auf die Korrekturbereitschaft des anderen angewiesen. Er muss das selbst verantworten, auch vor dem Herrn. Die Erfahrung zeigt, dass sich vieles mit der Zeit von selbst erledigt, und man gemeinsam sogar damit leben kann, wenn sich die Dinge nicht ganz klären lassen. Gerade in engen

Beziehungen lösen sich Meinungsverschiedenheiten nicht immer auf, da beide Seiten die Dinge eben von ihrer Warte aus sehen. Für eine ehrliche und erbauende Gemeinschaft ist das trotzdem kein Hindernis.

Wir haben hier ein Leben lang zu lernen. Aufgrund meines gefühlsbetonten Charakters tue ich mich mit diesen Lektionen nicht immer leicht, und manchmal bin ich es, mit dem geredet werden muss. Wir sind eben auf gegenseitiges Vergeben und Ertragen angewiesen.

Ganz anders steht es in dem Fall, wenn ein Christ oder jemand, der vorgibt einer zu sein, einen anderen Christen ungerecht verurteilt und lieblos ist. Denken wir noch einmal an das Extrembeispiel, in dem eine Mutter, nachdem ihr Sohn trotz ernsten Gebets und kollektiven Zusammenstehens der Gemeinde, gestorben war. Ihr wurde vorgeworfen, sie sei eigentlich Schuld daran, weil sie zu wenig Glauben gehabt hätte. Das ist natürlich eine katastrophale Situation, die sich nur auf eine völlige Fehleinschätzung der Lage und auf falsche Lehre zurückführen lässt. Gott hat das Recht, Gebet nicht zu erhören, Er weiß warum. Wir dagegen haben nicht das Recht, krampfhaft nach Erklärungen zu suchen, um so unsere eigene Glaubenssicherheit und -vorstellung aus der Situation zu retten. Eine derartige Aussage ist ein Ausbund an Lieblosigkeit und Ungeistlichkeit, weil sie den Betroffenen nicht nur in der Verzweiflung lässt, sondern nur noch weiter runterzieht. Hier ist guter Rat teuer.

Sollte diese Meinung von einem Christen in nichtleitender Position ausgegangen sein, muss die Gemeindeleitung, sofern sie nicht demselben Irrtum unterliegt, sofort eingreifen und die Dinge klarstellen. Gleichzeitig muss versucht werden, den Betroffenen wieder aufzurichten und ihm helfend zur Seite stehen. Leider kann auch von der Gemeindeleitung ein zerstörender Einfluss ausgehen, der, statt Trost, doch eher in Verzweiflung mündet. Hier wird ein Rückzug fast nicht ausbleiben. Wenn dir so etwas passiert ist, dann kann ich dir nur zwei Ratschläge geben:

Nur Gott kann dir jetzt noch helfen und dir die Kraft geben, die du brauchst. Auch Hiob kam wieder an den Punkt, an dem ihn Gott in seiner Not abholen und aus der hoffnungslosen Situation erretten konnte. Die leidigen Tröster aber wurden vom Herrn schwer getadelt und waren auf Hiobs Vergebung und

Zuspruch angewiesen. Gott wird liebloses und verurteilendes Verhalten richten – in diesem Leben oder im nächsten. Schütte das Kind nicht mit dem Bade aus. Den Glauben aufzugeben wegen schlechter Erfahrungen mit Christen, wäre genau das Falsche. Gerade jetzt sind der Herr, Sein Wort und die liebevolle Gemeinschaft mit anderen die Säulen, die Dein geistliches Leben und deine Hoffnung erhalten werden. Alles andere wird Dich nur noch mehr in Hoffnungslosigkeit führen. In Extremsituationen wird es sich offenbaren, dass die Welt – auch nicht die religiöse – keine echte Hoffnung zu bieten hat. Noch weniger der kurzfristige Genuss der Sünde und Ersatzbefriedigungen jedweder Art.

So stellt sich die Frage: Gibt es Anlässe, die bisherige Gemeinde, Kirche oder Gemeinschaft zu verlassen? Das bringt mich selbst natürlich in eine schwierige Situation, da ich auf gar keinen Fall ein leichtfertiges Sich-Zurückziehen unterstützen oder fördern will. Wir kennen ja diejenigen, die eine Gemeinde nach der anderen »ausprobieren«, aber nie sesshaft werden und sich auch nie verbindlich einbringen. Das Problem liegt da meistens bei ihnen selbst und nicht bei den anderen. Treue und Loyalität zeigt sich ja gerade in schwierigen Zeiten.

Andererseits kann ein Rückzug doch auch angeraten sein. Hier einige mögliche Gründe dafür:

1. Verurteilung und Lieblosigkeit, die nicht eingesehen und ständig fortgesetzt wird

   Wie schon beschrieben, wird so eine Situation dazu führen müssen, sich von so einer Gemeinschaft zurückzuziehen. In dem Buch »Die Pharisäerfalle« heißt es sinngemäß: In der Gemeinde wird teilweise derart gegen die Sünde gewettert, dass die Sünder in den Untergrund gedrängt werden und die Gnade Jesu außerhalb der Gemeinde suchen. Das ist aber nicht nur bei offener Sünde der Fall, sondern auch in Graubereichen, die man so oder so sehen kann. Ständige Verletzungen aufgrund unsachgemäßer Seelsorge, durch ungerechtfertigte Angriffe und durch liebloses Richten kann man sich auf Dauer nicht aussetzen. Trotzdem würde ich vorher unbedingt das Gespräch suchen. Man sollte sich stets gewiss sein, alles getan zu haben, um Trennung zu verhindern. Folgende Fragen sollten bei diesem Gespräch besprochen werden: Könnt Ihr es akzeptieren, fortwährend verletzt zu werden? Und kann dieses Verhalten eingestellt werden? Könnt Ihr es akzeptieren, dass ich so und so denke oder das und das tue, ohne ständig kritisiert zu werden?

2. Duldung von Sünde und unbiblischem Gedankengut oder Handlungen

Aber auch das Gegenteil kann der Fall sein: ein zu liberales Denken und ein Handeln und Bewerten mit zweierlei Maß. Was bei dem einen erlaubt ist, muss nicht unbedingt für den anderen gelten. Ich habe auch schon die Bevorzugung von Familienmitgliedern vonseiten der Leitung beobachtet. Die Gefahr dabei ist aber auch, unser Denken mit dem Willen Gottes gleichzusetzen. Für manche Christen wird es schon problematisch, wenn sie an einer Frau eine Hose oder irgendeine Art von Schmuck sehen. Andere setzen Rauchen mit Ehebruch gleich, Fernsehen mit Verweltlichung. Als Christen muss es uns aber vor allem um die Grund– und Herzenshaltung gehen. Man kann scheinbar alles richtig machen, in der »frommen Welt« sogar als vorbildlich gelten und dennoch voller Herzenssünden sein – was Gott ein Gräuel ist. Unser Problem ist doch nur allzu oft, dass wir meist nur auf Äußerlichkeiten bedacht sind – und weniger auf Ursachen und Motive. Hier ist also große Vorsicht geboten: Werden wir nicht »biblischer als die Bibel« und verstehen wir uns nicht als alleinige Hüterin der Wahrheit Gottes. Gerade diese Haltung führt zu Trennung und Spaltung. Und leider zeigt es sich immer wieder, dass es gerade die »Hardliner« sind, die mit vorschnellem Verurteilen und Richten hervorstechen und oft keine Einsicht zeigen, wenn es um ihre eigenen Fehler geht.

Als einer der Gemeindeleiter hatte ich kein Problem damit, Gläubige mit anderen Ansichten in die Gemeinde aufzunehmen. Sie sind herzlich willkommen, sofern sie sich einfügen und das »Hauptsächliche« passt. Wir dürfen ja nie vergessen, dass wir im NT, soweit ich es beurteilen kann, neben dem roten Faden drei verschiedene Arten von Büchern und damit auch von Schwerpunkten finden: die judenchristlichen, die paulinischen und die johanneischen. Jede Richtung hat ihren eigenen Schwerpunkt, und doch sind sie sich im Wesentlichen einig. Wie auch in der heutigen Zeit, in der es doch so viele Kirchen und Gemeinden verschiedenster Ausrichtungen gibt. Ausgewogenheit und Barmherzigkeit sollten großgeschrieben werden, weil Gott alle Seine Kinder liebt. Es geht nicht nur um unsere Ausprägung des Christentums.

Trotzdem muss festgehalten werden, von einer Gemeinde Abstand zu nehmen, in der offensichtlich Sünde geduldet – oder gar noch vertuscht wird, von Irrlehre, die den Kern des Evangeliums betrifft, ganz zu schweigen.

3. Scheinchristentum, erstarrte Formen und Ablehnung jeglicher Veränderung

Ich selbst komme aus einer gemeindegründenden Bewegung, in der sich erst jetzt die zweite Generation herangebildet hat. Deshalb kann ich vieles, was sich in älteren christlichen Gemeinden und Gemeinschaften abspielt, gar nicht richtig nachvollziehen. Das muss ich ganz ehrlich sagen. Es geht mir einfach darum, dass eine Gemeinde niemals versuchen darf, den neuen rassigen Wein des unmittelbaren Wirkens Gottes in ihre mittlerweile alten Schläuche umzufüllen. Das passt einfach nicht zusammen und stellt für Gott ein Hindernis dar. Wer dem Herrn nachfolgen will und dabei merkt, dass sich die Gemeinde wehrt, indem sie Altes energischer verteidigt als den Herrn – und somit das Leben –, dann ist eine Trennung von dieser Gemeinde und ein Sich-Anschließen an eine andere ernsthaft in Betracht zu ziehen.

Ich danke dem Herrn nach wie vor für die Gemeinde, in der ich mich bekehren und meine geistliche Muttermilch trinken durfte. Und ich schäme mich heute noch, wie lieblos und hartherzig wir den Älteren begegnet sind, durften wir Jungen doch unsere Anliegen immer wieder vorbringen. Andererseits fühlten sich die verantwortlichen Brüder oft angegriffen und waren ihrerseits nicht fähig, mit dieser geistlichen Krise umzugehen. Es kam dann zu einer Trennung und zur Gründung einer neuen Gemeinde. Ich denke, dass es gut war, weil die Gemeinde, mittlerweile auch schon wieder 20 Jahre alt, stets wächst und die andere doch eher stagniert, obwohl sich hier wirklich liebe und vorbildliche Christen versammeln.

Es gibt aber auch alteingesessene Gemeinden, die auf ihr »Sondergut«– ihre Traditionen und ihr Regelwerk – solch großen Wert legen, dass sie eher ein Hindernis darstellen als ein Werkzeug für den Herrn. Es gilt meiner Meinung nach die Regel: Wenn eine Gemeinde sich allem Neuen verschließt und auch ohne unmittelbare Verbindung mit dem Herrn »funktioniert«, hat sie ein echtes geistliches Problem. Sie kann zwar ein Vertreter der echten Lehre und der christlichen Moral sein, in ihrer Gesamtheit aber ist sie kein Lichtbringer mehr, da der Herr den Leuchter schon weggestellt hat. Es kann dann etwas Neues entstehen oder der Herr erweckt einen lebendigen Überrest, der innerhalb dieser Kirche oder Gemeinde die Aufgabe hat, das Licht auszustrahlen und weiterzugeben.

Wie gesagt – ein heißes Eisen! Wieder kann ich nur an eine gesunde Ausgewogenheit appellieren und dazu ermahnen, alle Schritte in Liebe zu tun. Der Herr hat mich an der Stelle sehr gedemütigt. Viele Jahre, nachdem wir als junge Wilde die Welt auf den Kopf stellen wollten, habe ich mir genau dieselben Vorwürfe von unserer Jugend anhören müssen. Nur dieses Mal befand ich mich auf der anderen Seite.

4. Wenn man seine Gaben und geistlichen Anliegen nicht einbringen kann

Jede Gemeinde hat natürlich ihre Schwerpunkte. Diese sind geprägt durch unseren »Kanon im Kanon«, also über Bücher der Bibel, die noch einmal besondere Beachtung genießen, durch Lehrbetonungen, letztlich aber meistens durch die Gründer und der Situation, aus der die Gemeinschaft entstanden ist bzw. durch die Verantwortlichen, die sie jetzt führen. So kann es auch dazu kommen, dass auch in recht gesunden Gemeinden wichtige Anliegen zu kurz kommen.

Wieder besteht hier die große Gefahr, dass wir uns allzu schnell nicht wohl fühlen oder in unserer individuellen

Entfaltung gefährdet sehen. Beides ist ja heute ein Thema und beides hat natürlich etwas für sich. Trotzdem müssen wir festhalten, dass ein leichtfertiger Gemeindewechsel biblisch nicht vertretbar ist und die zurückgebliebenen Geschwister sehr entmutigen kann. Wichtig ist, dass wir die Freiheit haben, unsere Anliegen und Gaben einzubringen (vorausgesetzt, dass sie biblisch sind). Aber hier herrscht oft eine merkwürdige Intoleranz und Ängstlichkeit, nicht aber die Notwendigkeit von Vielfalt im Ausleben der Gaben. Wir lieben einfach unsere eingefahrenen Bahnen und altbewährten Methoden, und sehen sie durch etwas Neues sofort gefährdet.

Als gutes Beispiel lässt sich hier die Seelsorge anführen. Je kaputter unsere Gesellschaft, je mehr kaputte Menschen auch in unseren Gemeinden. Depressionen, unbewältigte Lebensprobleme und chaotische Familienverhältnisse greifen immer häufiger um sich und benötigen biblisch nachvollziehbare Antworten und Hilfestellung. Die Bibel gibt uns hierzu auch guten Rat; nach deren Prinzipien können wir unter Führung des Heiligen Geistes Nächstenliebe praktizieren.

Langer Rede kurzer Sinn: Das Absolutsetzen von Betonungen und Ausrichtungen wird über kurz oder lang Mängel in der Gemeinde nach sich ziehen und diejenigen frustrieren, die diese Mängel beheben wollen. Dieser Frust und das Nicht-ernst-Nehmen des Anliegens kann tief verletzen und in Verbitterung führen. Wenn du in so einer Situation bist, möchte ich dich zuallererst ermutigen, deine Mitchristen nicht gering zu schätzen. Auch sie wollen dem Herrn dienen, und wenn du sie als einseitig empfindest, musst du dir vor Augen führen, dass du es wahrscheinlich auch bist. Von einer Gemeinde, in der die wesentlichen Dinge stimmen, sollte man sich also nie im Bösen trennen, sondern unter Absprache und nach dem Prinzip »alles geschehe in Liebe«.

Die vielfältigen Möglichkeiten im Bereich der Freikirchen bergen aber auch eine große Gefahr, weil es einfach nicht sein kann, dass jeder nach seinem Gutdünken eine neue Gemeinde gründet. Das ist nicht der ursprüngliche Gedanke, da ja der Leib viele Aufgaben und Funktionen zu erfüllen hat (Mission, Evangelisation, Jüngerschaft, Hirtendienst und das Ausüben der geistlichen Gaben). Auch wenn du das eigene Herzensanliegen in deiner Gemeinschaft nicht gewürdigt siehst, so kannst du es ja in deiner Umgebung ausleben. Wenn das unterbunden wird, solltest du dir andere Schritte überlegen.

Zusammenfassend kann man also sagen, dass es bei Intoleranz und Unterdrückung elementarer biblischer Aufgaben notwendig sein kann, die Gemeinde zu wechseln.

Aber dies niemals leichtfertig, lieblos und besserwisserisch! Auf gar keinen Fall sollen wir uns ganz aus geistlicher Gemeinschaft zurückziehen, außer in einer Übergangsphase und solange noch kein neuer Zugang zu einer anderen Gemeinschaft gefunden worden ist. Ich kann es wirklich sagen: Ein Zurückziehen aus einer verbindlichen Gemeinschaft hat selten jemanden geistlich weitergebracht. Entweder wird man von der Welt aufgesogen, oder man bleibt geistlich stehen. Gott hat das enge Miteinander von Menschen verschiedenster Schichten, Hintergründen und Begabungen in unser Christsein hineingestellt. Es ist ein wichtiger Teil auf unserer Pilgerreise in die Ewigkeit.

Möge der Herr dich ermutigen und dir wieder Freude schenken. Nicht nur an Seiner Person und Seinem Evangelium, sondern auch an Seinem Volk. Möge Er dein Verletztsein, deine momentane Ablehnung und Bindungsangst in eine neue Liebe und in ein neues Anliegen für die Gemeinde Gottes umwandeln. Wir sollten dazu noch folgenden Vers aus der Schrift bedenken:

Wir wissen, dass wir aus dem Tod in das Leben hinübergegangen sind, weil wir die Brüder lieben.

1. Johannes 3,14

Wollen wir abschließend noch einmal darüber nachdenken, warum es neben dem Licht so viel Schatten in der Christenheit gibt, und was wir persönlich tun können, damit das Licht heller scheint.

Das Unkraut im Weizenfeld

In den Gleichnissen über das Reich Gottes in Matthäus 13 überrascht uns der Herr in einigen Gleichnissen mit dem Tatbestand, dass dieses Reich einer Vermischung von Unkraut und unechtem Weizen gleicht. In Freikirchen neigt man dazu, dies auf die Großkirchen auszulegen – wegen ihrer Verbindung mit nichtchristlichem Gedankengut und dem Staat. Kirchengeschichtlich ist diese Aussage nachvollziehbar (je nach Standpunkt), aber das alleine wäre zu wenig. Zu glauben, dass das Freikirchentum das reine, biblische Christentum verkörpert, ist einfach nicht wahr. Wir müssen die Aussagen des Herrn auch auf freikirchliche Gemeinden anwenden. Aber eigentlich ist das auch eine große Ermutigung. Denn wenn uns der Herr eine nahezu fehlerlose Christenheit prophezeit hätte, die bis zu Seiner Wiederkunft erhalten bliebe, hätten wir mit dem tatsächlichen Zustand ein echtes Problem. Wir müssten von einem Scheitern dieses Vorhabens sprechen, und das Christentum an sich würde durch unrealistische Prognosen seines Gründers an Glaubwürdigkeit verlieren.

Ein ganz wichtiger Gedanke kann uns ebenfalls Kraft geben: Gott selbst wusste von Anfang an, dass sich nicht alles perfekt entwickeln würde; Er kennt auch den heutigen Zustand Seines Volkes – besser als jeder andere. Er hat aber Sein Vorhaben nicht aufgegeben. Die ganzen Jahrhunderte hindurch hielt Er uns die Treue – trotz all unserer Fehlerhaftigkeit und Begrenztheit. Wenn ich mich betrachte, bin ich entmutigt. Aber es erfüllt mich mit tiefer Dankbarkeit, dass Gott mich bedingungslos als Sein Kind angenommen hat und durch mich sogar Ewigkeitsfrucht wirkt. Genauso auch mit der Gemeinde. Schauen wir auf das Sichtbare, gibt es neben dem Erbaulichen genug, was uns den Glauben an das Christentum nehmen könnte. Schauen wir auf den Gründer der Gemeinde, und wie Er die Dinge sieht, werden wir von Seiner Gnade tief bewegt sein und Sein Volk als wertvoll und unserer ganzen Liebe und Hingabe wert empfinden. Es ist so, wie in jedem anderen Bereich auch: Menschliches Denken wird uns eingrenzen und den Heiligen Geist dämpfen, göttliches Denken wird uns aufrichten, innerlich befreien und uns so zu einem Licht in dieser Welt und in der Christenheit machen.

5 Kampf – wenn Versuchungen zu schaffen machen

Ich kenne jemanden, der etwas untersetzt ist und der auch nicht zufrieden ist mit seinem Gewicht; überhaupt hat er im körperlichen Bereich einen Hang zur Disziplinlosigkeit. Schon oft wurde über dieses Thema gesprochen. Man braucht dann gar nicht viel Zeit mit ihm zu verbringen, um auch noch ganz andere Schwächen zu entdecken. Dabei treibt er ein- bis dreimal in der Woche Sport, ernährt sich im Großen und Ganzen recht gesund, aber trotzdem ist kein wirklicher Fortschritt zu erkennen. Einmal sagte er: »Ja, ich habe einfach zu viel Gewicht und komme auch nicht entscheidend runter davon; aber wenn ich nichts dagegen täte, hätte ich mindestens zehn bis fünfzehn Kilo mehr drauf.«

Andererseits hat dieser Mann auch viele Vorzüge, er ist sogar ein Vorbild im Glauben: ein Herz für Gott, Hingabe, der Verzicht auf Anerkennung in der Gesellschaft, keine materiellen Ambitionen. Neid und Eifersucht habe ich selten bis nie bei ihm bemerkt. Hingegen (auf den zweiten Blick) Barmherzigkeit, ein Herz für die Schwachen und Strauchelnden, den Mut, Dinge ehrlich anzusprechen etc. Hier muss er nicht viel kämpfen, da er seine natürlichen Gaben und Anlagen Gott übereignet hat. Gott wandelt diese Gaben in geistliche Vorzüge um.

Lange Rede, kurzer Sinn: Wir alle haben Schwächen, plus und minus. Manchmal kann die Last unserer Schwächen so groß sein, dass wir schier daran zu zerbrechen drohen. Die Gefahr liegt dann darin, dass wir aufgeben, sodass aus den Schwächen zerstörende Lebensweisen erwachsen, bis der Teufel mit uns sein Ziel erreicht: nämlich unsere völlige Unbrauchbarkeit. Im Bild gesprochen haben wir dann nicht zehn oder fünfzehn Kilo zu viel, sondern dreißig oder vierzig Kilo. Das hält man aber gesundheitlich nicht lange durch. Genauso kann man auch im geistlichen Leben den Bogen überspannen.

Ich möchte mit einem anderen Bild noch einmal erklären, worum es mir geht: Stellen wir uns vor, wir befinden uns inmitten eines Sees auf einem Boot. Durch einen unglücklichen

Umstand wird das Boot auf einmal leck und es tritt ständig Wasser ins Boot. Natürlich schöpfen wir das Wasser raus und versuchen, langsam ans Ufer zu kommen. Das geht eine Zeitlang gut. Am Anfang denkt man überhaupt nicht darüber nach, ob man schöpfen soll oder nicht, aber mit der Zeit schwindet die Motivation und die Lage wird aussichtslos. Aufgeben führt unweigerlich zum Untergang des Bootes, also muss man weiter schöpfen. So auch im geistlichen Leben. Irgendwann fragt man sich: Warum soll ich immer weiterkämpfen und nicht lieber aufgeben? Warum tue ich mir das überhaupt an? Es gibt aber kein Weiterkommen im Glauben, wenn wir nicht auch weiterkämpfen.

Wir werden nie vollkommen sein und immer mit unseren Schwächen zu kämpfen haben. Aber wir müssen auf dem rechten Weg bleiben oder wieder auf ihn zurückfinden. Das – und nicht Perfektion – ist unsere Aufgabe. In diesem Kapitel möchte ich dazu ermutigen und anregen, doch noch einmal wieder im Bild gesprochen, das Gewicht nicht nur zu halten, sondern zu senken. Jede Sünde (Hebr 12,1) ist ein Hindernis. Unser eigentliches Glück besteht in der innigen Gemeinschaft mit dem heiligen Gott. Deshalb ist dieses Thema auch so wichtig und das Aufgeben im Kampf gegen die Sünde bzw. das Verlassen des schmalen Weges der Jüngerschaft eine Tragödie.

Mit einigen Lebensbeispielen aus dem Alten Testament möchte ich mögliche Entwicklungen in unserem Leben als Christen aufzeigen. Manche sind gescheitert, manche gingen mehr schlecht als recht mit Gott. Und einer wird trotz gröbster Fehler und Schwächen »ein Mann nach dem Herzen Gottes« genannt.

Salomo – wenn die Dornen das geistliche Leben ersticken

Lesen wir die Geschichte Salomos, fällt auf, dass er schon zu Beginn seiner Regentschaft Dinge duldete, die im Gesetz Mose für den König ausdrücklich verboten waren:

- Er schaffte sich zahlreiche Pferde an

- Er heiratete eine ungläubige Ausländerin (sogar eine aus Ägypten!)

- Er opferte auf fremden Altären

Später liest man, dass er für sich ein prächtigeres Haus baute als für Gott und dass er Reichtum anhäufte und viele andere Sachen mehr. Das Interessante dabei ist: Gott lässt das so geschehen, es tut seinen Plänen mit Salomo keinen Abbruch, ja er spricht ihm ohne irgend einen Tadel seinen Segen zu. Ebenso duldet Gott auch bei uns Dinge, die uns meistens gar nicht bewusst sind: Einstellungen aus unserem Elternhaus, Handlungen im so genannten Graubereich (=Missbrauch der christlichen Freiheit), Einseitigkeiten und Schwerpunktverschiebungen, Ungehorsam in nicht zerstörenden Bereichen und anderes mehr. Das kann viele Jahre lang oder gar ein ganzes Leben lang gut gehen. Das kann aber auch gewaltig ins Auge gehen, nämlich dann, wenn diese Dornen immer größer werden und letztlich das Gute und Gesunde ersticken und somit zerstören. Wir alle wissen, dass aus einer Ausländerin viele Hunderte wurden, und dass Salomo letztlich am Götzendienst, der durch seine Frauen dann auch für ihn attraktiv geworden war, geistlich gescheitert ist.

Wir müssen uns fragen: Wohin führt es, wenn ich so weitermache wie bisher? Wohin führt es, wenn ich mich gehen lasse und nicht bereit bin, die Dornen auszureißen oder zumindest kurz zu halten? Wir alle stehen in einer Entwicklung, die uns entweder weiter bringt oder allmählich unbrauchbarer macht. Gebe es Gott, dass wir nicht wie Salomo in einem Desaster enden! Salomo steht also im Glauben für einen glatten Schiffbruch. Anfang gut, Ende schlecht. Somit ist er ein warnendes Vorbild für uns. Auch wenn wir von Gott auserwählt wurden, Seinen Segen und Seine Führung immer wieder erleben durften, werden wir letztlich das ernten, was wir säen. Gott hat keine Vorzugskinder, sondern jeder steht in der Verantwortung, bis zum Schluss treu zu sein.

Simson: Wenn die Befriedigung der eigenen Lust wichtiger ist als Gott und dessen Wille

Simson steht für einen Menschen Gottes, der weit unter seinen Möglichkeiten geblieben, aber dann doch noch zu Gott umgekehrt ist und so einen guten Ausgang seines Glaubenslebens verbunden mit einem großen Sieg hatte. Wieder sehen wir schon von seiner »Entstehungsgeschichte« an eine besondere Führung und Kraftausstattung Gottes. Ja, was hätte aus Simson werden können, wahrscheinlich einer der gewaltigsten Männer Gottes, die Israel je hervorgebracht hat. Aber schon im ersten Vers (Richter 14,1), der Simsons aktives Leben beschreibt, wird seine große Schwäche betont: Er sah eine Frau und wollte sie unbedingt haben. Gegen den Rat der Eltern besteht er darauf, sie zur Frau zu bekommen und die Dinge nehmen ihren Lauf.

Hier sehen wir gleich drei Stolpersteine:

1. Er sieht etwas und will es haben. Also die Lust der Augen, die eigentlich für den gottlosen, sinnlichen Menschen maßgeblich ist (1Joh 2,15-17). Vieles, was heute attraktiv scheint, ist morgen eine Enttäuschung, die nur Schaden angerichtet und unser Leben in Nöte gebracht hat. Gott sagt:

> ... und ihr sollt nicht eurem Herzen und euren Augen nachfolgen, deren Gelüsten ihr nachhurt ...
>
> 4. Mose 15,39

Gerade im Bereich der Liebe und der Geschlechtlichkeit ist es unbedingt notwendig, nicht dem, was das Fleisch momentan will, nachzugeben. Das gilt für Ledige, die noch auf Partnersuche sind, genauso auch für Verheiratete. Jesus sagt:»Was nennt ihr mich Herr, Herr!, und tut nicht, was ich sage!« In diesem Bereich müssen wir uns also ganz besonders unter Seine Herrschaft stellen, weil die Folgen so fatal sind: Beziehungen entstehen, die nicht entstehen sollten, Kinder werden gezeugt, die dann zu Ehen führen, die nicht glücklich oder gesegnet sind, Ehen zerbrechen mit katastrophalen Folgen, nur weil ein Partner jemand anderen gefunden hat. Wenn das sogar auf Leute, die nicht Gott nachfolgen, zutrifft, wie viel mehr für Seine Kinder!

Ich hatte die große Gnade, sehr früh zum Herrn zu finden. So hatte ich in diesem Bereich praktisch keine Erlebnisse bis ich eben mit 30 Jahren heiratete. Bei allem, was ich bei meinen vier leiblichen Geschwistern und zig anderen Menschen beobachtet habe, kann ich nur sagen: Ich habe nichts versäumt, vieles ist mir erspart geblieben, obwohl es oft auch sehr schwer war. Rückblickend kann und muss ich sagen: Wollen wir auf dem Weg des Herrn bleiben, müssen wir es strikt ablehnen, geschlechtliche Gemeinschaft vor der Ehe zu haben. Wir können uns dadurch tiefe Bindungen ersparen, die dann doch nicht zum Ziel führen, oder eben Ehen, von denen wir uns später eingestehen müssen, dass ihre Entstehung als Fehler angesehen werden muss. Wir können es uns auch ersparen, dass uns tiefe Verletzungen ein Leben lang prägen und geistlich nach unten ziehen.

Für Verheiratete gilt, früh und klar Grenzen gegenüber dem anderen Geschlecht zu ziehen. Also: kein Flirten, keine tieferen Freundschaften, keine Seelsorge (oder nur in Ausnahmefällen), keine unüberlegten Komplimente an die attraktive Kollegin, die in ihr eventuell Gefühle auslösen könnten, keine Grenzüberschreitungen im verbalen und körperlichen Bereich, kein Suchen in der Welt oder ein Offensein für etwas anderes, falls es mal Zuhause nicht so klappt ... All das funktioniert auch ohne Krampf und unser Verhältnis zum anderen Geschlecht muss überhaupt nicht unnatürlich sein. Es geht um eine innere Entscheidung, um innere Disziplin, die sich auch dann auf unser Verhalten auswirkt, wenn eine Situation mit Versuchungspotential da ist.

2. Dann fällt auf, dass sich Simson in eine Ungläubige verliebt. Dies ist ein nächster Stolperstein für ein Kind Gottes. Vielleicht mag es oberflächlich passen (Aussehen, Interessen, Einstellungen etc.), aber letztlich kann man sich nicht ungestraft mit einem Menschen einlassen, der ganz andere Ausrichtungen und Prioritäten hat, als wir es als Kind Gottes haben sollten. Simson geht sogar zu Prostituierten ein und verliebt sich in eine Frau, die niemals seine Liebe so erwidern kann, da sie ganz anders ausgerichtet ist. Sie

sucht ihren Vorteil, und das wird ihm auch geistlich zum Verhängnis.

Junge Leute, lasst Euch nicht dazu verführen, Euch in der Welt etwas scheinbar Passendes zu suchen. Sehr oft geht das schief und man muss das dann ein Leben lang ausbaden. Es zieht sich durch die ganze Bibel: Gott will keine Mischbeziehungen und Mischehen, weil man Öl und Wasser eben nicht vermischen kann!

> Geht nicht unter fremdartigem Joch mit Ungläu-
> bigen! Denn welche Verbindung haben Gerech-
> tigkeit und Gesetzlosigkeit? Oder welche Ge-
> meinschaft Licht mit Finsternis?
>
> 2. Korinther 6,14

Der berühmte englische Prediger Spurgeon illustriert es an einem Beispiel. Beim Gespräch mit einer Schwester über diese Dinge bittet er sie, auf einen Tisch zu steigen. Dann fordert er sie auf, ihn auf den Tisch hinaufzuziehen. Natürlich gelingt das nicht, aber umgekehrt geht es sehr rasch: Nur eine Bewegung und schon kann sie sich nicht mehr auf dem Tisch halten. Dem Herrn nachfolgen wollen und in der Welt seinen Partner zu suchen ist ein Widerspruch. Bereits in der Jugend werden hier die Weichen gestellt.

3. Es fällt auch auf, dass Simson den Rat der Eltern igno-
   riert. Er will unbedingt diese Frau, egal was die Eltern als die ihm übergeordnete Autorität dazu sagen. Von Gott eingesetzten Autoritäten nicht gehorchen, heißt Gott nicht zu gehorchen. Sind wir gegen die Eltern, den Arbeitgeber, dem Staat, den geistlichen Leiter widerspenstig und rebellisch, dann werden wir es auch Gott gegenüber sein.

Schlagartig kann etwas Verbotenes in unser Blickfeld treten und so zwingend auf uns wirken, dass wir denken, es kann nicht falsch sein, auch wenn wir dabei klare Linien der Heiligen Schrift übertreten. Ein sehr naher Freund von mir musste eine Scheidung durchleben. Trotzdem blieb er am Herrn dran. Dann ging er eine Beziehung mit einer Ungläubigen ein, und zwar mit der ehrlichen Absicht, ihr dadurch zu helfen. Ich warnte ihn und sagte, dass das auch bei noch so ehrlicher Motivation eine ganz klare

Grenzüberschreitung sei, die durch nichts zu rechtfertigen ist. Heute ist er aus seiner Gemeinde ausgeschlossen und geistlich im freien Fall. Gott ist treu und zeigt sich ihm immer wieder, aber seine Entscheidung war völlig falsch und zerstörend.

Wir halten fest: Wir können nicht ungestraft Grenzen überschreiten, die Gott klar vorgegeben hat. Natürlich geht Gott in Seiner Gnade individuell mit uns den Weg weiter, aber solche Entscheidungen werden uns dazu bringen, dass wir wie Simson weit hinter unseren Möglichkeiten bleiben.

Letztendlich lernen wir auch durch Simson, dass ein hohes Potential und eine prinzipielle Bereitschaft zum Dienen auch Konsequenz und Disziplin braucht. Wenn uns die Erfüllung und Befriedigung unserer Lüste wichtiger ist als Gott, können wir ihm auch nicht oder nur sehr eingeschränkt dienen. Gott lässt nicht mit sich spaßen! Irgendwann war Seine Geduld sogar mit dem außerordentlichen Simson am Ende und er wurde geistlich gesehen aus dem Verkehr gezogen. Schön ist, dass es doch immer wieder einen Weg zur Umkehr gibt, und Simson sogar dann noch einen gewaltigen Sieg erfahren konnte.

Die tiefe innere Bindung an einen Menschen des anderen Geschlechts und die damit verbundene Sexualität, zu der es irgendwann einmal kommt, gehören zu den schönsten Erfahrungen in unserem menschlichen Leben. Gerade deshalb, weil so tiefe seelische und geistliche Wirkungen damit verbunden sind, sind die Auswirkungen des Missbrauchs und des Ungehorsams in diesem Bereich so fatal. Simson kostete es seine Brauchbarkeit für Gott und seine geistliche Kraft. Wir brauchen nicht weit zu schauen, um dafür auch moderne Beispiele aus unserer Umgebung zu finden. Möge Gott es geben, dass wir nicht eines Tages selbst zum Kreis der abgefallenen fleischlichen Christen gehören. Möge die Gnade Gottes es schenken, dass wir bereit sind zu echter aufrichtiger Buße und Trennung von der Sünde, wenn es notwendig wird. Das ist nämlich der einzige Weg zurück.

Könige mit geteilten Herzen oder wenn uns unnötige Lasten den Lauf erschweren

Und er tat, was recht war in den Augen des HERRN, nur nicht wie sein Vater David; [aber] nach allem, was sein Vater Joasch getan hatte, tat auch er. Nur die Höhen wichen nicht; das Volk brachte auf den Höhen noch Schlachtopfer und Rauchopfer dar.

2. Könige 14,3-4

Und er tat, was recht war in den Augen des HERRN, jedoch nicht mit ungeteiltem Herzen.

2. Chronik 25,2

Deshalb lasst nun auch uns, da wir eine so große Wolke von Zeugen um uns haben, jede Bürde und die uns so leicht umstrickende Sünde ablegen und mit Ausdauer laufen den vor uns liegenden Wettlauf.

Hebräer 12,1

… und was immer wir bitten, empfangen wir von ihm, weil wir seine Gebote halten und das vor ihm Wohlgefällige tun.

1. Johannes 3,22

Jetzt kommen wir zur dritten Möglichkeit des Lebens mit Gott. Nach dem totalen Scheitern Salomos und dem teilweisen Scheitern Simsons, der so tragisch hinter dem zurück blieb, was Gott für ihn geplant hatte, ergibt sich jetzt ein viel erfreulicheres Bild: Die Wege der Könige Amazja und Asarja werden als prinzipiell positiv bewertet, jedoch wird genau unterschieden zwischen ihrem Weg und dem Weg Davids (unsere nächste Station) bzw. einem Weg mit ungeteiltem Herzen. Sie waren also geteilt, irgendetwas – das Glaubensleben nicht Zerstörendes, aber Hemmendes – war in ihrem Leben dauerhaft zu finden und deshalb diese Unterscheidung. Dasselbe Thema finden wir auch im Neuen Testament aufgegriffen: In den oben angeführten Stellen aus dem Hebräerbrief und dem 1. Johannesbrief wird eindeutig zwischen klar geoffenbarter Sünde und belastenden Bürden unterschieden. Es ist sehr wichtig, diese Unterscheidung mit zu vollziehen – nicht als Anlass für das Fleisch, aber um geistlich wohl zu unterscheiden und dadurch zu wachsen. Qualitativ ist zwar zwischen schwerer Sünde und »leichter« Sünde kein Unterschied. Der Herr Jesus zeigt uns, dass die eigentliche Sünde bereits im Herzen geschieht, wodurch wir alle – auch die Edelsten – unserer tiefen Sündhaftigkeit und Erlösungsbedürftigkeit überführt werden. Und trotzdem ist es ein großer Unterschied, ob wir jemandem zürnen oder ihn umbringen oder ob wir manchmal »nur« mit unreinen Gedanken kämpfen oder tatsächlich in Ehebruch fallen. Das eine zerstört uns, während das andere uns »nur« in dem Maße hemmt, wie wir es unserem Leben bestehen lassen.

Auch im Korintherbrief wird dieses Thema aufgegriffen. Im 10. Kapitel finden wir zuerst zerstörende Sünden, die mit der Nachfolge Jesu unvereinbar sind. Offene Rebellion gegen Gott, bösen Dingen nachgieren (sich gehen lassen in Lust und Begehren), Götzendienst, Okkultismus und Spiritismus, Sex mit Menschen ohne Verpflichtung, nur zur Lustbefriedigung, den Christus herausfordern und Murren gegen Gott – all dies führte in der Wüste zum Tod aller daran Beteiligten und uns als Christen in die Selbstzerstörung unseres geistlichen Lebens – wie wir das bei Salomo und Simson auch gesehen haben. Davon unterscheidet Paulus andere, nicht zerstörende Handlungsweisen, die wir aber trotzdem folgenden geistlichen Kriterien unterstellen sollten:

- Ist es nützlich?

- Erbaut es mich und andere – oder hemmt es?

- Auch wenn ich die Freiheit habe: Belaste ich damit bei offener Ausübung das Gewissen anderer Gläubiger?

- Möchte ich dabei gesehen werden oder bin ich froh, wenn keiner davon weiß?

- Ist es zur Ehre Gottes?

- Ist es für irgendjemanden anstößig?

Offene Sünden nicht zu begehen, ist die Pflicht; Erlaubtes, aber trotzdem Hemmendes aufzugeben, ist die Kür. Ich behaupte, dass hier die Wegscheide ist zwischen denen, die Gott in großem Maße verwenden kann und solchen, die in der Mittelmäßigkeit verhaftet bleiben. Große Vorbilder im Glauben wie Watchman

Nee, Georg Müller, Elisabeth Elliot, Joni – um nur einige wahllos herauszugreifen –, haben sich nie dauerhaft Freiheiten herausgenommen, von denen sie wussten, dass es für sie nicht Gottes Wille war. Ihr Gehorsam ging soweit, dass es für sie unerträglich gewesen wäre, allein nur die Pflicht abzuleisten. Natürlich hebt man sich schon allein mit der Pflicht, also einem mittelmäßigem Christsein, vom Durchschnitt der gottlosen Umgebung ab, aber ihre bedingungslose Hingabe behielt nichts für sich zurück. Ab einem gewissen Niveau der tiefen Gemeinschaft mit Gott, verbunden mit Reife und Dienstbereitschaft kann man nicht mehr mit dem Mittelmaß zufrieden sein, sondern Gottes Geist treibt ständig an, weiterzugehen und nicht stehen zu bleiben. Der Weingärtner reinigt die bereits Frucht bringende Rebe, auf dass sie mehr Frucht bringe.

Ich bekenne es in aller Offenheit, dass ich, während ich diese Zeilen schreibe, genau in diesem Kampf stehe. Hier braucht es die Bereitschaft, Gott ans Eingemachte ran zulassen, in dieser Welt nichts mehr für sich selbst zu suchen. Allerdings sind hier – da es sich nicht um klar Geoffenbartes handelt – die Grenzen für die verschiedenen Gläubigen eben verschieden. Wir dürfen auch nicht ein durch eine bestimmte Tradition oder Kultur geschärftes Gewissen verwechseln mit einer echten Überführung durch den Heiligen Geist. Weit verbreitete zweifelhafte Bereiche sind z. B.: Rauchen, regelmäßiger Alkoholkonsum, Unsauberkeiten im sexuellen Bereich, intensive Hobbies, ausgeprägtes Modebewusstsein, der ganze Bereich des Sparens und Vorsorgens, Kino und Medien, Beruf und Karriere etc. Wir sollten uns hierbei nicht die Frage stellen, was erlaubt ist und was nicht (oder wie weit wir den Bogen spannen können ohne dass er bricht), sondern wir sollten uns einfach fragen: Will Gott das für mich? Ist es förderlich für mein geistliches Leben oder nicht? Wenn wir dann trotz besseren Wissens die Dinge beim Alten belassen und notwendige Änderungen nicht durchführen, dann sind wir eben geteilt und nicht ungeteilt, da wir Gott in diesem Bereich nicht gehorchen und so die Bürde weiter mit uns herumtragen. Das ist der springende Punkt.

David – ein Mann nach dem Herzen Gottes

David war gerade nicht ein Mann, der immer alles richtig machte. Große Schwächen werden im Studium seiner Biographie offenbar, aber auch eine lebenslange innige Beziehung zum Herrn, die nichts von ihrer Intensität verlor und bis ins hohe Alter gleich anhaltend war.

Ja, wo soll man bei einem Menschen beginnen, der so vieles in sich vereinigte! Auf der einen Seite ist die Welt dieses Kriegers und Kriegerkönigs für uns als humanistisch geprägte Christen mit oft pazifistischer Ausrichtung gar nicht nachvollziehbar. Aber dieser Mann des Krieges, durch dessen Hände direkt und indirekt viel Blut vergossen wurde, schrieb auch wunderbare Gebete, deren Tiefgang heute noch – nach drei Jahrtausenden – unsere Herzen bewegt und in denen wir uns wieder finden. Ich kann es gar nicht zählen, wie oft Gott durch einen Psalm von David mein Herz wieder ermutigt und zu Ihm zurückgebracht hat.

Vom Blickpunkt unseres Themas aus können wir drei entscheidende Punkte in seinem Leben feststellen:

1. Seine übernatürliche Erwählung, Befähigung und Bestimmung zum König ersparte es ihm nicht, durch unglaublich schwere Nöte und Gefahren hindurch zu müssen. Statt gleich König zu werden, wurde er Jahre hindurch gejagt wie ein Feldhase. Hätte Gott ihn nicht durch diese Zeit durchgetragen, wäre er an der Situation verzweifelt und zu Tode gekommen, da sein Feind übermächtig war. Aber gerade dadurch wurde er zu dem Mann und dem König, zu dem Gott ihn gestalten wollte.

   Vielleicht geht es dir momentan genauso: Gott hat dir einen klaren Ruf in eine bestimmte Aufgabe gegeben, und jetzt siehst du dich einer unglaublichen Fülle von Problemen gegenüber, mit der du nicht gerechnet hast und die dich fast in die Knie zwingt! War der ursprüngliche Ruf klar und Gott in dieser Phase wunderbar erlebbar, so verbringst du jetzt deine Zeit damit, die anstehenden kleinen und großen Probleme zu lösen und Gott scheint so weit weg zu sein. Immer wieder zeigt Er sich zwar im Alltag, aber, was die grundlegende Situation betrifft, tritt überhaupt keine

Änderung ein. David war durch die ständigen Spannungen mit der Zeit dermaßen zermürbt, dass er irgendwann einmal aufgab und an keine Rettung mehr glaubte. So ging er sogar zum Feind über und gab einer unseligen Eingebung des menschlichen Verstandes nach.

> Und David dachte in seinem Herzen: Nun werde ich doch eines Tages durch die Hand Sauls umkommen! Es gibt nichts Besseres für mich, als eiligst in das Land der Philister zu entrinnen. Dann wird Saul von mir ablassen, mich weiter im ganzen Gebiet Israels zu suchen. Und ich werde seiner Hand entrinnen. 1. Samuel 27,1

Seine Argumentation war klug und nicht von der Hand zu weisen, aber trotzdem vollkommen ungeistlich und somit auch falsch. Willst du deine Probleme auf ungeistliche Weise lösen, deinen schweren Weg gegen einen scheinbar leichteren eintauschen, dann bedenke Folgendes:

2. Aufgeben, das Vermeiden von Problemen, menschliche Lösungen oder gar das Übergehen in Feindesland führte David nie in eine leichtere Situation, sondern genau ins Gegenteil. Mag das Befahren der Hauptstraße mühsam und durch viele Hindernisse erschwert sein, wie es bei den damaligen Straßenverhältnissen tatsächlich gewesen ist, so sind die Nebenstraßen noch viel mühsamer zu bewältigen! Davids Übergang zum Feind führte ihn in erbärmliche Situationen, in die Lüge, in Brutalität, um seinen Weg zu vertuschen, und letztlich sogar soweit, dass er von seinen eigenen Leuten fast getötet worden wäre. Später schuf er sich – um noch ein anderes Beispiel aufzuzeigen – durch ungeistliche Milde gegenüber einem Sohn, der seine Halbschwester vergewaltigt hatte, seinen gefährlichsten Feind: Absalom, seinen eigenen Sohn, dem Vollbruder der Vergewaltigten. Wieder dasselbe Schema: Ungeistliche Vermeidung von Unannehmlichkeiten hier, dadurch noch größere Unannehmlichkeiten als unmittelbare Folge. Für den hingegebenen Christen ist das Verlassen des schmalen Weges noch unerträglicher als der scheinbar breitere und angenehmere Weg. Hier haben wir nichts verloren, unser

Glück und Friede liegt auf dem Weg, den Gott für uns bestimmt hat, und nicht im Kompromiss und Eigenwillen.

3. Was macht jetzt aber David zum großen Vorbild für uns: seine radikale Korrekturbereitschaft. Immer wieder drehte er früher oder später wieder um und suchte seinen Gott. So war sein Leben gekennzeichnet von vielen Fehlern und Schwächen, aber andererseits fand er immer wieder zurück zu seinem Gott. Mit Gottes Hilfe fand er immer wieder heraus aus den Sackgassen und beendete sein Leben als Vorbild im Herrn. Seine Hingabe an Gott, seine glühende Liebe zu Ihm, seine Bereitschaft, Fehler zuzugeben und umzukehren, führte dazu, dass ihm letztlich nichts zum endgültigen Stolperstein wurde und er das Werk ausführte, das Gott für ihn vorbereitet hatte. Nie hat er sich dauerhaft Gottes Erziehungswegen widersetzt. Sein Gott geweihtes Innerstes machte ihn zu einem Mann nach dem Herzen Gottes. Lesen wir die letzten zwei Kapitel aus dem 1. Chronikbuch, dann können wir uns nur wünschen, dass auch wir unser Leben einmal so beenden dürfen. Sein ganzes Herz war darauf ausgerichtet, dass Gott verherrlicht werde, Sein Wille geschehe und Sein Tempel gebaut werde. So hat er insgesamt das Herz Gottes erfreut. Ich habe nicht die Vollmacht, über einen Joseph oder Daniel zu schreiben, von denen nichts Negatives berichtet wird. Aber bei David können wir uns wieder finden, in einem Mann mit vielen Schwächen und trotzdem mit einem treuen Leben für Gott und Seine Anliegen. Das ist auch für uns möglich, aber ein Aufgeben im Kampf gegen den Feind und gegen die Sünde und das Verlassen des schmalen Weges der Jüngerschaft ist mit einem Menschen ganz nach dem Herzen Gottes nicht vereinbar.

Lieber Leser, es kann sein, dass dich die folgenden Zeilen eher deprimieren als motivieren und bei dir den Druck noch größer werden lassen als er ohnehin schon ist. Wenn das der Fall ist, überspringe diesen Teil des Kapitels einfach und gehe gleich zum letzten Teil, in dem beschrieben wird, wie wir wieder auf den Weg zurück- und weiterkommen.

Die innige Verbindung mit Jesus Christus – wir sind Seine Glieder auf dieser Erde

Alles ist mir erlaubt, aber nicht alles ist nützlich. Alles ist mir erlaubt, aber ich will mich von nichts beherrschen lassen. Die Speisen sind für den Bauch und der Bauch für die Speisen; Gott aber wird sowohl diesen als auch jene zunichtemachen. Der Leib aber ist nicht für die Hurerei, sondern für den Herrn und der Herr für den Leib. Gott aber hat den Herrn auferweckt und wird auch uns auferwecken durch seine Macht. Wisst ihr nicht, dass eure Leiber Glieder Christi sind? Soll ich denn die Glieder Christi nehmen und zu Gliedern einer Hure machen? Das sei ferne! Oder wisst ihr nicht, dass wer der Hure anhängt, *ein* Leib mit ihr ist? »Denn es werden«, heißt es, »die zwei *ein* Fleisch sein«. Wer aber dem Herrn anhängt, ist *ein* Geist mit ihm. Flieht die Unzucht! Jede Sünde, die ein Mensch begehen mag, ist außerhalb des Leibes; wer aber Unzucht treibt, sündigt gegen den eigenen Leib. Oder wisst ihr nicht, dass euer Leib ein Tempel des Heiligen Geistes in euch ist, den ihr von Gott habt, und dass ihr nicht euch selbst gehört? Denn ihr seid um einen Preis erkauft worden. Verherrlicht nun Gott mit eurem Leib!

1. Korinther 6,12-20

Dieser Abschnitt hat mich einmal bei meiner persönlichen Bibellese sehr angesprochen. Er ist bespickt mit Argumenten, mit Leib und Leben den Herrn zu verherrlichen. Von einem einfachen Weg ist hier nicht die Rede.

Wie wir in dem Unterabschnitt über das geteilte Königreich schon gelesen haben, müssen wir uns in einem Graubereich die Frage stellen: Ist es für meine Beziehung zu Gott wirklich förderlich oder bringt es mich in eine Abhängigkeit, durch die letztlich Satan mein Leben ein Stückweit in den Griff bekommt. Nichts davon macht uns in irgendeiner Weise glücklicher oder bringt uns weiter.

Am meisten erschütterte mich die Aussage, dass wir mit dem Herrn ein Geist sind, wenn wir Ihm anhangen, also unser ganzes Herz und unser ganzes Wollen und Trachten nach Ihm ausgerichtet ist. Das können wir aber nicht im Alltag erleben, wenn unser Leib der Sünde und den Begierden des Fleisches dient. Das ist einfach nicht möglich! Unsere Leiber sollen Ausführungsorgane des Willens Christi sein.

In einem Krieg wurde eine Christusstatue beschädigt – die Arme wurden abgebrochen. Zuerst wollte man sie wieder reparieren, dann aber ließ man es so und schrieb darunter: Ich habe keine anderen Arme außer die Deinen!

Gott wohnt in uns, Sein Heiliger Geist ist in uns und will uns führen und leiten, uns Vollmacht und Kraft geben, um in dieser gottlosen Welt gegen den Strom schwimmen zu können. Wollen wir den Heiligen Geist weiter betrüben oder Ihn durch uns wirken lassen?

Gott hat einen sehr hohen Preis für uns bezahlt. Wir sind mit dem kostbaren Blut Jesu Christi erlöst worden (1Petr 1,18-19). Wir sind daher für Gott sehr wertvoll und Er will uns für Seine Ziele und nicht weiterhin für die Ziele des Feindes und Widersachers brauchbar machen. Vor Kurzem sah ich mir als eingefleischter Fußballfan (auch wieder so ein Graubereich!) ein Spiel mit einer sehr teuren, aber eher zusammengekauften Truppe an. Darunter war ein Brasilianer, der allein mehr Geld gekostet hatte als fast alle anderen zusammen. Seine Fehlleistung und misslungenen Dribblings waren angesichts der Millionen, für die er gekauft worden war, geradezu peinlich. Jeder wusste, dass er ein ausgezeichneter Spieler ist und die Anlagen zu herausragendem Können da sind. Aber aus irgendeinem Grund konnte er dem noch nicht gerecht werden. So hat auch Gott uns durch unsere natürlichen Gaben und die Wiedergeburt zum Dienst befähigt, und zwar mit allem, was wir brauchen. Wollen auch wir dem nicht gerecht werden?

Die Sünde brachte den Herrn Jesus ans Kreuz. Wollen wir ihr weiter dienen, um derentwillen der Herr Jesus so leiden musste? Wollen wir weiter der Sünde dienen, die in dieser Welt so viel Leid und Not verursacht? Wollen wir uns weiter unter die Sünde beugen und damit qualitativ ein den Unerlösten ähnliches Leben führen, auch wenn die Zerstörung durch die Sünde vielleicht nicht so weit fortschreitet wie bei denen, die Christus nicht kennen? Was ist dann eigentlich an der Wurzel anders bei uns?

Der Zweck der Errettung sind gute Werke

> Denn die Gnade Gottes ist erschienen, heilbringend
> allen Menschen, und unterweist uns, damit wir die
> Gottlosigkeit und die weltlichen Begierden verleug-
> nen und besonnen und gerecht und gottesfürchtig
> leben in dem jetzigen Zeitlauf, indem wir die glück-
> selige Hoffnung und Erscheinung der Herrlichkeit
> unseres großen Gottes und Heilandes Jesus Christus
> erwarten. Der hat sich selbst für uns gegeben, damit
> er uns loskaufte von aller Gesetzlosigkeit und sich
> selbst ein Eigentumsvolk reinigte, das eifrig sei in
> guten Werken.
>
> Titus 2,11-14

Wir sind ein Eigentumsvolk, das Gott für sich gereinigt hat,
damit wir Ihm wohlgefällige Werke vollbringen. Gute Werke
sind also nicht nur etwas für religiöse Menschen, die sich so
Gottes Vergebung und Anerkennung erarbeiten wollen, sondern
vor allem für Christen, die in Christus diese Annahme und
Vergebung schon haben. Gerade deshalb muss bei uns etwas
anders sein als bei den noch nicht Erlösten.

Gott ist heilig

> Deshalb umgürtet die Lenden eurer Gesinnung, seid
> nüchtern und hofft völlig auf die Gnade, die euch
> gebracht wird in der Offenbarung Jesu Christi! Als
> Kinder des Gehorsams passt euch nicht den Begier-
> den an, die früher in eurer Unwissenheit herrschten.
> Sondern wie der, welcher euch berufen hat, heilig ist,
> seid auch ihr im ganzen Wandel heilig!
>
> 1. Petrus 1,13-15

> Die ihr den HERRN liebt, hasst das Böse! Er bewahrt
> die Seelen seiner Frommen. Aus der Hand der Gott-
> losen errettet er sie.
>
> Psalm 97,10

Gott ist heilig und hasst die Sünde. Alle Unreinheit – Herzenssünden oder begangene Sünden – widersprechen Seinem innersten Wesen. Dem gegenüber steht unsere verderbte Natur, die

zur Sünde neigt und in der Sünde Erfüllung sucht. Wir sind von unserer alten Natur nicht anders und völlig auf die Gnade Gottes angewiesen. Aber wollen wir, da wir jetzt Seine Kinder sind, weiterhin diesen Weg fortsetzen? Wollen wir wie Lot in Sodom verweilen, um vielleicht gerade noch wie durchs Feuer errettet zu werden?

Nicht nur das Grobe, es geht auch ins Feine

> Deshalb lasst nun auch uns, da wir eine so große Wolke von Zeugen um uns haben, jede Bürde und die uns so leicht umstrickende Sünde ablegen und mit Ausdauer laufen den vor uns liegenden Wettlauf.
>
> Hebräer 12,1

> Betet für uns! Denn wir sind überzeugt, dass wir ein gutes Gewissen haben, da wir in allem einen guten Wandel zu führen begehren. Hebräer 13,18

> Geliebte, wenn das Herz uns nicht verurteilt, haben wir Freimütigkeit zu Gott, und was immer wir bitten, empfangen wir von ihm, weil wir seine Gebote halten und das vor ihm Wohlgefällige tun.
>
> 1. Johannes 3,21-22

Hier erhalten wir einen tiefen Einblick in das Herz und das Handeln des vollkommen hingegebenen Gläubigen. Seine Ausrichtung ist es, in allem Gott zu gefallen und einen guten Wandel zu führen. Ein »Nebenprodukt« davon ist, nicht mit einem anklagendem Gewissen belastet zu sein, sondern Freude und Zuversicht Gott gegenüber zu haben, was sich in einem erfolgreichen Gebetsleben auswirkt. Es geht also um unser inneres Trachten und um unser Tun, nicht um unser Fleisch an sich. Denn das ist bei jedem Menschen unheilbar verdorben. Das können wir gar nicht beeinflussen – im Gegensatz zu unserem praktischen Wandel. Deshalb ermutigt uns Paulus, im Geist zu wandeln, damit wir im Alltag nicht durch das Fleisch geprägt sind (Gal 5,16-25). Je mehr wir eine entschiedene Haltung gegenüber der Sünde einnehmen und auch bereit sind, Gott nicht Wohlgefälliges loszulassen (auch wenn unser Fleisch danach schreit), desto mehr kann der Heilige Geist die Führung und Leitung unseres praktischen Wandels übernehmen. Hier geht nicht alles von heute auf morgen, manches kann lange Zeit in Anspruch nehmen. Ich spreche vor allem von tief in uns verankerten Begierden und Suchtverhalten (Essen, Trinken, Sexualität) sowie Charaktereigenschaften (Jähzorn, Neid und Eifersucht, Selbstmitleid, emotionale Unausgewogenheit etc.). Außerdem können Lebenskrisen oder z. B. Erschöpfungszustände uns für einige Zeit daran hindern, aus der Mittelmäßigkeit herauszufinden. Aber letztlich wird es sich zeigen, welches Wollen und Trachten in uns herrscht und ob Seine Erziehungsschule bei uns ansetzen konnte oder nicht. Manche bleiben in einem fleischlichen und unmündigen Christentum stecken. So wie Jakob durften sie Gott direkt erleben und sich bekehren, aber sie wollen hauptsächlich ein Leben lang von Gott empfangen und finden nie den Weg in die Nachfolge, um auf den Spuren des Meisters nachzufolgen, und so Licht und Salz auf dieser Erde zu werden. Manche hingegen werden von einem Jakob zu einem Israel, einem Kämpfer Gottes, den Gott gebrauchen und auch immer weiter führen kann; andere stehen in Gefahr, wieder in ein fleischliches Christentum zurückzufallen, warum auch immer.

Eines muss uns klar sein: Die tiefe Freude des innigsten Friedens mit Gott, Vollmacht im Gebet und uneingeschränkte Freimütigkeit beim Zutritt in das Allerheiligste kann nur der haben, der in praktischer Heiligung lebt. Das soll keine Drohbotschaft sein, sondern Ermutigung, den sanften Führungen des Heiligen Geistes weiter nachzugehen und so auf dem Weg zu bleiben und dem Ziel ein wenig näher zu kommen. Alles, was wir dabei verlieren, ist nichts im Vergleich zu diesem wachsenden inneren Besitz.

Freundschaft mit der Welt steht im Gegensatz zu einer engen Verbindung mit Gott

> Hört das Wort, das der HERR zu euch redet, Haus Israel! So spricht der HERR: Gewöhnt euch nicht an den Weg der Nationen und erschreckt nicht vor den Zeichen des Himmels, auch wenn die Nationen vor ihnen erschrecken! Denn die Ordnungen der Völker
> – ein Götze ist es ...
>
> Jeremia 10,1

Ich ermahne euch nun, Brüder, durch die Erbarmungen Gottes, eure Leiber darzustellen als ein lebendiges, heiliges, Gott wohlgefälliges Opfer, was euer vernünftiger Gottesdienst ist. Und seid nicht gleichförmig dieser Welt, sondern werdet verwandelt durch die Erneuerung des Sinnes, dass ihr prüfen mögt, was der Wille Gottes ist: das Gute und Wohlgefällige und Vollkommene.

Römer 12,1-2

Wer nun ein Freund der Welt sein will, erweist sich als Feind Gottes.

Jakobus 4,4

Letztlich steht der Teufel hinter allem, was die Welt anzubieten hat, sei es Lust, Anerkennung, Erfolg, menschliche Religion und Philosophie, Hoffnungsbotschaften (die keine sind) usw. Jede Vermischung zwischen wahrem Christentum und weltlichem Gedankengut ist sein Werk, um der eigentlichen Botschaft die Kraft zu nehmen und uns von Gott wegzubringen. Das gilt für die Übernahme von weltlich-heidnischen Vorstellungen auf der einen Seite und für die Anpassung an einen weltlichen Lebensstil auf der anderen Seite. Beides ist für uns alle eine große Gefahr, vor allem im Bereich des Denkens ist eine Beeinflussung der Gemeinde Jesu durch den Zeitgeist sehr, sehr verbreitet, weil es oft unbewusst passiert (wir sind ja Kinder unserer Zeit). Je stärker die weltliche Anpassung in den Bereich der Tat übergeht, desto offensichtlicher ist das Fehlverhalten. Wenn z. B. christliche Jugendliche sich nicht bis zur Ehe rein halten und mit einem anderen Jugendlichen zusammenziehen, dann ist das klarer zu erkennen, als wenn psychologische Falschmeinungen in die biblische Seelsorge einfließen und viele Geschwister auf unbiblische Wege führen.

Eine Jochgemeinschaft mit einem weltlichen Lebensstil, einem ungläubigen Partner oder einem weltlichen Denken macht uns geistlich schwach und nahezu unbrauchbar. Wir laden uns, wie Lot, viele Schmerzen auf und letztlich erleiden wir geistlichen Schiffbruch. Fast schon ein wenig überbeansprucht, aber doch ein wunderbares Bild: Nur tote Fische treiben mit dem Strom, lebendige schwimmen dagegen oder behaupten sich zumindest gegen die Strömung. Nur wenn wir den Mut haben, uns von der Welt zu trennen (z. B. auch von ungläubigen Freunden, die uns nach unten ziehen), nur wenn wir uns radikal selbst hinterfragen und auch das, was wir – beeinflusst vom Zeitgeist – unbewusst für richtig halten, können wir mehr Raum für Gottes Pläne und Gottes Geist in unserem Leben schaffen. Wir sind zwar in der Welt, aber nicht von der Welt. Deshalb müssen wir uns ganz an die Bibel halten und uns durch nichts vom schmalen Weg abbringen lassen. Nur wenn wir uns außerhalb des »Wandels der Väter« befinden, können wir diese Welt auch verändern und unsere Umgebung für den Glauben gewinnen.

Wir müssen uns die Frage gefallen lassen: Was unterscheidet mich in meinem praktischem Leben von anderen »normalen« Menschen? Wie gestalte ich meine Freizeit? Werden Spaß und Beschäftigungen nach meiner Neigung und meinem Gefallen ein Selbstzweck, oder erhole ich mich, um den Rest meiner Freizeit in irgendeiner Weise für den Herrn einzusetzen? Gelte ich im Berufsleben als integerer, fleißiger Mensch? Bin ich großzügig? Suchen mich Menschen auf, ob Gläubige oder Ungläubige, wenn sie in Not sind? Werde ich meinem ungläubigen Vater (oder meiner ungläubigen Mutter, je nach Geschlecht) immer ähnlicher, oder werde ich Christus immer ähnlicher? Mit anderen Worten: Gelingt es mir, mit Hilfe des Heiligen Geistes den Lauf der Dinge, der oft durch die Gene und die Umgebung vorgegeben scheint, zu durchbrechen? Kann ich überwinden und dem Teufelskreislauf, in dem sich die Generationen befinden, entrinnen? Ist mein Leben von Völlerei, Trunkenheit und Lebenssorge, d. h. übermäßigem Genuss und heidnischen Gefühlen, geprägt, oder kann Gott mir wirklich Seinen Stempel aufdrücken (Lk 21,34)? Suche ich Gott und Seinen Willen für mein Leben oder lebe ich mein Leben, zwar in einem christlichen Rahmen, aber nicht als täglich unter der Herrschaft Gottes stehendes Kind Gottes? Ist mir das regelmäßige Bibellesen und das Gebet ein Bedürfnis oder setzt sich das Fleisch mit seiner natürlichen Abneigung gegen jede geistliche Betätigung durch? Bin ich ein freudiger Konsument weltlicher Medien, hinter denen letztlich der Teufel steht, oder kann ich Fernsehen, Internet und Konsorten in die Schranken weisen, sodass sie mir nicht meine wertvolle Zeit fressen und mich mit weltlichem Dreck beschmutzen? Das sind nämlich die Hauptauswirkungen von regelmäßigem Medienkonsum! Ist es für mich ein Verlust, einen Gottesdienst am Sonntag zu versäumen oder macht mir das nichts aus? Bin ich bewegt vom Leiden anderer Geschwister und anderer Menschen, sodass ich für sie bete und ihnen meine Zeit zur Verfügung stelle, oder lebe ich nur für mich selbst?

Auch Kleinigkeiten haben große Wirkung

> Hast du Glauben? Habe ihn für dich selbst vor Gott! Glückselig, wer sich selbst nicht richtet in dem, was er gutheißt! Wer aber zweifelt, wenn er isst der ist verurteilt, weil er es nicht aus Glauben tut. Alles aber, was nicht aus Glauben ist, ist Sünde. Römer 14,22-23

Ja, auch scheinbare Kleinigkeiten können in unserem Glaubensleben eine große Wirkung haben, sei es auf das Leben anderer Gläubiger, sei es auf das eigene Leben. Wenn wir mit Gott in enger Gemeinschaft leben und unser Herz innerlich auf Ihn ausgerichtet ist, leuchtet das Licht des Heiligen Geistes unser Leben immer mehr aus. Der Herr bleibt nicht beim Großen stehen, sondern Sein Wille ist ein absoluter, der in Seiner Liebe zu uns und zu den Menschen, für die Er uns gebrauchen will, alle Bereiche unseres Lebens beherrschen will. Das kann so weit gehen, dass der Herr uns sogar in kleinen Alltäglichkeiten leiten will und uns Unfrieden oder Frieden über Einzelheiten schenkt, die scheinbar nicht von großer Bedeutung sind.

Bakht Singh berichtet von einer seltsamen Begebenheit in seinem Leben: Er hatte einfach keinen Frieden darüber, sich von einem Friseur die Haare schneiden zu lassen. Er hatte den schweren Eindruck, dass der Herr dagegen ist. Immer länger wurden seine Haare und die Situation immer unangenehmer. Bis eines Tages der klare Befehl kam: Lass dir jetzt dort und da die Haare schneiden. Durch das Treffen mit Bakht Singh bekehrte sich der Friseur. Das ist natürlich ein Ausnahmeerlebnis, aber der Gehorsam auch in dieser scheinbaren Kleinigkeit war von großer Wirkung.

Ich kann mit bald drei Jahrzehnten Glaubenserfahrung summarisch sagen: Wann immer wir dem klar geoffenbartem Willen Gottes widerstehen, und seien es auch nur scheinbare Kleinigkeiten, ist es für uns zum Schaden. Denn Gottes Wille ist nie eine Kleinigkeit, und daher ist auch der Ungehorsam in »Kleinigkeiten« keine Kleinigkeit! Mit zunehmender Bestürzung muss ich feststellen, dass unter uns Christen ein humanistisches Gottesbild Einzug gehalten hat, das so überhaupt nicht dem biblischen Gesamtbild entspricht. Deshalb müssen wir wachsam sein und in Hingabe leben, das heißt prinzipiell alle Lebensbereiche für den Herrn öffnen. Nur so kann uns Seine Erziehung ein Leben lang verändern.

Manchmal sind wir in Gefahr, uns gehen zu lassen mit der Entschuldigung, dass es uns sehr, sehr schlecht geht. Ich kann das sehr gut verstehen und ich weiß auch, dass es Zeiten gibt, in denen man einfach nicht die Maßstäbe ansetzen kann, die normalerweise gelten. Trotzdem möchte ich davor warnen, in solchen Zeiten Grenzen zu überschreiten. Dazu gehört z. B. Trost bei einem Menschen des anderen Geschlechts suchen, was zumeist in Unzucht oder Ehebruch endet. Dazu zählen auch dazu der Griff zu Suchtmitteln wie z. B. Alkohol in zu hohen Mengen oder eine sehr schwerwiegende Entscheidung aus einem negativen Gefühl heraus, die man später wieder mühsam rückgängig machen kann, z. B. einen übereilten Berufs- oder Gemeindewechsel. Niemals sollten wir uns in solchen Phasen zu Handlungen verleiten lassen, die wir sonst nie tun würden. Seelische Tiefs und enormer Druck der Umstände sind keine guten Lehrer, um weitreichende Weichen für unser Leben zu stellen.

Meistens begegnet uns Satan auf subtile Weise, aber manchmal lässt es Gott zu, dass er wie ein brüllender Löwe direkt vor uns steht. Hier bleibt uns nur eines: Hin zum Herrn und keine folgeschweren Entscheidungen in solchen Phasen treffen!

Eine andere Versuchung könnte dergestalt aussehen, dass jemand sagt:»Solange ich diese große Sünde nicht aufgegeben habe und überwinden kann, brauche ich mir um die kleinen keine Gedanken machen. Es spielt einfach keine Rolle, ob ich das mache oder nicht.« Wie wir später noch sehen werden, braucht es manchmal länger, um eingefahrene sündige Verhaltensmuster (wie z. B. Süchte) zu überwinden. Nichtsdestotrotz spielt es trotzdem eine große Rolle, wie ich mit anderen Sünden umgehe, die Gott mir aufgezeigt hat. Vergessen wir nicht: Jedes Verharren in einer klar geoffenbarten Sünde schwächt mich weiter und nimmt mir geistliche Freimut und Kraft. Es ist oft sehr hilfreich, beim Kleinen anzufangen, das stärkt uns für größere Bereiche.

Wie wir auf dem Weg bleiben und Fortschritte erzielen können

Jetzt begrüße ich wieder die Leser, die den vorigen Teil dieses Kapitels übersprungen haben. Gerade für dich total Entmutigten und Frustrierten habe ich die folgenden Zeilen geschrieben. Ich möchte Brüder und Schwestern ermutigen, ihre himmlische Berufung nicht aufzugeben und in ihrem Glaubensleben und vor allem in ihrer Heiligung nicht zu resignieren. Ich kann von solchen Phasen wirklich ein Lied singen und habe selbst immer wieder damit zu kämpfen. Aber eines muss uns klar sein: Wenn wir »unsere Zuversicht wegwerfen« und aufgeben, haben wir als Christen versagt und fügen dem traurigen Kapitel der gescheiterten Gläubigen ein weiteres Unterkapitel hinzu. Unser eigentliches Ziel ist es, Christus ähnlich zu sein, daher einen vollkommen geheiligten Charakter und Lebenswandel zu führen. Wie gesagt, das ist uns in diesem Leben nicht in Perfektion möglich. Wenn wir aber vom Weg abkommen, der zu diesem Ziel führt, verlieren wir das Ziel aus den Augen und werden als Jünger Jesu unbrauchbar. Deshalb ist der Weg das Ziel. Weil alles davon abhängt, wollen wir uns noch einmal genauer anschauen, was es bedeutet, auf dem Weg zu bleiben.

Kennzeichen eines Gläubigen, der auf dem Weg ist

Er (oder sie) hat eine tiefe Gemeinschaft mit Gott und steht in einer lebendigen Vater-Kind-Beziehung.

Er steht in einem Erziehungs- und Korrekturprozess, der verhindert, dass Bereiche, in denen er gefährdet ist, gänzlich aus dem Ruder laufen; es gibt also bei aller Unvollkommenheit keine für den Dienst disqualifizierenden Sünden wie Ehebruch, Unzucht oder Habgier und penetranten Neid.

Die Herzenshaltung ist auf Gott ausgerichtet. Gott ist eine entscheidende Größe im Leben dieses Gläubigen. Für manche ist er die entscheidende Größe, aber es gibt auch geteilte Gläubige, die trotzdem noch auf dem Weg sind und sich positiv von der Masse abheben.

Er ist kein ausgeprägter Eigenbrötler, der es nicht mit anderen Menschen aushält. Sein Verhältnis zur Gemeinde der Gläubigen mag vielleicht irgendwie gestört oder mit Vorbehalten besetzt sein. Trotzdem weiß er um den Wert der Gemeinschaft mit anderen Gläubigen und möchte auf seine Art zur Erbauung der anderen beitragen. Er vertritt keine ausgeprägte Irrlehre, die von der Bibel her unannehmbar ist, wie z. B. die Reinkarnationslehre, oder dass Jesus nicht Gott ist. Er baut auf die Bibel als die Quelle der Erkenntnis auf.

Zuallererst: Lege den Schwerpunkt nicht auf dich selbst, sondern auf deine Handlungen. Wir werden immer gleich verdorben bleiben.

Damit meine ich: Du musst und kannst dich im Innersten nicht ändern, sehr wohl aber deine inneren Haltungen und deine äußeren Handlungen. Unser Fleisch bleibt sündig und auch immer für dieselben Sachen anfällig, auch wenn wir noch so in der Heiligung stehen. Das ändern zu wollen, wäre von vorneherein eine verlorene Sache, aber unsere innere Ausrichtungen und äußeren Taten durch Entschiedenheit gegenüber der Sünde und einem Leben im Heiligen Geist zu ändern, ist sehr wohl möglich! Wenn du über die Abgründe deiner sündigen Natur erschüttert bist, dann kann dir das in dem Sinne nützen, dass es dich in die Arme Gottes treibt. Völlig unnütz wäre aber eine ständige Betrachtung und ein immer tieferes Hineintauchen in diese Abgründe. Gott hat dich in Jesus Christus so angenommen wie du bist. Nur deshalb bist du jetzt sein Kind. Du bist geliebt, Selbstanklage oder gar Selbsthass wegen deinem sündigen Fleisch bringen überhaupt nichts, sondern spielen nur dem Teufel in die Arme, der dich so völlig lähmen will. Es hat keinen Sinn, immer tiefer in eine Jauchegrube einzutauchen. Jauche bleibt Jauche, ganz gleich ob an der Oberfläche oder in den Tiefen der Jauchegrube. Sei darüber erschüttert, dass du zu allem fähig bist, aber sei dir auch bewusst: Gerade deshalb musste der Sohn Gottes am Kreuz sterben.

Gott beginnt in der Wiedergeburt mit einer inneren Erneuerung. Auf einmal wollen wir das, was Gott will, und denken so, wie Gott denkt. Wir sehen im Gegensatz zu vorher die Heiligkeit Gottes und unsere sündige Natur. Beides ändert sich aber nicht bis zum Zeitpunkt unseres Todes. Gott wird selbstverständlich Seine Heiligkeit beibehalten, und wir werden in uns selbst immer durch und durch verdorben bleiben. Es geht in der Heiligung also darum, wie wir trotzdem die alten Handlungen ablegen und überwinden und die Früchte des Geistes immer mehr zeigen können. Trotz unserer Verderbtheit können wir also durch das neue Leben in uns überwinden und geistliche Herzenshaltungen und Handlungen hervorbringen.

Gib nicht auf, auch wenn es hart ist und sich Rückschläge einstellen

Im Grunde können wir nur Sieg erlangen, weil Gott das Gelingen schenkt. So wie Gideon und später auch andere Führer immer wieder im Kampf einer Übermacht gegenüberstanden und trotzdem den Sieg erlangten, so kann auch Gott in uns das Wunder des Sieges, des Überwindens und eines echten geistlichen Lebens vollbringen. Er tut es aber nicht ohne unsere Mitarbeit! Erst dadurch kann Sein Leben in uns Gestalt annehmen. Trotzdem werden wir immer wieder über uns selbst betrübt sein oder gar versucht sein aufzugeben. Genau darauf wartet der Teufel, weil wir dadurch vom Weg abkommen, auf dem wir doch immer bleiben sollten! Seien wir uns im Klaren: Wir haben keine Wahl! Nach unten gibt es keine Grenzen, und auch wenn wir – von außen betrachtet – uns keiner schweren Verfehlungen schuldig machen, sind Lauheit und Aufgeben alleine schon eine schwere Niederlage. Den Dingen ihren Lauf zu lassen führt nach unten und bringt uns ab von unserer Pilgerreise hin zur Ewigkeit!

Als erziehende Eltern ist es oft so entmutigend und Kräfte raubend, den Kindern immer wieder dieselben Dinge sagen und immer wieder gegen dieselben Unarten ankämpfen zu müssen. Manchmal würde man am liebsten aufgeben, aber wehe, wenn wir das wirklich tun würden! Genauso ist es mit uns selbst. Aufgeben wäre die schlechteste Entscheidung, die wir treffen können. Dieser Kampf ist ein wichtiger Teil des schmalen Weges, ohne den wir nicht in der Nachfolge bestehen können. Stelle dir die Frage: Wohin führt es, wenn ich (im Negativen) so weitermache wie bisher, wohin führt es, wenn ich mich jetzt total gehen lasse und das Ziel aus den Augen verliere? Ich sage dir und mir: Es gibt keine Alternative!

Lassen wir uns nicht von den riesigen Stadtmauern der Städte Kanaans und den starken Kriegsheeren der Feinde abhalten, in das Land, das Gott für uns bestimmt hat, einzugehen. Als Alternative bliebe nur ein weiteres Verharren in der Wüste, und das ist keine wirkliche Alternative für einen hingegebenen Christen. Wir dürfen auch nicht gleich zu viel erwarten oder unrealistische Ziele aufstellen. Alles braucht Zeit, und Gott hat Zeit! Schaue zurück auf die letzten Monate oder Jahre: Haben sich Dinge zum Positiven verändert? Bist du prinzipiell weitergekommen, gibt es Bereiche, die jetzt kein Problem oder kein so großes Problem mehr darstellen? Dann haben wir Grund zum Danken. War das Gegenteil der Fall, dann haben wir Grund, uns ganz dem Herrn auszuliefern und mit Ihm neu zu beginnen.

> Ein jeder aber wird versucht, wenn er von seiner eigenen Begierde fortgezogen und gelockt wird. Danach, wenn die Begierde empfangen hat, bringt sie Sünde hervor; die Sünde aber, wenn sie vollendet ist, gebiert den Tod.
>
> Jakobus 1,14-15

Ja, das ist der tiefste Grund für Sünde und Niederlagen. Unsere eigene Begierde lockt uns und wir geben nach, weil wir in diesem Augenblick uns selbst mehr lieben als Gott! Die Sünde aber hält nicht, was sie verspricht, und schon gar nicht, wenn der Heilige Geist in uns wohnt! In letzter Konsequenz bringt sie nur Tod und Zerstörung hervor.

Aber halt, es gibt trotzdem Hoffnung.

> Wenn wir sagen, dass wir keine Sünde haben, betrügen wir uns selbst, und die Wahrheitist nicht in uns. Wenn wir unsere Sünden bekennen, ist er treu und gerecht, dass er uns die Sünden vergibt und uns reinigt von jeder Ungerechtigkeit.
>
> Johannes 1,8-9

Nicht als Ermutigung zur Sünde steht das geschrieben, aber doch als Ermutigung, wenn wir über uns selbst betrübt sind oder gefehlt haben. Gott ist nicht nur treu, sondern auch gerecht, wenn wir zu Ihm kommen, wenn wir gesündigt haben, weil das Blut Jesu für uns geflossen ist. Wir können zu Ihm umkehren und Ihn bitten, uns wieder in unserer Gesinnung zu erneuern und zu stärken. Er schenkt uns wieder neue Freude an Seinem Heil und gibt uns wieder einen willigen Geist, um den Kampf erneut aufzunehmen. So können wir auch anderen helfen, auch wenn wir selbst eine Niederlage erlitten haben. Vorwärts gehen kann ich nur, wenn ich wieder aufstehe – nicht wenn ich liegenbleibe.

> Erschaffe mir, Gott, ein reines Herz, und erneuere in mir einen festen Geist! Verwirf mich nicht von deinem Angesicht, und den Geist deiner Heiligkeit nimm nicht von mir! Lass mir wiederkehren die Freude deines Heils, und stütze mich mit einem willigen Geist! Lehren will ich die *von dir* Abgefallenen deine Wege, dass die Sünder zu dir umkehren.
>
> Psalm 51,12-15

Bei Süchten und Zwängen

Diesen festen und willigen Geist brauchen wir besonders, wenn wir es zugelassen haben, dass Satan uns in schändliche Lüste und Süchte verwickelt. Solche Bürden und Sünden können so eine Macht über uns gewinnen, dass es ganz schwierig wird, aus diesen Dingen wieder herauszufinden. Das Problem wird da ernsthaft und schwerwiegend, wo der Leib dadurch eine zerstörende Herrschaft über den Geist auszuüben beginnt.

Wir müssen uns als erstes folgende Frage stellen: Warum tue ich das, was suche ich damit zu gewinnen? Das hilft dabei, dass der Verstand wieder die Oberhand gewinnt und nicht unreflektiertes irrationales Verhalten, das der Sucht einfach nachgibt.

Lies als nächstes einschlägige Literatur von Christen dazu. Das zeigt Dir, dass du nicht alleine bist, und dass es Hoffnung in jeder Situation gibt. Menschen, die Süchte hinter sich gelassen haben, können anderen natürlich besonders dabei helfen, ebenfalls zu überwinden.

Vertraue dich jemanden an, der dich unterstützt und begleitet. Rede mit ihm (oder ihr) darüber und lege Rechenschaft über deine Handlungen ab.

Meide die Gesellschaft, in der du immer wieder gesündigt hast. Ein Trinker sollte die Gaststätte, in der er immer wieder getrunken hat, und die Leute, mit denen er immer wieder getrunken hat, unbedingt meiden. Es gibt da keine Wahl, wenn du Sieg haben willst. Genauso wird es sich der Unzüchtige oder Ehebrecher sehr schwer machen, wenn er mit dem Menschen, mit dem er gesündigt hat, weiterhin freundschaftliche Kontakte pflegt. Ein Schlussstrich muss her, sonst fällt man wieder in das alte Verhalten zurück.

Lerne die Situationen verstehen, in denen du besonders anfällig bist, den Süchten nachzugeben. Wir müssen lernen, in diesen Situationen, wenn sie sich nicht vermeiden lassen, ganz bewusst und mit aller Entschlossenheit Nein zu sagen und dem irrationalen und zerstörerischen Drängen der Lüste nicht nachzugeben. Gerade dann, wenn der Leib etwas mit aller Vehemenz einfordert, kostet es sehr viel, ihm das nicht zu geben. Tun wir es für Gott und auch für uns, weil der Verzicht uns bereichern wird! Wir müssen dieses Widerstehen einüben und so bereits eingefahrenes und irrationales Verhalten, von dem wir wissen, dass es falsch und zerstörend ist, ablegen.

Wieder gilt: Lass dich durch Niederlagen und Rückschritte nicht unterkriegen. Du kämpfst noch, weil du ein Kind Gottes bist. Als Ungläubiger wärst du wahrscheinlich schon in einem ganz anderen Stadium der Bindung an die jeweilige Sucht und hättest wenig Hoffnung, das zu überwinden. Der Heilige Geist in uns ist eine Schranke und hält uns auf einem höheren Niveau, als wenn wir ganz unserem Fleisch und natürlichem Charakter ausgeliefert wären.

Eine Entscheidung treffen = viele Entscheidungen treffen

Gerade dann, wenn Gott uns in Seiner Gnade hilft zu widerstehen oder das starke Verlangen wegnimmt, wir also widerstehen könnten, merken wir, dass es eigentlich oft nicht daran scheitert. Zuerst denken wir: Es geht nicht, ich kann nicht! Dann ginge es auf einmal, aber wir tun es trotzdem, weil wir auf »den zeitlichen Genuss der Sünde« nicht verzichten wollen. Hinter dem Nichtkönnen kann sich also das Nichtwollen, der eigentliche Grund für die Niederlage, verstecken. Gerade als Christen stehen uns Hilfsmittel und Möglichkeiten zur Verfügung, die der Gottlose einfach nicht kennt. Aber ohne den bewussten Verzicht auf den unmittelbaren »Nutzen«, den die Sünde mir zu bieten hat, das ist die Lust, die die Sünde mir verschafft, kann der Sieg nicht errungen werden. Hier muss ich mich entscheiden: Ist mir Gott wichtiger oder die Befriedigung meines Fleisches – Er oder ich! Gott hat etwas viel Besseres für uns bereit – Freude, Kraft, Mut, Freimütigkeit, wir werden selbst nur Nutzen daraus ziehen, wenn wir Ihm gehorchen und Ihm gefallen wollen! Gott will uns nichts nehmen, sondern nur beschenken, auch wenn es aufs Erste einen Schnitt ins Fleisch bedeutet.

> Da nun Christus im Fleisch gelitten hat, so wappnet auch ihr euch mit derselben Gesinnung – denn wer im Fleisch gelitten hat, hat mit der Sünde abgeschlossen – um die im Fleisch noch übrige Zeit nicht mehr den Begierden der Menschen, sondern dem Willen Gottes zu leben. Denn die vergangene Zeit ist uns genug, den Willen der Nationen vollbracht zu haben, als ihr wandeltet in Ausschweifungen, Begierden, Trunkenheit, Festgelagen, Trinkgelagen und frevelhaften Götzendiensten.
>
> 1. Petrus 4,1-3

Diese eine Entscheidung wird letztlich darüber entscheiden, wie die vielen Entscheidungen, die eine heilige und disziplinierte Lebensführung mit sich bringt, ausfallen werden. Diese Entscheidungen sind nichts anderes als der Verzicht auf die Lust, die uns eine Sache oder Handlung bringen würde.

> Durch Glauben weigerte sich Mose, als er groß geworden war, ein Sohn der Tochter Pharaos zu heißen, und zog es vor, lieber zusammen mit dem Volk Gottes geplagt zu werden, als den zeitlichen Genuss der Sünde zu haben, indem er die Schmach des Christus für größeren Reichtum hielt als die Schätze Ägyptens; denn er schaute auf die Belohnung.
>
> Hebräer 11,24-26

Leben aus Christus, Leben aus dem Heiligen Geist

Dieses Leben kann ohne die oben angesprochene grundlegende Entscheidung mit den vielen daraus folgenden Einzelentscheidungen nicht geführt werden. Wir können nicht schneller werden als ein Fußgänger oder Radfahrer, wenn wir nicht zuvor ein Auto oder einen Zug besteigen, was uns dann ein viel schnelleres Vorwärtskommen erlaubt. Das Nein zur Sünde oder Bürde zusammen mit aller Lust, die sie uns bringen würde, ist das Einsteigen in das Fahrzeug, das Gott für uns bereit gestellt hat. Gott sagt:

Wandelt im Geist, und ihr werdet die Begierde des
Fleisches nicht erfüllen.

Galater 5,16

Wenn wir durch den Geist leben, so lasst uns durch
den Geist wandeln!

Galater 5,25

Gott wird sich zu dem stellen, der sich zu Ihm stellt. Der Satan
kann uns nicht auf Dauer versklaven, wenn wir ihm absagen
und uns auf die Kraft des Herrn verlassen.

Unterwerft euch nun Gott! Widersteht aber dem Teu-
fel! Und er wird von euch fliehen. Naht euch Gott!
Und er wird sich euch nahen. Säubert die Hände, ihr
Sünder, und reinigt die Herzen, ihr Wankelmütigen!
Fühlt euer Elend und trauert und weint; euer Lachen
verwandle sich in Traurigkeit und eure Freude in Nie-
dergeschlagenheit! Demütigt euch vor dem Herrn!
Und er wird euch erhöhen.

Jakobus 4,7-10

Entschlossenheit, Dranbleiben, Nicht-Aufgeben sind von unserer
Seite erforderlich. Dann wird sich auch zeigen, dass bei all
unserer Unvollkommenheit ein Leben unter der Leitung des
Heiligen Geistes möglich ist. Christus kann in und durch uns
das vollbringen, wozu wir selbst aus eigener Kraft nicht fähig
wären.

Im 2. Kapitel des ersten Petrusbriefes sehen wir diesen Gedanken aus göttlicher Perspektive:

Da seine göttliche Kraft uns alles zum Leben und
zur Gottseligkeit geschenkt hat durch die Erkenntnis
dessen, der uns berufen hat durch seine eigene Herr-
lichkeit und Tugend, durch die er uns die kostbaren
und größten Verheißungen geschenkt hat, damit ihr
durch sie Teilhaber der göttlichen Natur werdet, die
ihr dem Verderben, das durch die Begierde in der
Welt ist, entflohen seid: eben deshalb wendet aber
auch allen Fleiß auf und reicht in eurem Glauben die
Tugend dar, in der Tugend aber die Erkenntnis ...

2. Petrus 1,3-5

In Jesus bleiben

> Ich bin der wahre Weinstock, und mein Vater ist
> der Weingärtner. Jede Rebe an mir, die nicht Frucht
> bringt, die nimmt er weg; und jede, die Frucht bringt,
> die reinigt er, dass sie mehr Frucht bringe. *Ihr* seid
> schon rein um des Wortes willen, das ich zu euch
> geredet habe. Bleibt in mir und ich in euch! Wie
> die Rebe nicht von sich selbst Frucht bringen kann,
> sie bleibe denn am Weinstock, so auch *ihr* nicht, ihr
> bleibt denn in mir. *Ich* bin der Weinstock, *ihr* seid die
> Reben. Wer in mir bleibt und ich in ihm, der bringt
> viel Frucht, denn getrennt von mir könnt ihr nichts
> tun.
>
> Johannes 15,1-5

Bleiben wir in Jesus, bleiben wir gleichzeitig in dem göttlichen
Korrekturprozess, der es auf Dauer nicht zulässt, dass wir uns in
der Sünde wohl fühlen und immer tiefer in sie verstrickt werden.
Ganz im Gegenteil reinigt uns der Vater und führt uns dazu,
dass wir vermehrt Frucht bringen.

Es gibt im geistlichen Leben nur zwei Möglichkeiten

> Seht nun zu, wie ihr hört! Denn wer hat, dem wird
> gegeben werden, und wer nicht hat, von dem wird
> selbst, was er zu haben meint, genommen werden.
>
> Lukas 8,18

Entweder es geht vorwärts oder rückwärts; entweder wir haben
immer mehr vom Wasser des Lebens oder immer weniger. Es gibt
im geistlichen Leben (damit ist jetzt nicht die Errettung gemeint)
keinen bleibenden Besitz, es sei denn, dass wir auch wirklich an
der Quelle bleiben. Deshalb müssen wir in Jesus bleiben. Aber
wie? Indem wir uns Ihm ganz hingeben, Ihm allen Raum in den
innersten Absichten des Herzens (1Kor 4,5) überlassen. Tägliches
Lesen in der Schrift, tägliche Gemeinschaft mit Ihm im Gebet
sind ebenfalls eine Voraussetzung dafür. Ich kann nur darüber
staunen, wie Gott nach fast drei Jahrzehnten immer noch und
noch viel mehr als zu Anfang durch sein Wort in mein Leben
hineinspricht. Sind auch unsere Gebete oft schwach, so haben

wir doch den Geist Gottes, der sich selbst mit unaussprechlichen Seufzern für uns einsetzt (Röm 8,26), auf unserer Seite.

Gute einschlägige Bücher zum Thema und Biographien von Vorbildern, die uns vorangegangen sind

Neben dem Wort Gottes kann uns nichts so sehr helfen wie das Lesen guter Bücher, geschrieben von geistlichen Menschen, die die verschiedenen Facetten des Themas kennen, erlebt haben, vorleben und auch noch in Worte fassen können. Manche Bücher begleiten mich schon seit Jahren und sie motivieren mich, den Kampf mit den Stadtmauern und Riesen Kanaans wieder aufzunehmen. Sie sind geradezu Gebrauchsanweisungen für uns, um die eisernen Wagen des Feindes mit bloßen Händen zerstören zu können. Wir haben unsere Schwachstellen und wir werden sie finden, wenn wir nur selbst stark sind in dem, der uns allein stark machen kann.

Gefühle bezwingen, gegen Gefühle handeln

Der Teufel und unser Fleisch mit seinen Lüsten und Begierden wirken stark durch und aus dem seelischen Bereich heraus, zu dem unsere Gefühle und unsere irdische Logik, die oft von Gefühlen gelenkt ist, gehören. Jemand sagte:»Die erste Sünde, die je begangen wurde, bestand darin, lieber Gefühlen zu folgen als Gott zu gehorchen.« Schauen wir in unser eigenes Leben, dann müssen wir ebenfalls bekennen: Die größten Niederlagen haben wir dadurch erlitten, dass wir unseren Gefühlen, d. h. dem, wohin es uns gezogen hat, gefolgt sind, und weniger nüchtern waren. So kommt es zu vorschnellen Entscheidungen, zu irrationalen Handlungen, zum Verschieben von Buße und Gehorsam, zu unnötigen emotionalen Krisen, zum Hinfallen oder gar zum Liegenbleiben. Wir brauchen uns nur das Leben des Gefühlsmenschen David anschauen – alles gerade Angesprochene finden wir da. Aber David lernte es, immer wieder zum Richtigen zurückzufinden. Das bedeutet aber auch, die Gefühle in Schranken zu weisen und gegen Emotionen zu handeln. Nur so können Sünden und Bürden in Schach gehalten und überwunden werden.

Aus Gefühlen heraus werden ungute Beziehungen geschlossen, Kinder verzogen, unnötige Sachen gekauft, wichtige Dinge verschoben oder gar nie getan, weltliche Stützen und Hilfen gesucht, Bibellesen und Gebet vernachlässigt, der Partner lieblos behandelt, Zeit vergeudet, Anerkennung und Reichtum erarbeitet, die Gott so nicht für uns vorgesehen hat, der inneren Stimme gehorcht, die uns aber oft fehlleitet, den Begierden nachgegeben, Menschen verletzt und Dinge gesagt, die nie gesagt werden sollten. Langer Rede kurzer Sinn: Emotionen sollen uns nicht beherrschen und in die Irre leiten.

Deshalb müssen wir zuerst nüchtern fragen, was richtig ist und als nächstes mit der Hilfe Gottes das Erkannte auch umsetzen. Das geht nicht auf Knopfdruck, das weiß ich. Es führt aber kein Weg daran vorbei, das weiß ich auch. Nicht umsonst steht die Ermahnung des Petrus zur Nüchternheit in unmittelbarem Kontext zur Ermahnung, heilig zu sein.

> Deshalb umgürtet die Lenden eurer Gesinnung, seid nüchtern und hofft völlig auf die Gnade, die euch gebracht wird in der Offenbarung Jesu Christi! Als Kinder des Gehorsams passt euch nicht den Begierden an, die früher in eurer Unwissenheit herrschten, sondern wie der, welcher euch berufen hat, heilig ist, seid auch ihr im ganzen Wandel heilig!
>
> 1. Petrus 1,13-15

Als Hilfestellung, um unseren Gefühlen nicht vollkommen ausgeliefert zu sein, gab Gott Ordnungen und Autoritäten, denen wir uns unterordnen müssen – oder viel mehr dürfen. Für das menschliche Leben gab er Ordnungen für den Staat, den Arbeitgeber, die Eltern oder auch den Ehemann (obwohl ich sehr viel positive Korrektur von meiner lieben Ehefrau bekommen darf). Für das geistliche Leben gab er Führer in der Gemeinde und vor allem das Wort Gottes. Ihm müssen wir uns beugen, ihm müssen wir folgen, egal, was uns die Gefühle sagen.

Wenn dich die Gefühle zum Aufgeben verleiten wollen oder zum weiteren Verharren in der Sünde, so sei dir bewusst, dass alles, was sie dir einreden wollen, eine Lüge ist, durch die dich der Teufel weiter in Gefangenschaft halten will. Wenn dir deine Gefühle den Glauben an den Sieg nehmen wollen, so sei dir ebenfalls bewusst, dass Gott fähig ist, dir einen festen und entschlossenen Geist zu schenken. Hoffe völlig auf die Gnade – die jetzige und die zukünftige – und der Zeitpunkt wird kommen, an dem Gott dich zum Sieg führen wird. Seine Gedanken sind gute Gedanken, auch wenn es gegen unser Empfinden geht.

> Der Gott des Friedens aber, der den großen Hirten der Schafe aus den Toten heraufgeführt hat durch das Blut eines ewigen Bundes, unseren Herrn Jesus, vollende euch in allem Guten, damit ihr seinen Willen tut, indem er in uns schafft, was vor ihm wohlgefällig ist, durch Jesus Christus, dem die Herrlichkeit sei von Ewigkeit zu Ewigkeit! Amen.
>
> Hebräer 13,20-21

Folgende vier Bücher haben mir persönlich außerordentlich weitergeholfen:

1. Erwin Lutzer: *Das widerspenstige Ich*

2. William MacDonald: *Der vergessene Befehl: Seid heilig!*

3. Richard Taylor: *Diszipliniert leben – aber wie?*

4. Ronald Dunn: *Immer nur auf und ab?*

6 Ehe – wenn es im Kern nicht gut läuft

Einmal – ich war etwa 20 Jahre alt – besuchte ich einen erfahrenen Bruder, einen wirklichen Felsen in Christus. Ich hatte damals noch sehr romantische und unrealistische Vorstellungen von der Ehe. Deshalb konnte ich die folgende Aussage des reifen Bruders damals noch nicht verstehen. Er sagte: »Eine gute Ehe ist viel Arbeit!« Ich dachte damals noch, dass das Finden des Ehepartners das Hauptproblem ist und nicht das Leben in der Ehe. Heute weiß ich, dass das Gelingen der Ehe auch unter Christen keine Selbstverständlichkeit ist. Das Christsein gibt uns die Chance, die Dinge besser zu machen, ist aber keine Garantie dafür. Dementsprechend habe ich in diesem Bereich unter Christen viel Not beobachtet und auch das Scheitern von Ehen. Insgesamt schaut es in diesen Ehen natürlich viel besser aus als in der Welt, in der bereits um die Hälfte der geschlossenen Ehen wieder geschieden werden. Trotzdem bedeutet die Ehe aufgrund Ihrer Ausschließlichkeit, Länge und Intimität für uns unvollkommene Menschen eine große Herausforderung. Es ist einfach eine Tatsache, dass Probleme, Frust und Unerfülltheit auch unter Christen weit verbreitet sind. Demgegenüber gibt es nichtgläubige Paare, die ihr Leben Jesus Christus nicht anvertraut haben und trotzdem eine gute Ehe führen. Wir werden später noch sehen, warum das so sein kann.

In einem Vortrag hörte ich: Die Ehe kann der Himmel oder die Hölle auf Erden sein. Man kann es auch so ausdrücken: Auf die Frage: Würdest du deinen Partner wieder heiraten? gibt es nur drei Antworten: *Ja, Ja, aber ... !* und *Nein!* Ich gehe davon aus, dass du die zweite oder gar die dritte Antwort geben würdest, sonst hättest du ja dieses Kapitel nicht aufgeschlagen. Irgendetwas ist schief gelaufen und Ihr beide, die Ihr Euch ja einmal geliebt habt (und es wahrscheinlich immer noch tut), seid in einer Sackgasse, die erträglich oder auch unerträglich sein kann. Der Gedanke an eine Trennung vom Partner drängt sich immer mehr auf.

Wir wollen das Thema ganz realistisch angehen, da auch die Schrift realistisch vom Menschen spricht und Krisen, in welchen Bereichen auch immer, einfach zum Leben in dieser gefallenen Welt dazugehören. Sie dürfen sein, sie sollen sein und sie können überwunden werden. Wir brauchen uns dafür nicht zu schämen, sondern es wäre unnormal, wenn es nicht so wäre. Verdrängen oder in der Gemeinde eine heile Welt vorspielen helfen hier nicht weiter, sondern verhindern – im Gegenteil – eine gesunde Auseinandersetzung. Die Probleme wachsen weiter und kommen erst recht wieder an die Oberfläche, nur dieses Mal noch größer und damit noch schwieriger zu lösen. Es gilt das Prinzip: Je früher wir unser Problem verstehen und einordnen können, desto besser ist es. Viele Ehen scheitern oder sind schlechter als sie sein könnten, nur weil man nicht weiß, was überhaupt das Problem ist und was man dagegen tun könnte. Auch wenn die Krise als einzigartig erlebt wird, ist sie nicht einzigartig. Viele hatten schon genau dasselbe Problem und meistens könnte ein gutes Buch oder das Gespräch mit einem erfahrenen Seelsorger in der Anfangsphase die Ursachen der Not sehr schnell aufdecken und Lösungsansätze anbieten. Die größte Schwierigkeit liegt nicht in den Umständen oder in den Unarten des Partners, sondern in der nicht vorhandenen Bereitschaft, sich der Not zu stellen und an sich und an der Ehe zu arbeiten. Unser Fleisch ist bequem und vermeidet Veränderungen, auch wenn das bis zum Scheitern führen kann.

Einmal sagte ich zu einem Bruder: »Wenn du so weiter machst, wirst du deine Frau verlieren!« Er hat so weiter gemacht und sich nichts sagen lassen. Inzwischen ist diese Ehe geschieden. Es wird mir immer ein Rätsel bleiben, warum er nicht dazu bereit war. Es gibt aber auch genau das Gegenteil davon: Nach zehn Jahren kam ein Ehepaar in eine schwere Krise. Vorwürfe, Frustration, hitzige Diskussionen, die zu nichts führten, und ein unbefriedigendes Sexualleben waren an der Tagesordnung. Heute sind die beiden über zwanzig Jahre verheiratet und ein Vorbild in Sachen Ehe. Das ist aber nicht von selbst geschehen, sondern beide haben mit Gottes Hilfe umgedacht und neu begonnen. Hier liegt auch unsere große Chance als Christen und gleichzeitig unsere große Verantwortung. Deshalb auch zu Beginn dieses Kapitels meine Frage: Bist du bereit, dich dem Problem zu stellen und alles zu tun, um deine Ehe zu verbessern oder gar zu retten?

Stelle dir diese Frage vor Gott, Deinem Schöpfer und Herrn, und entscheide dich dafür, noch einmal ganz neu innere Energie und Glauben in dieses Thema zu investieren.

Grundsätzliche Problemursachen und Lösungsansätze

Die Konstellation der Partner

Damit ist das Temperament und der Charakter sowie die Hintergrundprägung der Partner gemeint. Sind beide extrovertiert veranlagt, werden sie bei Auseinandersetzungen größere Probleme haben als wenn einer von ihnen ein eher stiller Typ ist. Er wird die ersten »Attacken«, die vom Partner kommen, auffangen und stehen lassen. Möchte ein Partner jeden Tag den Mount Everest besteigen, dem anderen hingegen sind am Abend schon die paar Schritte vom Auto zum Sofa vor dem Fernseher zu viel, werden sie ein Problem haben. Hatte der eine Hippies als Eltern und wurde der andere streng kleinbürgerlich geprägt, gibt's wieder ein Problem, obwohl beide Christen sind. Auch wenn eine längere Vorbereitungsphase vor der Ehe stattgefunden hat, wissen wir zum Zeitpunkt der Heirat vieles über unseren Partner nicht – und umgekehrt. Die Desillusionierung kann sogar schon in den Flitterwochen beginnen oder in den ersten Jahren. Deshalb kann sich schon die erste Phase der Ehe als schwierig erweisen, weil man erst einmal mit der Realität zurechtkommen muss. Das ist aber etwas ganz Normales und Wertvolles, da müssen alle durch, und das ist das Tor zu einer reifen und wachsenden Liebe, die wirklich Bestand hat.

Viele Ehen sind mit zu hohen Erwartungen belastet, die in den Partner hineingelegt wurden, aber von vorneherein zum Scheitern verurteilt sind. Jede noch so vorbildliche und wertvolle Perle ist nämlich nur – welche Binsenweisheit – ein fehlerhafter Mensch mit einem ganz bestimmtem Charakter und einer ganz bestimmten Vorprägung, die immer da sein und zum Vorschein kommen werden. Natürlich leben wir als Christen in der Heiligung und unter der Korrektur des Heiligen Geistes. Doch wir können und sollen den Partner nicht total ändern und einen anderen Menschen aus ihm machen. Enttäuschung ist also irgendwann und wahrscheinlich eher am Anfang der Ehe angesagt. Probleme aufgrund der Begrenztheit und Fehlerhaftigkeit sind demzufolge etwas ganz Normales. Es geht darum, wie wir damit umgehen und ob wir den anderen aus der Tiefe unseres Herzens und mit Hilfe des Heiligen Geistes so annehmen können, wie er ist. Das gilt jetzt vor allem für seine Person in der Gesamtheit, nicht für einzelne Sünden und zerstörerische Verhaltensweisen, die Gottes Wort widersprechen.

Gewisse Pattstellungen und immer wieder auftretende Schwierigkeiten aufgrund der Persönlichkeiten der beiden Partner werden sich nie ganz lösen lassen. Starke Charaktere werden öfters eine Meinungsverschiedenheit haben als konfrontationsvermeidende Menschen. Bei jenen staut sich der Ärger dafür oft im Inneren auf. Diese Situationen werden immer wieder kommen. Da muss man einfach lernen, immer besser damit umzugehen und Verletzungen aus Wut oder Neid zu vermeiden. Andere Dinge – wie nicht heruntergeklappte Klodeckel oder Ähnliches – muss man einfach irgendwann tolerieren und akzeptieren. Ich z. B. bin sehr gerne pünktlich und neige dazu, meine Frau und die Kinder anzutreiben, damit wir zeitgerecht ins Auto kommen und wegfahren können. Meine Frau neigt eher dazu, auf den letzten Drücker das Haus zu verlassen. Beides nervt, wird aber trotzdem bei uns immer wieder der Fall sein. Die Lösung geht also viel eher in die Richtung, wie wir damit umgehen, als dass wir immer wieder vom Unvermeidbaren enttäuscht sind und es nicht wahrhaben wollen.

Tatsache ist, dass die Qualität der Ehe, die wir in Zukunft führen werden, sehr davon abhängt, wie wir mit den Phasen der Enttäuschung und dem Wunsch nach dem Anderssein des Partners umgehen. Viele unbewältigte und nicht überwundene Verletzungen werden aus dieser Phase in die nächsten Jahre des gemeinsamen Lebens mitgenommen und verstärken sich sogar noch. Handlungen und Verhaltensschemata sind die Folge, die in negativer gegenseitiger Wechselwirkung die Freude am Partner einschränken und das Niveau der Ehe in der Mittelmäßigkeit einzementieren. Kommen dann noch andere Faktoren dazu wie Probleme mit den Kindern, den Finanzen, der Verwandtschaft oder auch Überlastung im Dienst für den Herrn, von denen später noch die Rede sein wird, kann die Ehe zur Belastung werden oder gar scheitern.

Grundlegende biblische Prinzipien für die Ehe

Da die Ehe ein Bild für die Gemeinschaft und Liebe zwischen Christus und Seiner Gemeinde ist, haben wir Christen eine ganz andere Ausgangsbasis als Menschen, die die Liebe Gottes nicht erfahren haben. Natürlich werden wir vorerst stark von Gefühlen angezogen. Auch die sexuelle Anziehung spielt eine Rolle. Aber wenn wir dann die Erfahrung machen, dass Verliebtheit und Sexualität nicht die Basis für eine befriedigende Ehe sind, können wir – ganz anders als der natürliche Mensch – auf die Prinzipien der Liebe Gottes zurückgreifen. Wir wissen auch, dass der Heilige Geist uns hilft, diese Prinzipien umzusetzen. Außerdem haben wir das große Vorrecht, alle verletzten Gefühle und alle Pattsituationen konsequent dem Herrn abzugeben.

Gottes Liebe zeichnet sich dadurch aus, dass Er uns so angenommen hat, wie wir sind. Radikal und ohne Wenn und Aber. Christus hat am Kreuz die Grundlage dazu geschaffen, dass Gott diese Seine Liebe uns gegenüber voll zur Geltung kommen lassen kann. Wenn nun Er, der nur heilig und rein ist, uns mit unseren ganzen Fehlern und Sünden annimmt, wie viel mehr haben wir, die wir sündig sind, die Pflicht, diese Haltung gegenüber unserem Bruder oder unserer Schwester einzunehmen. Das ist nicht immer leicht, keine Frage. Aber es ist ein Gebot des Herrn. Je enger eine Gemeinschaft ist, desto mehr werden wir diesbezüglich herausgefordert. Das trifft ganz besonders auf die Ehe zu. Es gibt ja unter Menschen keine engere Beziehung, die sowohl Geist, Seele und auch den Leib umfasst. Es ist so wichtig, dass wir uns dafür entscheiden, die Schwächen des Partners zu akzeptieren und gleichzeitig die gefühlsmäßigen Schwierigkeiten, die wir damit haben, zuerst mit Gott und dann erst mit dem Partner zu besprechen. Dabei müssen wir uns vor Augen halten, dass der Partner ja auch uns so akzeptieren und ertragen muss, wie wir sind!

Ertragen und Vergeben

> ... mit aller Demut und Sanftmut, mit Langmut, einander in Liebe ertragend!
>
> Epheser 4,2

Ertragt einander und vergebt euch gegenseitig, wenn einer Klage gegen den anderen hat; wie auch der Herr euch vergeben hat, so auch ihr!

Kolosser 3,13

Seid aber zueinander gütig, mitleidig, und vergebt einander, so wie auch Gott in Christus euch vergeben hat!

Epheser 4,32

Die Liebe entscheidet sich für das grundsätzliche Annehmen und Ertragen des anderen und sie entscheidet sich zu vergeben, wenn konkrete Dinge zu vorgefallen sind. Alles das geschieht auf der Basis der Liebe und Vergebung, die wir durch Gott erfahren haben. Das sollte der große Unterschied zwischen uns Christen und dem Menschen sein, der Gott nicht kennt. Leben beide Partner vom Evangelium, dann kann eigentlich nicht wirklich etwas schief gehen, zumindest ist die Chance viel größer, die Probleme zu bewältigen. Vergebung bei geschehenem Unrecht und Verletzung führt dazu, dass wir Dinge nicht in uns aufstauen, weiterwachsen lassen und uns so immer wieder einholen. Das Ziel in einer Ehegemeinschaft ist, dass wir durch gegenseitiges Vergeben und Ertragen von dauerhaften Belastungen und inneren Vorbehalten gegenüber dem anderen frei sind. Beides trägt dazu bei, dass es immer wieder so wird, als ob nichts vorgefallen wäre. Anders würden die Vorkommnisse des Alltags zu einem Riesenberg anwachsen, den wir irgendwann nicht mehr überwinden können.

Paulus gibt uns eine ganz wichtige Anregung:

Zürnt und sündigt dabei nicht! Die Sonne gehe nicht unter über eurem Zorn ...

Epheser 4,26

Dieser Vers beinhaltet zwei Lehren: Es gibt einen »gesunden Zorn«, der uns hilft, Sünde, Ungerechtigkeiten, Verdrehungen und Dinge, die nicht gut gelaufen sind, anzusprechen. Das gehört auch in der Ehe zu einer gesunden Kommunikation, gewisse Vorfälle zu klären. Man muss sich auch als christlicher Ehepartner nicht alles gefallen lassen und in sich hineinfressen. Es ist geradezu eine Voraussetzung für das geistliche Verarbeiten von Problemen, dass man über sie spricht. Verdrängen über viele Jahre macht viel mehr kaputt als es zur Harmonie oder einem

echten geistlichen Klima beiträgt. Hier herrscht oft ein ganz
falsches Bild von Unterordnung.

Wir sollen dabei nicht sündigen. Sündigen besteht einmal in
der Art, wie wir unseren »gerechten Zorn« vorbringen und zeigt
sich auch darin, dass wir es zulassen, dass sich der Zorn in uns
festsetzt, uns also beherrscht und nicht wir ihn.

Die Begrenzungen des anderen anzunehmen und dankbar zu
sein für die vielen Dinge, die an seinem Wesen und Verhalten
positiv sind, hängen eng zusammen. Wir dürfen nie vergessen,
dass Satan der Verkläger der Brüder ist. Er versucht, uns ein
negatives Bild vom anderen zu vermitteln. Wenn es ihm gelingt,
uns den anderen nur noch durch eine trostlose graue Brille zu
sehen, werden wir bald nichts mehr Farbiges und Schönes an
ihm bemerken. Das ist aber oft nur eine Negativsicht und hat
wenig mit einer ausgewogenen Sicht der Realität zu tun. Es gibt
zwar völlig unkorrigierbare Menschen, aber das sind Ausnah-
men. Prinzipiell finden sich im Schatten der Schwächen, über
die wir uns so ärgern können, auch die Stärken und umgekehrt.
Deshalb ist es so wichtig, dass wir uns selbst und den Partner –
die Schwächen und Vorzüge – gut einschätzen können. So lernen
wir uns selbst und den Partner besser verstehen und können so
immer wiederkehrende negative Vorkommnisse in unserer Ehe
besser einordnen.

Da sind wir gleich beim nächsten Punkt: Die Eheprobleme
sind nicht so einzigartig, wie wir sie empfinden, sondern sind
schon viele Millionen Male in gleicher oder ganz ähnlicher Form
erlebt und bewältigt worden (oder auch nicht). Die Schemata
des Fehlverhaltens sind immer wieder dieselben, die sogenannten »Pulverfässer«. Wenn wir die Dinge laufen lassen, können
Eheprobleme zu einem Labyrinth werden. Auch für Ehen unter
Christen gelten die Gesetze von Ursache und Wirkung. Unsere
Ehen leiden genauso unter falschem Handeln wie die der Nicht-
bekehrten. Schon in der Verlobungszeit war es für mich sehr
wichtig, mich zu informieren und verstehen zu lernen, warum
mein Partner für mich teilweise nicht nachvollziehbar agiert
und reagiert. Auf Empfehlung las ich dann das Buch: »Entdecke
deine Frau!« Trotz Vorbehalte war dieses Buch für mich eine
Offenbarung. Ich konnte vieles besser verstehen und einordnen.
Ich kenne aber Männer, die bis zum heutigen Tag nicht dazu
bereit sind, solch ein Buch zu lesen oder eine Beratung aufzu-

suchen, obwohl sie es dringend nötig hätten. Stolz und Sturheit verhindern hier eine sachliche Diagnose und damit die Genesung der Ehe. Sehr oft kann kompetente, weise und liebevolle Beratung sehr schnell helfen und die Dinge wieder in die richtige Richtung bringen. Wenn Christen trotz guter Beratung keine Fortschritte machen, gibt es irgendwo einen großen Haken, doch dazu später.

Kommen wir jetzt zum wichtigsten Punkt und zum größten Unterschied zwischen christlichen und weltlichen Ehen: Unsere Einstellung zu uns selbst und zum anderen! Warum werden in der Welt so viele Ehen geschieden? Ein Grund ist sicherlich, weil sich anerkannte Ordnungen unserer Gesellschaft in einem Auflösungsprozess befinden. Ob man einfach so zusammenlebt oder heiratet und sich später wieder scheiden lässt, spielt für die gesellschaftliche Anerkennung und das berufliche Fortkommen keine Rolle mehr. Vieles, was sich früher hinter einer heuchlerischen Fassade abgespielt hat, wird heute offen ausgelebt und juckt keinen mehr.

Wirklich verändert hat sich jedoch die Beziehungsfähigkeit der Menschen. Waren früher der Staat, das unmittelbare Umfeld und die Familie Größen, in die sich der Einzelne einzuordnen hatte, scheint es jetzt geradezu umgekehrt. Die Institutionen sollen sich einordnen, um dem Einzelnen zu dienen. Das kann natürlich nicht funktionieren und deshalb wird unsere Gesellschaft weiter degenerieren. Natürlich sollen Gemeinschaftsordnungen letztlich dem Einzelnen dienen, also auch die Familie und die Ehe. Sie sind aber auch darauf angewiesen, dass der Einzelne die Gesetze der Gemeinschaftsordnung anerkennt und sich in sie einfügt. Eine Gemeinschaft kann auf Dauer nur dann funktionieren, wenn der Einzelne bereit ist, eigene Interessen hinter die der Gemeinschaft zurückzustellen. Die Hochzüchtung des Egos durch zeitgeistige Anschauungen und Philosophien, die Überbetonung von Selbstverwirklichung und Selbstannahme, die Vergötzung der Kinder, die sie von vorneherein zu einer Überbetonung ihrer Eigeninteressen erzieht, all das untergräbt unsere Gemeinschaftsordnungen und letztlich auch die Ehe. Eine Ehe, geführt von Egoisten, kann nicht wirklich gelingen, mag sie auch bestehen bleiben.

Demgegenüber haben Christen einen Herrn und Gott, der sich selbst zum Wohl anderer völlig erniedrigt hat! Und die Schrift fordert uns ganz klar dazu auf, diesem Vorbild nachzufolgen:

> Habt diese Gesinnung in euch, die auch in Christus Jesus war der in Gestalt Gottes war und es nicht für einen Raub hielt, Gott gleich zu sein. Aber er machte sich selbst zu nichts und nahm Knechtsgestalt an, indem er den Menschen gleich geworden ist, und der Gestalt nach wie ein Mensch befunden, erniedrigte er sich selbst und wurde gehorsam bis zum Tod, ja, zum Tod am Kreuz. Philipper 2,5-8

Diese Dienstgesinnung steht im krassen Gegensatz zur egoistischen Gesinnung! Wenn ich nur mein Wohl suche, wird mein Verhalten ganz anders ausschauen, als wenn ich auch das Wohl meines Partners und meiner Kinder suche. Das versteht sich ja ganz von selbst. Wenn beide Partner prinzipiell bereit sind, das Eigene zurückzustellen, wird die Qualität ihrer Ehe und der Krisenbewältigung in der Ehe eine ganz andere sein als wenn das nicht der Fall ist. Hier liegt eine der großen Chancen, die wir als Christen haben. Eine echte Diensthaltung wird uns nicht versklaven, sondern freier und losgelöster gegenüber akuten Mängeln machen, unter denen wir gerade leiden oder die gerade Thema zwischen den Ehepartnern sind. Meine Rechte und meine Wünsche werden nicht mehr ständig meinen Verstand und meine Gefühle martern.

Das heißt jetzt nicht, dass wir uns selbst aufgeben sollen, damit der andere ganz auf seine Kosten kommt und wir dabei untergehen. Nein! Wenn sich beide bewusst und immer wieder für eine dienende Haltung dem anderen gegenüber entscheiden, werden beide auch den größten Nutzen davon haben und wirklich erleben, was echte Liebe bedeutet.

Als letztes grundlegendes Prinzip gilt: Wir können nur in Gott selbst, und nicht in einem Menschen, unsere tiefste Erfüllung finden. Der Heilige Geist hat die Schleusen unseres Geistes aufgetan, um sie dann mit übernatürlichem Wasser zu füllen. Nichts Endliches kann diesen Durst des Ewigen im Menschen stillen, auch der beste Ehepartner nicht. Viele Erwartungen, die wir in der Jugend oder in der Anfangszeit unserer Ehe in den Partner gesteckt haben, werden ihre Befriedigung nur in Gott selbst finden. Diese Enttäuschung ist aber nichts Negatives, sondern befreit von Erwartungen, die nicht erfüllt werden können.

Trinken wir vom ewigen, geistlichen Wasser, dann kann das begrenzte irdische Wasser sehr viel leichter den restlichen Durst unserer seelischen und körperlichen Bedürfnisse stillen. In 1. Korintherbrief Kapitel 13 ist alles wunderbar zusammengefasst. Lies dieses Kapitel und wende es auf dich persönlich an.

Konkrete Problemsituationen und Lösungsansätze

Ganz grundsätzlich will ich anmerken, dass es mir nicht möglich ist, in dieser Kürze einen Ehe-Ratgeber zu schreiben. Gelingt es aber, das grundlegende Problem zu erkennen, kann man in dieser Richtung gemeinsam »weiterarbeiten«. Das Besprechen der Meinungsverschiedenheiten, das Lesen guter Bücher zum Thema und vor allem das Gespräch mit einem erfahrenen Seelsorger kann hier schon viel Wind aus den Segeln nehmen und schwere Verletzungen, die man sich am Anfang zumeist unbeabsichtigt zugefügt hat, vermeiden helfen.

Konkrete Probleme ergeben sich erstens aus der Unterschiedlichkeit der Partner, zweitens aus nicht bewältigten Altlasten und drittens aus konkreten Konfliktsituationen, die neu aufgetreten sind oder schon länger unbewältigt mitgeschleppt werden.

Mit Mann und Frau verhält es sich wie mit zwei Teilen, die nur zusammen ein Ganzes ergeben. Ursprünglich passten beide perfekt ineinander, weil Gott Mann und Frau vollkommen und als gegenseitige Ergänzung füreinander geschaffen hat. Durch die Sünde können diese beiden Teile nie mehr ganz zusammengefügt werden; d. h. es wird nie die perfekte Ehe geben, weil es keine sündlosen Partner mehr gibt. Damit müssen wir einfach leben. Trotzdem wird alles davon abhängen, wie wir mit den Begrenzungen umgehen und wie wir unsere an sich unvermeidbare Probleme lösen. Genauso wie in unserer Beziehung zum Herrn sind wir auch in der Ehe ein Leben lang am Lernen. Demgemäß kann die Ehe erfüllend sein, ein oberflächliches Miteinander (eine Art Arbeitsgemeinschaft) oder eine Belastung, die anfällig für Neues macht. Ist die Belastung für beide oder einen der beiden zu groß und ging es zulange über die Grenze des Erträglichen, kann es auch unter Christen zum Scheitern kommen. Das Prinzip »Was du säst, das wirst du ernten« gilt eben und gerade auch für menschliche Gemeinschaften und Beziehungen – ob Christ oder nicht.

Die Prägung, die jemand durch sein Elternhaus und durch sein Leben bis zur Ehe mitbekommen hat, spielen in unserem Denken und Verhalten eine große Rolle. So halten beide Partner Dinge für richtig oder falsch, die erst im Aufeinandertreffen mit einer anderen Haltung und Lebensweise in einer engen Beziehung störend werden. Der eine hat von zuhause mitbekommen, dass der Haushalt penibel sauber zu halten ist, der andere nimmt es aufgrund seiner Prägung nicht so genau, ohne aber die Dinge entgleiten zu lassen. Der eine ist sehr sparsam, der andere eher locker mit dem Geld, ohne dabei aber fahrlässig zu sein. So gibt es noch viele, viele Themen des Alltags, die man so oder so sehen kann und beide richtig sein können. Das macht es aber auch so schwer. Junge Leute rennen hier oft ins offene Messer, weil sie die Ursache hinter den sich daraus ergebenden Unstimmigkeiten nicht durchschauen. So können aus ständigen Kleinigkeiten große Verletzungen werden. Ein konstruktiver Austausch ohne negative Emotionen kann hier gut weiterhelfen. Sagt euch offen, was euch stört und warum es euch stört. Kompromisse und gegenseitige Anpassung können manchmal nicht so angenehm sein, sind aber viel weniger schmerzhaft als ständige Reibereien wegen Kleinigkeiten. Auf gar keinen Fall darf man das unterschätzen. Es gibt viele Dinge, die uns wichtig sind, die in der Bibel nicht direkt angesprochen werden. Wir lieben unsere bewussten und unbewussten Gewohnheiten und wollen gewisse Dinge nicht anders machen, ohne aber eigentlich zu wissen warum. Vieles ist oft nur eine Geschmacksache und man könnte das Gegenteil genauso für richtig halten. Stell dir einfach die Frage: Wie viel ist mir der andere wert? Bin ich bereit, ihm entgegenzukommen und meine Sicht der Dinge zurückzustellen? Beide sollten diese Einstellung einnehmen. Es kann natürlich nicht angehen, dass der Dominantere seine Sicht überall durchzubringen versucht. Das ist rücksichtslos! Also: Die Dinge besprechen und dann gemeinsam festlegen, wie man es in Zukunft macht. So kann man eine gefährliche Eigendynamik durch ständige Unstimmigkeiten vermeiden.

Viel tiefer gehen Altlasten aus Kindheit und Jugend bzw. aus Erfahrungen mit anderen Partnern vor der Ehe. Fehlende Liebe im Elternhaus, Missbrauch in irgendeiner Form, gescheiterte Partnerschaften oder Freundschaften vor der Ehe können die

Eheleute bald einholen und große Not bereiten. Hier wäre es ganz wichtig, schon vor der Ehe diese Altlasten anzusprechen. Es ist ein ganz großer Irrtum zu glauben, dass Probleme, die man mit sich selbst hat, durch die Ehe automatisch besser werden. Das Gegenteil kann der Fall sein! Hat man vorher nur mit sich allein zurechtkommen müssen, ist jetzt Tag für Tag und Nacht für Nacht ein Mensch im intimen eigenen Leben, der genauso seine Schwierigkeiten aufgrund seiner Vergangenheit hat und sich schwer tut, damit zurechtzukommen. Diese Altlasten sind Schwachstellen, die bei Belastungen für beide Seiten ganz überraschend sichtbar werden und große Probleme in der Ehe verursachen können. Missverständnisse und schwere Verstimmungen können dann die Folge sein. Deshalb gilt hier: Wenn ihr schon in Konflikte hineingestolpert seid, nicht einfach weiterstolpern. Das ist sehr gefährlich! Stattdessen: Offen miteinander reden und Hilfe suchen, am besten in einem Gespräch mit erfahrenen Christen. Ist die Altlast sehr schwerwiegend und steckt sie sehr tief, können Gespräche mit besonders begabten und ausgebildeten Geschwistern notwendig werden. Verborgene Persönlichkeitsprobleme werden in der Ehe ausnahmslos ans Licht kommen. Verdrängen hilft nicht weiter, wir müssen uns den Dingen stellen. Es gilt herauszufinden, woran wir arbeiten können und was wir auch in Zukunft nur in den Bereich *Vergeben und Ertragen* verweisen müssen.

Die Last des Alltags ist ebenfalls eine ständige Herausforderung für die Ehe. Normalerweise nimmt die Verantwortung im Leben des Mannes und der Frau zu. Die Kinder werden mehr und größer, die Verantwortung im Beruf und Gemeinde steigt ... Wir haben jedoch nur begrenzte Ressourcen an Zeit und Kraft zur Verfügung. Die Gefahr ist ein zunehmendes Nebeneinander, das die Ehe aushöhlt und auf Dauer sehr unbefriedigend ist. Auch Christen können dann in Ehe-Sackgassen hineingeraten. Gerade dann, wenn man dieses Problem jahrelang verdrängt hat und weit über die Grenzen hinausgegangen ist, können Risse auch in sogenannten Vorbildehen auftreten, die sich nur mühsam wieder schließen lassen. Es gilt wie überall: Besser präventiv handeln als unter Zugzwang reagieren. Es ist einfach eine Frage der Wertigkeit, ob wir zulassen, dass der Partner vom Dringlichen ganz zurückgedrängt wird. Es ist gut, wenn wir Verpflichtungen der Gesellschaft, der Gemeinde und Gott gegenüber, einnehmen, es ist schlecht, wenn dadurch unsere Ehe gefährdet ist.

Die Qualität unserer Beziehung zum Ehepartner muss in unserem herzensmäßigem Stellenwert gleich nach Gott kommen und noch vor allem anderen, also auch vor den Kindern, vor der Gemeinde und vor dem Beruf, wenn auch diese Bereiche oft mehr Zeit beanspruchen. Der Partner braucht Zeit, Zuwendung und spürbare Anerkennung und Wertschätzung. Einsparungen diesbezüglich sind auf Dauer wie ein Aderlass, mögen sie auch vorübergehend etwas bringen. Stellen wir das Dringliche immer wieder vor den Partner, wird das nicht spurlos an der Ehe vorübergehen. Also: Setze den Partner ganz bewusst vor alle anderen Beziehungen und Verpflichtungen, die du sonst noch auf dieser Erde hast. Zeige ihm immer wieder deine Liebe und nehmt Euch festgelegte Zeiten, die nur Euch gehören. Auch im Alltag sollte immer wieder Platz für gegenseitigen Austausch sein. Beide Geschlechter haben hier so ihre Schwierigkeiten. Darauf werden wir später noch zurückkommen.

Eng damit verknüpft sind die »Gefährdungen« durch den Dienst für Gott und andere Menschen. Vielleicht darf ich hier aus den Erfahrungen berichten, die viele Freunde und Bekannte einer Gründer- und Pioniergeneration gemacht haben. Rückblickend sagen viele Gemeindegründer und -mitarbeiter, dass es nicht gut war, die Ehe und die Familie radikal hinter die geistliche Arbeit zu stellen oder beides gar in Widerspruch zu setzen. Viele lange verdrängte Mankos traten dann auf einmal zutage und forderten ihr Recht. Versäumnisse in der Kindererziehung, meist einfach Zeit, können jetzt nicht mehr nachgeholt werden. Natürlich werden alle ehrlichen Eheleute und Eltern im Nachhinein Fehler eingestehen, aber wir müssen trotzdem unbedingt darauf achten, dass wir den eigenen Weinberg in Ordnung halten und nicht alle Energie in den Weinberg Gottes investieren. Beides steht nicht im Widerspruch zueinander, sondern das eine ist eine Voraussetzung für das andere. Das Reich Gottes beginnt ja nicht im geistlichen Dienst, sondern in unseren eigenen vier Wänden. Wie können wir das Evangelium verkünden und den Menschen weiterhelfen, wenn die Basis unseres eigenen irdischen Lebens, nämlich unsere Ehe und unsere Familie, nicht funktioniert? So kann es gerade unter Christen, die sich intensiv ins Reich Gottes und in Menschen investieren, zu intensiven Problemen im eigenen Familienleben kommen. Ist dieser Fall eingetreten, ist es höchste Zeit, radikal die Prioritäten zu verändern und sich darum zu kümmern, dass das eigene Leben wieder funktioniert.

Viele Aktivitäten sind oft ein Feind des wirklich Wesentlichen und dürfen nicht auf Kosten unserer Ehe gehen. Noch einmal: Unsere Familie ist kein Konkurrent zum Reich Gottes. Wenn wir uns für die Ehe entschieden haben und Gott es so geführt hat, dann ist es eine grundlegende Verpflichtung, diese Gemeinschaft auch so zu pflegen, dass sie funktioniert und niemand dabei unter die Räder kommt. Wenn wir schwer krank geworden sind, werden wir auch nicht einfach so weitermachen als ob nichts wäre, sondern wir werden uns für unseren Körper einsetzen und die entsprechenden Therapien anwenden. Genauso ist es auch mit unseren Ehen. So einfach ist das.

Weitere Schwierigkeiten unter Christen ergeben sich aus einem falsch verstandenen Rollenverständnis von Mann und Frau, speziell was die Unterordnung der Frau betrifft. Natürlich ist die im Westen praktizierte Gleichmacherei von Mann und Frau »in« und gegen Gottes Schöpfungsordnung, aber Machtausübung und Lieblosigkeit haben nichts mit Gottes Vorstellung von Ehe zu tun. Das Pochen auf die Rechte und Interessen der Frau sind ja nichts anderes als eine Reaktion auf Jahrhunderte lange Unterdrückung und Benachteiligung der Frau durch den Mann. Beides hat nichts in einer christlichen Ehe verloren. Gottes Gebote und Ordnungen haben ja nur dann einen Sinn, wenn sie mit dem rechten Geist erfüllt sind. Alles andere sind Verzerrungen und Karikaturen, die nicht zur Ehre Gottes gereichen.

Wegen eines ganz falschen Verständnisses der Rechte und Pflichten von Mann und Frau kommt es leider auch in christlichen Ehen immer wieder zu tiefgehenden Verletzungen. Nur die eigene Meinung gelten lassen, ständig die Vorstellungen der Ehefrau übergehen, ihr keine Freiheit lassen und sich in alle Bereiche, für die sie verantwortlich ist, einmischen, ist lieblos und wird eine enge und unbeschwerte Gemeinschaft in der Ehe tief untergraben. Wir Männer müssen uns vor Augen halten, was zu allererst unsere Pflicht ist. Das finden wir in folgenden einschlägigen Bibelstellen:

> Ihr Männer, liebt eure Frauen! Wie auch der Christus
> die Gemeinde geliebt und sich selbst für sie hingege-
> ben hat ...
>
> Epheser 5,25

> Ihr Männer ebenso, wohnt bei ihnen mit Einsicht
> (Weisheit, Einfühlungsvermögen, Verständnis) als bei
> einem schwächeren Gefäß, dem weiblichen, und gebt
> ihnen Ehre als solchen, die auch Miterben der Gnade
> des Lebens sind, damit eure Gebete nicht verhindert
> werden!
>
> 1. Petrus 3,7

Wenn wir unseren Partner lieben und dementsprechend behandeln, dann werden wir ihn ernst nehmen, ihm Verständnis
entgegenbringen, uns bemühen, ihm zu gefallen und ihm Gutes
zu tun. Das ist die Basis einer christlichen Ehe und nicht das
Pochen auf Buchstaben, die dazu führt, dass die Ehefrau neben
uns verkümmert und seelisch verkrüppelt.

Das Ausleben der Ordnungen Gottes schaut in verschiedenen
kulturellen Hintergründen auch verschieden aus. Wir dürfen
nicht von der damaligen patriarchalischen Gesellschaft auf unsere heutige rückschließen. Gottes Ordnungen sind dieselben,
aber wir können uns nicht gegenseitig so behandeln wie es damals üblich war. Vielleicht war es so einfacher, die Rollen und
Verhaltensweisen waren damals strikt festgelegt, wurden kaum
hinterfragt und bildeten so einen Schutz gegen Unmoral und
Auflösung der Werte. Heute leben wir in einer Auflösung. Wir
können diese aber nicht durch die Rückkehr zu patriarchalischen
Verhaltensweisen aufhalten, sondern nur durch das Ausleben
der Ordnungen Gottes in Liebe. Und das heißt: sich selbst zurückstellen, den Geist von Gottes Geboten erfassen und diesen
dann auf unsere Situation anwenden.

Ein falsch verstandenes Rollenverständnis kann auch dazu
führen, dass eine christliche Ehefrau glaubt, alles hinnehmen zu
müssen, was der Mann an Verhalten zeigt oder ihr vorschreibt.
Ein stiller und sanfter Geist ist zwar der Schmuck der Frau (wer
will schon eine Emanze, die nur ihre Rechte durchsetzen will
und alles Männliche als Angriff sieht?), hat aber nichts mit stän-
digem Stillhalten und Unterdrücken der eigenen Bedürfnisse zu
tun. Ganz im Gegenteil, wir brauchen die regelmäßige Korrektur durch den anderen. Wie sollen wir uns sonst verändern und

wachsen? Wie sollen sonst dem Mann Unarten, falsche und verletzende Verhaltensweisen und Machtmissbrauch bewusst werden, wenn er nicht darauf hingewiesen wird? Ich habe es hautnah beobachtet, dass widerspruchsloses Dulden und Hineinfressen verletzter Gefühle auf Dauer negativ und zerstörerisch sind. Irgendwann kann man es nämlich nicht mehr ertragen, aber dann kann es schon fast zu spät sein. Entweder wirken sich die vielen negativen Erfahrungen in einer prinzipiellen Ablehnung des Mannes aus oder aber der Mann ist durch fehlende Korrektur in seinem Verhalten schon so eingefahren, dass Einsicht und Veränderung viel schwerer möglich sind, als wenn den Anfängen gewehrt worden wäre. Nur Dulden und fehlende Kommunikation über das Fehlverhalten zementiert dieses Verhalten im Alltag und verstärkt es sogar zunehmend, weil der sündige Mensch soweit geht, wie man ihn gehen lässt. Es ist also nur zum Schaden und nicht von Nutzen, wenn hier nicht dagegengehalten wird. Außerdem kann es nach Jahren des Duldens zu einer heftigen Gegenreaktion kommen, sozusagen zu einem Ausbrechen, an dem schon so manche Ehe gescheitert ist. Je früher wir uns offensichtlichen Unarten des Partners entgegenstellen, desto leichter wird es für ihn sein, Korrekturbereitschaft vorausgesetzt, dass er sich in diesen Bereichen ändert und die Ehe nicht ständig zerstörerischen Verhaltensweisen ausgesetzt ist. Ein offener Austausch bei gleichzeitiger bedingungsloser Annahme des Partners ist der Schlüssel für eine gelingende Ehe.

Eine weitere Quelle der Frustration kann sich aus der gemeinsamen Sexualität ergeben. Dieses Thema ist sehr vielschichtig und diesbezügliche Schwierigkeiten können viele Ursachen haben, wie beispielsweise:

- Eine negative Sicht der Sexualität aus dem Elternhaus oder anderen Prägungen

- Sexuelle Erfahrungen vor der Ehe, also Altlasten

- Unterschiedlich intensive Bedürfnisse von Mann und Frau

- Frustration aus Zurückweisung

- Fehlende Hingabebereitschaft bei der Frau (meistens durch Verletzungen aus dem Ehealltag)

- Zuwenig rücksichtsvolles Eingehen des Mannes auf die Frau

- Unwissenheit darüber, wie Mann und Frau in diesem Bereich funktionieren

- Leistungsdenken und verletztes Ego beim Mann, oft durch unbedachte Äußerungen der Frau

- Sinkendes Begehren durch »Abnutzung«?

- Stress und die Forderungen des Alltags reduzieren das Interesse

- Ersatzbefriedigung und egoistische Sexualität durch Pornographie, besonders bei Männern.

Es gilt das Prinzip: Die Sexualität ist ein Thermometer für die Qualität der Ehe überhaupt. Meist stecken hinter sexuellen Nöten oder einer abnehmenden oder gar fehlenden Sexualität tiefere Ursachen, die die Ehe an sich betreffen. Fehlendes Vertrauen, tiefe Verletzungen, ständige Konflikte, zu wenig Zeit füreinander zeigen sich sofort in diesem Bereich. Da die Frau das Seelische (u. a. die Gefühle) nicht vom Körperlichen trennen kann, wird ihre Sexualität sehr viel an Unbeschwertheit und Intensität verlieren. Oft versteht der Mann das nicht und fühlt sich persönlich verletzt und zurückgewiesen. Wie dem auch sei, es gibt viele gute Bücher zu diesem Thema. Grundlegend kann ich nur raten, folgende Fragen zu beantworten:

- Weiß ich, wie mein Partner in diesem Bereich funktioniert und verstehe ich, worin er anders ist als ich?

- Was ist die Ursache für unsere Probleme? Bei welcher Gelegenheit oder in welcher Phase haben sie begonnen?

- Nehmen wir uns genügend Zeit, um die Ehe seelisch und körperlich auszuleben?

Ein Hauptschlüssel ist nun einmal, dass wir uns Zeit nehmen und bereit sind, Energie zu investieren. Eheleute brauchen unbedingt regelmäßige Zeit, um miteinander auszutauschen, Probleme zu besprechen, gemeinsame schöne Augenblicke und sexuelle Gemeinschaft zu erleben. Diese Auszeiten gehören nur dem

Partner und alles andere hat demgegenüber zurückzustehen, auch die Kinder oder wichtige geschäftliche Angelegenheiten. So wie die erlebte Gemeinschaft mit Gott die Ehe befruchtet, befruchtet eine gute Ehe alle anderen irdischen Bereiche unseres Lebens. Das sollten wir in unserem Zeitmanagement unbedingt berücksichtigen. Gesparte Zeit in diesem Bereich ist letztendlich verlorene Zeit.

Auch als Christen unterliegen wir der Gefahr, durch andere Männer oder Frauen angezogen zu werden. Umso wichtiger ist es also, dass wir als Ehepartner eine seelisch und körperlich erfüllende Ehebeziehung pflegen. Ganz kategorisch wollen wir festhalten, dass ein Spielen in Gedanken oder auch nur eine seelische Freundschaft zu Andersgeschlechtlichen für eine Ehe nicht zulässig sind. Die Ehe ist etwas Ausschließliches, d. h. wir sind in unserer Beziehung zum anderen Geschlecht festgelegt, nämlich auf unseren Mann oder auf unsere Frau. Die Ehe ist sozusagen ein Kompromiss, in dem unser ganzes Menschsein auf seine Kosten kommen darf. Aber es ist wahrlich nicht alles erlaubt. Der Herr Jesus sagt nicht umsonst, dass der Ehebruch schon in unseren Gedanken beginnt. Lassen wir uns hier gehen, lässt die Versuchung nicht lange auf sich warten. Begegnen wir ihr nicht mit einem klaren Nein bis sie vorbei ist, wird die innere Sünde zur Tat. Da so viel auf dem Spiel steht, kann es keinen Kompromiss geben.

Der bekannteste Fall des Ehebruchs ist die schreckliche Geschichte von David und Bathseba. David ergeht sich auf der Dachterrasse und sieht eine nackte Frau, die sich badet. Von momentaner heftiger Begierde ergriffen, lässt er sie zu sich holen, obwohl er weiß, dass sie verheiratet ist. Die Frau wird schwanger. Der Mann war längere Zeit auf Kriegszug. Das Kind kann ihm nicht untergeschoben werden. Auch auf Heimaturlaub weigert er sich in Hinblick auf seine Kriegskollegen, mit seiner Frau zu schlafen und es sich gut gehen zu lassen. So ordnet David mit einem Trick seinen Tod an und zieht sich so Gottes Zorn zu. Viele Nöte und Probleme begleiten ab diesem Zeitpunkt sein Leben. Obwohl er aufrichtig Buße tut und Gott ihm vergibt, wird es nie wieder so wie es einmal war. Dieser Geschichte können wir viele wichtige Lehren entnehmen:

Die Versuchung kommt oft überraschend und unerwartet. Niemand steht über den Dingen. Auch in einer erfüllenden

Ehesituation kann sie kommen, und noch viel mehr in einer unerfüllenden.

David ließ sich von seiner Begierde mitreißen, obwohl er sexuell sicher »ausgelastet« war. So wurde er rücksichtslos und nahm einem anderen Mann, einem treuen Krieger, die einzige Frau weg. Alles andere als ein klares Nein zur Sünde war in dieser Situation nicht angebracht. Man muss sich auch fragen, warum Bathseba für David klar sichtbar – sozusagen öffentlich – nackt badete. Durch ihren Leichtsinn entflammte sie die Begierde Davids und machte sich so an dem Desaster mitschuldig. Das weist auf die klare Verantwortung der Frau hin, sich nicht durch die Betonung ihrer Reize Selbstbestätigung zu holen und sich schuldig an unzüchtigen Phantasien anderer Männer zu machen. Ihre Reize und ihr Körper gehören nur und ausschließlich ihrem Mann. Ihm soll sie damit Freude schenken und sonst niemandem. Deshalb müssen Christinnen nicht in Schleiern oder langen Röcken herumrennen. Jede Frau soll sich jedoch bewusst sein, was sie mit freizügiger Kleidung oder auch mit Flirten und anderen Zuwendungen bei Männern auslösen kann.

Der Ehebruch führt zu einer rücksichtslosen, grausamen und den Ehepartner zerstörenden Vorgangsweise und Behandlung. Ich habe viele Beziehungen zerbrechen sehen, angefangen bei meinen Eltern, Geschwistern, Verwandten bis hin zu Bekannten und Christen. Es war jedes Mal eine Katastrophe für den, der übriggeblieben ist. Liebe und Vertrauen schwenken in Ablehnung oder gar Hass um und vieles lässt sich nicht mehr rückgängig machen, obwohl man es sich vielleicht im Geheimen so sehr wünschen würde. Das Leiden des Betrogenen kann ihn in eine tiefe Krise führen, begleitet von tiefstem Verlustschmerz und Zukunftsängsten. Auch wenn es immer wieder geleugnet und verharmlost wird: Für die Kinder ist die Trennung der Eltern ein Schock, der sie ein ganzes Leben lang begleiten wird. Vieles wie Unsicherheit in Beziehungen oder Beziehungsunfähigkeit überhaupt setzt sich dann in ihren eigenen Ehen fort.

Gottes Ordnungen sind für uns gut und bewahrend, das rücksichtslose Ausleben unserer Begierden und Triebe aber zerstörend und nicht erfüllend. Davids Verfehlung führte in seiner Familie zu einem Bruch, zu einem Verlust seiner Glaubwürdigkeit als König und geistlicher Führer und letztendlich zu Umständen, die ihn viel mehr kosteten als sie ihm brachten. Ich bin davon überzeugt, dass er die Sache oft rückgängig gemacht hätte, wenn es ihm möglich gewesen wäre. Der Preis war so hoch war, den er dafür zu bezahlen hatte. Das gilt auch für uns: Die Trennung vom Partner, den wir oft viel mehr und viel tiefer lieben als es unsere momentanen Gefühle oder unser teilweises Unerfülltsein in der Ehe glauben machen wollen, das Auseinanderreißen der gemeinsamen Zelle (Haushalt, Finanzen, alles Gemeinsame), das Leiden der Kinder unter dem Verlust eines Elternteils, die Entstehung einer eventuellen neuen Familie mit einer viel schwierigeren Ausgangslage als die ursprüngliche, all das ist eine große Belastung. Die momentane seelische und körperliche Freude wiegt sehr oft das nicht auf, was sie zerstört hat. Langjährige Ehen haben natürlich ihre Tücken und Begrenzungen, geben aber auch Sicherheit und einen Rahmen für unser Leben, von dem wir viel abhängiger sind als wir es uns oft eingestehen wollen. Das Ausbrechen zerbricht diesen Rahmen, nur um mit der Zeit einer Ernüchterung Platz zu machen.

Treulosigkeit gegenüber dem Ehepartner ist Sünde gegen Gott. David bringt das in Psalm 51,6 klar zum Ausdruck. Gott hasst Ehebruch, weil er die Treulosigkeit hasst. Jeder Ehebruch ist auch ein Bruch des Versprechens, das man sich einmal gegeben hat. Der Ehebund ist ja ein Bild für Gottes Bund mit den Seinen, das Sein Innerstes ausdrückt. Deshalb trifft eine Verletzung des Ehebundes Gottes innerstes Herz und ist somit ein zutiefst geistliches Problem.

Obwohl David sich nicht über ein unerfülltes Sexualleben beschweren konnte (er hatte ja einige Frauen) und trotzdem von der Versuchung fortgerissen wurde, müssen wir festhalten, dass ein unerfülltes Sexualleben besonders für Männer eine Gefahr darstellt. Eine Frau, die in diesem Bereich ihren Ehemann Mann sein lässt, ist eine kluge Frau und wird sich seines anhaltenden Begehrens sicher sein können.

Die Heilige Schrift hat zu diesem Thema klare Worte:

> Trinke Wasser aus deiner eigenen Zisterne und was aus deinem Brunnen quillt. Sollen nach draußen verströmen deine Quellen, auf die Plätze die Wasserbäche? Dir allein sollen sie gehören, doch keinem Fremden neben dir. Deine Quelle sei gesegnet, erfreue dich an der Frau deiner Jugend! Die liebliche

> Hirschkuh und anmutige Gemse – ihre Brüste sollen
> dich berauschen jederzeit, in ihrer Liebe sollst du tau-
> meln immerdar! Warum solltest du, mein Sohn, an
> einer Fremden taumeln und den Busen einer anderen
> umarmen?
>
> Sprüche 5,15-20

Kinder sind ein weiterer wichtiger Faktor, der das Eheleben
nicht nur bereichern, sondern auch sehr stark herausfordern
kann. Tatsächlich verändern Kinder das Leben und den Alltag
viel mehr als die Heirat. Ab dem Zeitpunkt der Geburt eines
Kindes heißt es zurückstehen und sich auf die Bedürfnisse eines kleinen und ganz auf äußere Hilfe angewiesenen Wesens
zu konzentrieren. Alles dreht sich auf einmal hauptsächlich
um den neuen Erdenbürger. Die Nächte kann man nicht mehr
durchschlafen und die Alltags- und Freizeitgestaltung richtet
sich ganz nach den Möglichkeiten des kleinen Würmleins. Das
bedeutet natürlich auch einen groben Einschnitt in das bisherige Eheleben. Hat die Frau bisher ihre ganze Liebe auf den
Mann ausgerichtet, ist sie jetzt »gezwungen«, den größten Teil
ihrer Zeit und Energie einem Baby zu widmen. Das kann dazu
führen, dass der Mann sich vernachlässigt fühlt oder gar eifersüchtig wird auf sein eigenes Kind. Vieles läuft hier unbewusst
ab, aber auch negativ und in gegenseitiger Wechselwirkung. Es
kann nämlich passieren, dass sich die Frau nicht nur äußerlich
mehr auf das Kind konzentriert, sondern auch in ihrem Herzen
der Mann auf einmal nach dem Kind kommt. Vor allem, wenn
seelische Mankos in der Ehebeziehung da sind, ist die Gefahr
groß, dass die Frau ihre ganzen Gefühle, seelischen Bedürfnisse
und Erwartungen auf das Kind richtet. Dadurch fühlt sich der
Mann ausgeschlossen, zurückgewiesen und zieht sich zurück
und verfolgt jetzt intensiv seine Interessen oder sucht anderswo
Gesellschaft. Es kommt also unsichtbar, und ohne dass es den
beiden wirklich bewusst ist, in ihrer inneren Herzensbeziehung
zu einem Riss, der sich zunehmend vergrößern kann. Die un-
befriedigende Situation kann dazu führen, dass sich die Frau
noch mehr mit dem Kind beschäftigt, das jetzt auf einmal ihr
Lebensinhalt wird. Dadurch setzt auch der Mann seinen falschen
Weg fort usw. Nörgeln, Streitigkeiten folgen und die Qualität
der Ehe pendelt sich auf einem niedrigeren Niveau ein. Gerade
Paare, die ihr erstes Kind bekommen haben, sollten hier sehr

vorsichtig sein. Die gemeinsame Zeit und ein offener Austausch dürfen gerade jetzt nicht vernachlässigt werden. Leider neigen Männer dazu, ihre Gefühle zu wenig auszudrücken, sodass der bereits beschriebenen Eigendynamik Tür und Tor geöffnet ist. In Bezug auf die Kinder gilt das Prinzip: Der Partner kommt vor den Kindern! Das ist keine Herabsetzung der Kinder, sondern die Basis für ihre gesunde Entwicklung. Ein Zuhause, in dem die Eltern in einer herzlichen Liebesbeziehung miteinander verbunden sind, gibt den Kindern Sicherheit und auch ein Bild von Liebe, das sie selbst in ihr Erwachsenenleben mitnehmen und weitergeben können. Das Heim mit den sich liebenden Eltern wird solch ein Zufluchtshafen, den sie ihr ganzes Leben lang anlaufen dürfen. Eine Bevorzugung der Kinder gegenüber dem Partner führt zu einem Riss in der Ehe, der unweigerlich auch auf die Kinder seine negativen Folgen hat. Das gilt auch und ganz besonders für die sogenannten Patchwork-Familien, in denen sich zwei Familien zu einer neuen zusammenschließen. Die Ausgangslage ist hier noch viel schwieriger und die Herausforderungen dem gemäß noch viel größer. Deshalb brauchen die Kinder in den (neuen) Eltern noch viel mehr einen sicheren Rückhalt. Für Christen lautet also die Rangordnung: Zuerst Gott als Basis für die Ehebeziehung, dann der Partner als Basis für die Kinderbeziehung.

Auch die konkrete Erziehung der Kinder selbst kann zu Spannungen führen. Paulus beschreibt die Rolle der Mutter und des Vaters in folgenden Versen:

> ... obwohl wir als Christi Apostel gewichtig hätten auftreten können; sondern wir sind in eurer Mitte zart gewesen, wie eine stillende Mutter ihre Kinder pflegt. So, in Liebe zu euch hingezogen, waren wir willig, euch nicht allein das Evangelium Gottes, sondern auch unser eigenes Leben mitzuteilen, weil ihr uns lieb geworden wart.
> ... wie ihr ja wisst, dass wir euch, und zwar jeden einzelnen von euch, wie ein Vater seine Kinder ermahnt und getröstet und beschworen haben, des Gottes würdig zu wandeln, der euch zu seinem Reich und seiner Herrlichkeit beruft ...
>
> 1. Thessalonicher 2,7-8; 11-12

Die Mutter ist also normalerweise eher zart und von ihren tiefen Gefühlen der Liebe zum Kind bestimmt. Ihr ganzes Trachten geht dahin, die momentanen Bedürfnisse des Kindes zu stillen und für das Kind da zu sein. Der Vater neigt eher dazu, dem Kind die richtige Ausrichtung zu geben, es zu ermahnen und mit ihm das korrigierende oder tröstende Gespräch zu suchen, falls etwas Bestimmtes vorgefallen ist. Beides ist für das Kind ganz wichtig und kein Widerspruch, sondern jeweils die andere Seite der Medaille. Demgemäß neigen aber die Mütter dazu, die Kinder zu verwöhnen, und die Väter neigen dazu, zu streng zu sein und die Gefühle des Kindes zu verletzen. Nicht umsonst ermahnt Paulus die Väter, die Kinder nicht zu reizen, d. h. sie zu überfordern und über ihre Gefühle »drüberzufahren« und sie so mutlos, rebellisch und widerspenstig zu machen (Kol 4,21). Diese verschiedenen Aspekte der Erziehung, die tief aus dem Herzen und der unterschiedlichen Veranlagung von Mann und Frau kommen, können aber das Eheleben belasten, indem einer dem anderen Vorwürfe macht und seinen Beitrag zur Erziehung der Kinder nicht schätzt oder gar vor den Kindern kritisiert. Lässt sich das nicht lösen, setzt sich meist einer der Partner mit seinen Ansichten durch. Das ist natürlich nicht gut, weil ja dann ein Aspekt abgeht. Die Kinder werden also verwöhnt oder zu streng erzogen. Viel besser wäre der offene Austausch der Eltern (nicht vor den Kindern), damit sie sich gegenseitig korrigieren und einig werden können. Das hat viel mit gegenseitiger Wertschätzung zu tun. Die eine Seite abzuwerten und die eigene Praxis durchzusetzen ist lieblos und eine Zurücksetzung des Partners an sich. Beides hat seine volle Berechtigung, beides hat natürlich auch seine Gefahren und beides bedarf der Korrektur. Vater und Mutter stehen in einem Lernprozess, in dem auch Fehler gemacht werden. Ich weiß z. B., dass ich oft viel zu streng war, und kann heute meine Kinder gelassener erziehen als früher. Trotzdem waren meine Frau und ich uns immer prinzipiell einig und machten und machen den Wachstumsprozess in Sachen Erziehung unserer Kinder gemeinsam durch. Ich schätze den Beitrag meiner Frau am Gedeihen der Kinder sehr und weiß, dass ich dazu gar nicht in der Lage wäre, und ich denke, dass es umgekehrt auch so ist.

Die Rollen können sich auch vertauschen, sodass die Mutter die konsequentere ist und der Vater der nachgiebigere, der immer mit offenen Armen für die Kinder bereitsteht. Das Prinzip ist auch dann, dass die Eltern gemeinsam die Kinder erziehen und sich dabei wertschätzen sollen. Gegenseitige Korrektur gehören natürlich dazu, aber nicht vor den Kindern. Fehler in der Erziehung lassen sich nicht vermeiden, die Einigkeit der Eltern den Kindern gegenüber gibt ihnen aber die Sicherheit, die sie brauchen. Erwachsene Kinder aus christlichem Elternhaus erzählten mir, dass es für sie immer besonders schwer war, wenn sich die Mutter vor ihnen über die zu strenge Erziehung des Vaters beschwerte und ihm widersprach. Mehrmals wiesen sie sie dann darauf hin, dass ihnen die Ungerechtigkeiten des Vaters immer noch lieber wären als die Konflikte der Eltern wegen dieser Ungerechtigkeiten. Das hat mich sehr nachdenklich gemacht und mir gezeigt, dass sich Kinder im Grunde gemeinsam agierende Eltern wünschen.

Ein echtes Pulverfass für die Ehe sind die Eltern bzw. die Schwiegereltern. Normalerweise ist ja die Beziehung auch von Erwachsenen zu den Eltern sehr eng. Zunehmend findet man sich in ihnen wieder und versteht, dass vieles im eigenen Leben – also Ansichten, Charakterzüge und Verhaltensweisen – von den Eltern und Großeltern herkommen. Wir haben ja schon von den Prägungen des Elternhauses gesprochen, und dass sie unsere Ehe belasten können. Jetzt geht es aber eher um folgende Situationen:

- Ein Partner kann sich nicht von den Eltern loslösen, sodass sie den gleichen oder gar höheren Stellenwert als der Mann oder die Frau einnehmen.

- Die Eltern oder Schwiegereltern mischen sich immer wieder in das Leben des Ehepaares ein.

- Die Schwiegereltern akzeptieren ihr Schwiegerkind nicht und untergraben so die Ehe.

- Die eigenen Eltern sind dem Ehepartner schlichtweg unsympathisch, was zu Spannungen und Reibereien führt.

Letztendlich stimmt es traurig, dass es so viele Schwierigkeiten zwischen erwachsenen Kindern und den Eltern gibt. Ein Grund findet sich darin, dass die Eltern nicht loslassen können. Sie beruhen auf eigene Lebensvorstellungen in Bezug auf Besitz, in der Übergabe von Firmen und landwirtschaftlichen Betrieben. Die Eltern müssen oft in großen Häusern alleine leben, weil es einfach nicht möglich ist, mit den Jungen in Frieden in einem Haus zu sein, auch wenn beide Seiten es prinzipiell wünschen würden. Die berühmt-berüchtigte Ekelhaftigkeit der Schwiegermutter ist leider wirklich oft zu beobachten. Gerade Frauen fällt es manchmal schwer loszulassen, weil ihr ganzes Herz entweder am Kind oder am Besitz oder am Enkelkind hängt. So kann es dann zu unnüchternen Verhaltensweisen kommen, die eher zerstörend sind als eine Hilfe für die erwachsenen Kinder.

> Darum wird ein Mann seinen Vater und seine Mutter verlassen und seiner Frau anhängen, und sie werden zu *einem* Fleisch werden.
>
> 1. Mose 2,24

Dieser sehr bekannte Vers zeigt, was Ehe eigentlich ist: Es ist das Verlassen der alten Zelle und das Gründen einer neuen. Damit das Neue möglich ist, muss zuerst das Alte losgelassen werden. Es muss beiden Seiten klar sein, dass jetzt für die Jungen die neue Familie Vorrang vor der Stammfamilie hat. Das heißt auch, dass der Ehepartner Vorrang hat vor den eigenen Eltern. Da aber die Bindung zu den Eltern sehr tief sein kann, ist das nicht immer eine Selbstverständlichkeit. Dazu kommt, dass der Lebensstil und das Denken der Eltern, die einen ja grundlegend geprägt haben, vom Empfinden her immer noch näher sind als die des Ehepartners. Das führt dann natürlich zu Spannungen und Eifersucht. So ist es unabdingbar, dass sich beide Partner dafür entscheiden, im Herzen den anderen vor die Eltern zu stellen, auch wenn es gefühlsmäßig vorübergehend anders ausschauen kann. Das heißt auch, dass man sich nach dem ausrichtet, was der Partner will und nicht nach dem, was die eigenen Eltern wollen. Genau darin zeigt es sich nämlich, wer welchen Stellenwert innehat. Wollen die Eltern das nicht wahrhaben und versuchen, das eigene Kind in ihrem Sinne zu beeinflussen, oder sich in den Alltag der neuen Zelle ständig einzumischen, muss ihnen das ganz klar und deutlich verwehrt werden. Hier ist es besser, den lieben Frieden einmal aufs Spiel zu setzen, als eine ungesunde Konstellation zu fördern, die die neue Familie nur ständig belastet und nicht fördert. Wie gesagt – und ich sage es ganz offen – fehlt den Eltern oft die Großherzigkeit und wirkliche Liebe, sich selbst zurückzunehmen. Vieles, was unter dem Deckmantel der Liebe zum Kind geschieht, ist oft nur versteckter Egoismus. Das klingt hart, aber anders kann ich mir viele Beobachtungen nicht erklären.

Andererseits ist es wichtig, die enge und herzliche Beziehung, die der Ehepartner vielleicht zu den Eltern hat, nicht als persönlichen Angriff zu werten oder gar eifersüchtig auf die Schwiegereltern zu sein. Man darf ja nie vergessen, dass diese Beziehung die engste für den Partner war, bevor er geheiratet hat. Ein offener Austausch über die Gefühle und Verletzungen diesbezüglich hilft sehr, vor allem, wenn die Rangordnung für den Partner ganz klar ist (Partner vor Eltern).

Insgesamt gesehen ist es für eine Ehe eine große Belastung, wenn sich ein Partner nicht von den Eltern lösen kann und deren Meinungen und Ansichten immer wieder den der Frau oder des Mannes vorzieht. Noch problematischer ist es, wenn die Eltern das Schwiegerkind ablehnen, und das eigene Kind diesbezüglich beeinflussen. So eine Situation kann nur darauf hinauslaufen, dass das Ehepaar zusammensteht und es nicht zulässt, dass die Ehe untergraben wird.

Ich versuche, mögliche Ursachen und Fehler für Krisensituationen bewusst zu machen. Vieles läuft unbewusst ab. Die Nöte schreiten fort, ohne dass beide wissen, warum das eigentlich so ist und was man dagegen tun kann. In der beschriebenen Situation kann es nur eine Lösung geben: Der von den Eltern beeinflusste Partner muss sich unmissverständlich und für alle Seiten sichtbar auf die Seite seiner Frau oder ihres Mannes stellen. Geschieht das nicht, wird sich die Qualität der Ehe verschlechtern. Der Abgelehnte wird zunehmend verunsichert und fühlt sich in der Ehe nicht mehr geborgen, da sich der eigene Partner zusammen mit den Schwiegereltern gegen ihn zu stellen scheint oder es tatsächlich immer wieder tut.

Ein anderer Aspekt für christliche Ehen ist die Frage, wie wir prinzipiell den Eltern und Schwiegereltern begegnen sollen, wenn sie z. B. nicht gläubig oder auch unsympathisch oder gar beides sind. Gott hat uns ein klares Gebot gegeben, das für jede Situation gilt:

> Ehre deinen Vater und deine Mutter, damit deine Tage lange währen in dem Land, das der HERR, dein Gott, dir gibt.
> 2. Mose 20,12

Gerade wenn wir den Herrn kennen, wird es uns nicht egal sein, dass der Herr von uns Respekt und Dankbarkeit den Eltern gegenüber fordert. Vielleicht machst du deinen Eltern innerlich schwere Vorwürfe, weil sie in der Kindheit manches falsch oder sich dir gegenüber wirklich schuldig gemacht haben. Vielleicht ist ihr Einfluss auf deine Ehe nicht gut und du musst dich immer wieder abgrenzen usw. Nichtsdestotrotz sollen wir unseren Eltern oder Schwiegereltern eine vergebende und ehrende Haltung entgegenbringen. Im Normalfall haben wir ihnen viel zu verdanken und viele Fehler, die sie an uns begangen haben, erklären sich aus ihrer eigenen Geschichte heraus bzw. aus der Tatsache, dass sie damals den Herrn nicht gekannt haben oder immer noch nicht kennen. Auch wenn wir es als Christen nicht zulassen dürfen, dass der Einfluss unserer Eltern auf unser eigenes Leben zu groß wird, wollen wir sie dennoch lieben und alles Trennende – sofern es an uns liegt – ausräumen. Sie brauchen uns zunehmend immer mehr und werden bald auf uns angewiesen sein. Jetzt ist die Zeit, wo wir Vieles wieder zurückgeben können. Jetzt ist auch die Zeit, wo wir Vergangenes durch Vergebung zurücklassen sollen, und jetzt ist die Zeit, dass wir – sofern es uns möglich ist – für sie da sind und ihnen helfen und dienen. Paulus gebraucht hier ziemlich deutliche Worte:

> Wenn aber eine Witwe Kinder oder Enkel hat, so mögen sie zuerst lernen, dem eigenen Haus gegenüber gottesfürchtig zu sein und Empfangenes den Eltern zu vergelten; denn dies ist angenehm vor Gott.
>
> 1. Timotheus 5,4

> Wenn aber jemand für die Seinen und besonders für die Hausgenossen nicht sorgt, so hat er den Glauben verleugnet und ist schlechter als ein Ungläubiger.
>
> 1. Timotheus 5,8

Falls unsere Eltern noch nicht gläubig sind, kann die Liebe, mit der wir ihnen begegnen, der letzte Anstoß für sie sein, ihr Herz dem Herrn zu öffnen. Seien wir gütig und barmherzig, lassen wir uns nicht von den Altlasten oder bestehenden Problemen mit den Eltern regieren, sondern zeigen wir ihnen die Liebe Gottes. All das fällt viel leichter, wenn wir als Ehepaar zusammenstehen und nicht in Konkurrenz zu den Eltern leben müssen, weil die Prioritäten zwischen den Ehepartnern ganz klar sind.

Zum Schluss wollen wir noch falsche Muster betrachten, die sich besonders beim Mann oder der Frau immer wieder zeigen. Natürlich ist das jetzt sehr allgemein gehalten, aber da Mann und Frau verschieden sind, neigen sie auch zu verschiedenen Arten des Versagens. Gleich vorweg: Für alle angeführten Punkte gibt es folgende Lösungsansätze, nämlich der offene Austausch, das Lesen guter Bücher und das Gespräch mit erfahrenen Christen. Ich kann hier nur aufzeigen und dazu beitragen, dass ihr das Problem, das eure Ehe belastet, findet. Für eine tiefgehende Lösung ist das Thema aber viel zu vielschichtig und der Platz zu knapp.

Männer

- Männer sind in Gefahr, an den tiefen gefühlsmäßigen Bedürfnissen der Frau vorbeizugehen und sie deswegen zu enttäuschen und zu verletzen. Da eine Frau normalerweise viel ganzheitlicher denkt und fühlt als ein Mann, hat sie auch ganz andere Vorstellungen und Empfindungen bezüglich der konkreten Ehebeziehung. Viele Männer wissen oft gar nicht, worum es bei Diskussionen diesbezüglich überhaupt geht und warum ihre Frau frustriert und unglücklich ist. Deshalb ist es so wichtig, verstehen zu wollen und zu lernen, was im anderen vorgeht und wie er »funktioniert«. Wir gehen unbewusst davon aus, dass die Art, wie wir empfinden und wie wir denken die richtige ist. Unser Partner wird uns schnell eines anderen belehren. Ich habe vorher das Wollen angesprochen. Viele Männer meinen nämlich, dass eh alles passt und sind nicht bereit, sich mit Problemen auseinander zu setzen, die sie nicht verstehen und nachvollziehen können. Und hier beginnen sie, sich schuldig zu machen und zu einer dauerhaften Minderung der Qualität beizutragen.

- Männer haben ein Kommunikationsproblem! Wir kennen ja alle das Szenario: Er kommt müde und ausgelaugt von der Arbeit heim und ist froh, jetzt endlich abschalten zu dürfen. Sie wartet nur darauf, dass er endlich nach Hause kommt, um ihm alles, was heute mit den Kindern und anderweitig passiert ist, erzählen zu können. Bald merkt sie, dass er sehr einsilbig antwortet und ist enttäuscht, weil er lieber seine Ruhe haben will. Das Problem ist verständlich und nachvollziehbar. Die Wurzeln liegen aber viel tiefer. Männer haben nämlich an und für sich kein so starkes Bedürfnis, ihre Gefühle und Erlebnisse mitzuteilen wie Frauen. Das führt natürlich zu Frustrationen seitens der Frauen. So ist der Mann gefordert, sich in diesem Bereich zu bemühen und sich mehr mitzuteilen, und die Frauen sind gefordert, aus den Männern nicht Frauen machen zu wollen. Da es wegen der Verschiedenartigkeit von Mann und Frau in ihrer Beziehung auch Grenzen gesetzt sind, ist es niemals ein Schaden, wenn Männer Männerfreundschaften pflegen und Frauen Frauenfreundschaften. Das kann vieles ausgleichen und schraubt die gegenseitigen Erwartungen herunter.

- Männer neigen zu Machtausübung, Lieblosigkeit und Egoismus. Schon im Fluch nach dem Sündenfall sagt Gott zur Frau, dass ihre Sehnsucht nach dem Mann sein und er sie aber beherrschen wird. Zu diesem Thema und den Prinzipien einer christlichen Ehe haben wir schon Einiges gesagt.

- Männer neigen zu Bequemlichkeit und leben die Pflichten eines Mannes in Ehe und Familie oft zu wenig aus. Der Mann führt gerne sein Eigenleben. Er ist dankbar für den Rückhalt, den er durch seine Familie hat und möchte sie nicht missen. Andererseits fühlt er sich mit Beruf und Hobbies ausgelastet und ist unbewusst oder bewusst wenig bereit, auch noch in die Familie allzu viel Energie zu investieren. Daraus ergeben sich natürlich für die ganze Familie grundlegende Defizite.

Frauen

- Frauen neigen zum sprichwörtlichen Nörgeln, da sie in der Beziehung oft enttäuscht und unerfüllt sind, und genau wissen, was in der Beziehung falsch läuft und was der Mann anders machen sollte. Da der Mann nicht immer gleich versteht, worum es geht, oder gar nichts mit der ständigen Kritik anfangen kann, zieht er sich zurück, ist verletzt und ratlos. Das fördert aber nicht die Ehebeziehung, deshalb muss die Frau unbedingt darauf achten, ständige Kritik und Nörgeleien zu vermeiden. Das ist nämlich der sicherste Weg, den Mann immer weiter von sich weg zu treiben und ihre Unerfülltheit ständig noch größer zu machen. Nicht umsonst steht in der Bibel, dass es besser ist, in einem Dachboden mit undichtem Dach allein zu leben als in einem schönen Haus mit einer zänkischen Frau. Auch wenn sie im Recht ist, ist eine direkte Konfrontation oft nicht sinnvoll. Der Umweg über liebevolle Begegnungen und »gute Werke« ist bei einem Mann viel sinnvoller und führt viel eher dazu, dass er sich öffnet und sich daraus Gemeinschaft und erfülltes Zusammensein ergibt.

- Frauen neigen dazu, nicht loslassen zu können. Die größte Stärke der Frau, nämlich ihre Fähigkeit sich der Familie hinzugeben, wird somit zur größten Schwäche. So kann es zu emotionalen Reaktionen und verletzendem Verhalten kommen. Es fehlt also manchmal an dem notwendigen nüchternen Abstand, der die Dinge ausgewogener erscheinen und einen selbst ausgewogener handeln lässt. Da ich selbst ein emotionaler Mensch bin, kann ich das sogar als Mann sehr gut verstehen. Deshalb weiß ich aber auch, dass emotionale Reaktionen meist wenig einbringen und Nüchternheit und das Warten auf den rechten Zeitpunkt der Sache dienlicher sind.

- Frauen neigen dazu, den Kindern einen zu großen Stellenwert zukommen zu lassen, oft noch vor dem Mann und sogar vor Gott und der Ewigkeit.

Insgesamt verstehen wir jetzt meine einleitenden Worte besser. Nicht das Finden des Partners, sondern das Führen einer jahrzehntelangen engen Beziehung mit allen möglichen Schwierigkeiten und Gefahren ist die große Herausforderung. Sowie wir bei der Bekehrung dem lebendigen Gott begegnen und sich diese Beziehung viele Jahre und Jahrzehnte bewähren muss, so ist das auch in der Ehe. Nicht umsonst sagt der Herr Jesus, dass Ihm in der Gemeinde in Ephesus die erste Liebe fehlt, obwohl viele gute Werke und eine klare Lehre da sind. Auch in der Ehe brauchen wir diese erste Liebe, die sich in einer tiefen gefühlsmäßigen Verbundenheit und Freundschaft, in Wertschätzung und Zusammengehörigkeitsgefühl und in einer befriedigenden Sexualität ausdrückt. Die einzelnen Facetten der Liebe werden sich im Laufe der Jahre ändern und auch weniger gute Zeiten auszuhalten haben. Wir können aber immer wieder zu einer lebendigen frischen und unmittelbaren Liebesbeziehung zurückfinden und sie sogar vertiefen. Manchmal wird der seelische Aspekt größer sein, dann wieder der körperliche, dann müssen wir uns vielleicht in weniger guten Zeiten wieder auf die verstandesmäßige Basis unserer Gemeinschaft besinnen. Dieses Wechseln und das wellenförmige Auf und Ab gehören einfach dazu und sollen uns nicht verwirren. Mit der Hilfe des Herrn werden wir alle Engpässe überwinden und unterm Strich zufriedener als viele andere Menschen mit wechselnden Partnern und zerrissenen Familien sein. Die Ordnungen des Herrn sind gut für uns, weil sie einen sicheren Rahmen geben und uns auch Freiraum schaffen, um uns auf das Wesentliche zu konzentrieren: nämlich dem Leben für das Reich Gottes und einem kontinuierlichen Aufbau unserer Familie mit allem, was dazugehört. Viele Menschen befinden sich aber – was das Thema Liebe und Familie betrifft – ein ganzes Leben lang auf Sturmfahrt, sind zwischen verschiedenen und einander ablösenden Beziehungen und zerbrechenden Familienverbänden hin und hergerissen. Vielleicht erleben sie öfter das prickelnde Gefühl der Verliebtheit und des Neuen, andererseits wissen sie wenig von der befriedigenden Sicherheit einer langjährigen Partnerschaft und der Verwurzelung in bleibende Familienverhältnisse. Gerade in einer degenerierenden Gesellschaft mit sich auflösenden Werten und Ordnungen haben wir Christen die große Chance und Aufgabe, vorzuzeigen, dass ein Leben nach dem

Plan Gottes immer noch besser ist als ein Leben nach menschlichen Wertvorstellungen, die am Wesen des Menschen und seinen tiefsten Sehnsüchten vorbeiführen. Die Ehe ordnet unsere Beziehung zum anderen Geschlecht und bewahrt uns so vor dem Chaos, in dem viele Menschen ihre ganze Lebensenergie aufbrauchen und trotzdem das nicht finden, was sie ein Leben lang suchen.

Hindernisse

Wir haben jetzt viele Ursachen für Probleme angesprochen, die helfen können, die eigene Situation besser zu verstehen und einzuordnen. Wir dürfen aber nicht erwarten, dass ein verfahrener Karren von selbst aus dem Schlamm heraushüpft, nur weil wir jetzt erkannt haben, wie er in den Schlamm hineingekommen ist. Es braucht auch Mühe und Anstrengung, um ihn wieder herauszuziehen. Wichtig ist, dass ein Prozess in Bewegung kommt, der in die richtige Richtung führt. Was kann nun diesen Prozess verhindern? Eigentlich gibt es nur zwei Möglichkeiten:

Ein oder beide Partner lassen die Dinge einfach laufen und sind nicht bereit, sich dem Problem zu stellen und sich positiv zu verändern. Das ist auch der Grund, warum so viele Ehen und Beziehungen trotz bestem Anfang nach einiger Zeit wieder auseinandergehen. Hier haben wir als Christen natürlich viel bessere Möglichkeiten, weil wir normalerweise aufgeschlossener für Kritik sind, bereitwilliger uns zu verändern und an und für sich wissen (sollten), dass wir in einem lebenslangen Veränderungsprozess stehen, sei es Gott oder Menschen gegenüber. Trotzdem geraten auch unter uns Ehen in schwere Krisen und Sackgassen, aus denen es kein Heraus mehr zu geben scheint. Einige nehmen sich zu wenig Zeit für Ihre Probleme und werden so selbst ein Problem. Andere wollen es nicht wahrhaben, dass ihre Ehe in der Krise ist, und machen sich gegenseitig und anderen etwas vor. Wieder andere sind einfach nicht bereit, Fehler zuzugeben und gemeinsam an der Ehe zu arbeiten.

Gerade unsere unbewussten Fehler sind die gefährlichsten, weil wir sie nicht thematisieren. Macht der Partner das, gehen wir schnell in Abwehrstellung, da wir sie innerlich als unberechtigt oder gar lächerlich abtun. Wir können uns aber sicher sein, dass die Dinge, die der Partner immer wieder kommuniziert, genau die Ursache der Not sind. Man muss sich damit befassen. Sind wir nicht bereit, zuzuhören und uns selbst kritisch zu betrachten und auch Taten folgen zu lassen, kann der andere eigentlich nur noch resignieren. Die Krise setzt sich fort und die Qualität der Ehe sinkt. Unkorrigierbarkeit ist eine für einen Christen sehr unwürdige Einstellung, ja schlechthin Sünde. Wer nicht bereit ist, Bücher zu lesen, sich mit dem Partner auszutauschen oder bei erfahrenen Christen Rat zu suchen, hat ein geistliches Problem und wird nicht nur in seiner Ehe Schaden erleiden, sondern auch in seiner Beziehung zu Gott.

Wir haben bereits Petrus zitiert. Er befiehlt den Männern, ihre Frauen weise und einfühlsam zu behandeln, damit ihre Gebete nicht verhindert werden. Das gilt natürlich auch umgekehrt für die Frauen. Rücksichtslosigkeit, Lieblosigkeit, nachtragend sein und nicht vergeben können – all das sind zerstörende Herzenseinstellungen und Verhaltensweisen, die im Extremfall zum Scheitern der Ehe führen können.

Beide Partner wollen an der Ehe arbeiten, aber – um das Bild noch einmal aufzugreifen – der Karren steckt so tief im Dreck, dass sie es alleine nicht mehr schaffen, ihn herauszubringen. Hier kann noch mehr Hilfe von außen in Anspruch genommen werden, die wirklich die geistlichen Begabungen zur Seelsorge mitbringen. Das muss also nicht unbedingt der oder die Gemeindeleiter oder der Pastor sein. Es geht um erfahrene Geschwister, die fähig sind, die Situation zu beurteilen und reif und geduldig genug sind, einen längeren Prozess der Wiederherstellung der Ehe zu begleiten. Allgemeine geistliche Vollmacht ist noch lange keine seelsorgerliche Vollmacht, und man kann hier sehr enttäuscht werden. Nun einige Punkte zur richtigen Wahl der Berater:

- Der oder die Seelsorger sollten bezüglich dieses Dienstes einen guten Ruf haben.

- Beide Partner, nicht nur einer, sollten sich für genau diesen Seelsorger entscheiden. Es ist ja Vertrauenssache.

- Die theologischen Glaubensüberzeugungen des Paares sollten denen der Seelsorger ähnlich sein. Das hat wieder sehr viel mit Vertrauen zu tun.

- Jeder der beiden Partner muss die Bereitschaft mitbringen, sich etwas sagen zu lassen und die erkannten Schritte auch in die Tat umzusetzen.

- Es braucht auch Geduld. Rückschritte gehören dazu und über Jahre falsch Eingeübtes wird normalerweise nicht von heute auf morgen völlig anders.

- Beide Partner müssen in Bezug auf ihre Not unbedingt Gott suchen. Persönliches und gemeinsames Beten und Lesen in der Bibel sind gerade jetzt gefragt.

- Es muss auch die Bereitschaft beider Partner gegeben sein, sich den Seelsorgern unterzuordnen und in der Beratung aktiv mitzuarbeiten. Dies setzt voraus, dass sie sich in der Beratung wohlfühlen und den Eindruck haben, dass sie in dieser Seelsorge gut aufgehoben sind.

Ich glaube zutiefst daran, dass für Gott nichts unmöglich ist. Ich habe das in anderen Situationen immer wieder erlebt und deshalb weiß ich, dass es auch hier so ist.

Trennung und Scheidung

Trotz all dem Gesagten kommt es auch unter Christen immer wieder zur Trennung oder Scheidung. Leider habe ich das als Gemeindeleiter schon manches Mal schmerzlich miterleben müssen. Es stellt sich die Frage, wie wir das von der Bibel einordnen sollen und ob es berechtigte Fälle der Trennung und Scheidung gibt?

Prinzipiell ist ja der Kurs von Gott im Schöpfungsbericht und vom Herrn Jesus in den Evangelien klar vorgegeben. Wenn zwei Menschen sich das Jawort geben, dann gilt das nicht nur vor ihnen, sondern auch vor den Menschen und vor Gott. Neben dem persönlichen Aspekt und dem rechtlichen Status der Ehe, hat die Ehe also auch eine geistliche Dimension und soll vor allem ein Ausdruck der Liebe und der Beziehung des dreieinigen Gottes zu Seinem Volk sein. Deshalb ist jede Scheidung ein Bruch mit dem ursprünglichen Plan Gottes. In Maleachi heißt es ja ganz klar:

> Ihr sagt: Weswegen? Deswegen weil der HERR Zeuge gewesen ist zwischen dir und der Frau deiner Jugend, an der du treulos gehandelt hast, wo sie doch deine Gefährtin ist und die Frau deines Bundes. Und hat er sie nicht zu Einem gemacht? Zu einem Fleisch, in dem Geist ist. Und was erstrebt das Eine? Nachkommenschaft von Gott. So hütet euch bei eurem Leben! Und an der Frau deiner Jugend handle nicht treulos! Denn ich hasse Scheidung, spricht der HERR, der Gott Israels, ebenso wie wenn man sein Gewand mit Unrecht bedeckt, spricht der HERR der Heerscharen. So hütet euch bei eurem Leben und handelt nicht treulos!
>
> Maleachi 2,14-16

Ein treuloses Wegstoßen des Partners ist Gott ein Gräuel. Wir müssen uns aber den Hintergrund hinter dieser Aussage und auch der des Herrn in den Evangelien näher vor Augen führen. Die damalige patriarchalische Gesellschaft war von einem leichtfertigen Umgang mit der Ehe geprägt, und zwar fast ausschließlich des Mannes der Frau gegenüber. Der jüdische Ehemann konnte den Bund ganz leicht und nur nach seinem Ermessen auflösen und sich von seiner Frau trennen. Das führte zu einem rücksichtslosen, egoistischem Verhalten, das den ursprünglichen Plan Gottes auf den Kopf stellte. Jesu Aussagen waren vor allem eine Aufwertung der Frau an sich und auch der Rechte der Frau.

Dieser unerträgliche Zustand führte auch zu den scharfen Aussagen des Propheten. Sie stellen die Norm Gottes im Gegensatz zu einer unerträglichen Praxis ganz klar heraus, sind aber keine Antwort auf die Frage, ob in Ausnahmefällen nicht doch eine Trennung/Scheidung erlaubt oder sogar anzuraten ist.

Eine vorübergehende Trennung kann bei Gefahr für Leib und Leben durchaus angeraten sein. Wie es weitergeht, muss jeder dann für sich selbst vor dem Herrn verantworten. Jedenfalls sollten Christen alles tun, um ihre Ehen zu retten! Niemals kann es darum gehen, einen unliebsam gewordenen Partner, mit dem es nicht mehr funktioniert (was ist dieses »es« eigentlich?), loszuwerden. Wenn es aber darum geht, in einer Ehe nicht zugrunde zu gehen, haben wir nicht das Recht, so einen Bruder oder so eine Schwester zu verurteilen und noch tiefer in das Unglück hinein zu stoßen.

Wir wollen alles versuchen, um unsere Ehen in der Liebe zum Herrn gelingen zu lassen, und alles vermeiden, was diesen heiligen Bereich gefährdet.

7 Familie – wenn Kinder »weg vom Fenster« sind

Welch großer Schmerz, wie viel Enttäuschung, Verzweiflung, Not und Elend ist mit diesem Thema für die Eltern verbunden! Ich kann wirklich aus eigener Erfahrung sprechen.

Der Ungehorsam eines Teils meiner Kinder gegenüber uns als Eltern, Gott und dem Evangelium kam für mich völlig überraschend und hat mir und meiner Frau für eine bestimmte Zeit den Teppich unter den Füßen weggezogen. Es war für mich das eingetreten, was undenkbar schien, weil wir – soweit es in unserer Macht stand – alles getan hatten, was wir konnten, um unsere Kinder zu einer positiven Entscheidung für Gott und Jesus Christus zu führen.

Beschämt muss ich im Rückblick zugeben, wie oft wir andere Christen verurteilt hatten, wenn ihre Kinder vorerst einmal den Weg verließen. Schnell war eine Erklärung dafür gefunden und immer waren die Eltern schuld, hauptsächlich ihr durchschnittliches und eher mittelmäßiges Glaubensleben und offensichtliche Erziehungsfehler. Nun mussten wir selbst in diesem Bereich schwere Rückschläge erleben und waren gezwungen, uns damit auseinanderzusetzen und mit ganz konkreten Problemen in unserem familiären Zusammenleben fertig zu werden.

Durch Gottes Führung wurde ich zu diesem Thema auf zwei Bücher aufmerksam, die ich anführen und wärmstens empfehlen möchte:

1. Tom Bisset, Warum jemand nicht mehr glauben kann, CLV 2005

2. Tom Bisset, Als er noch fern war ..., Christliche Verlagsgesellschaft Dillenburg 2001

Hier spricht ein Autor sachlich fundiert, liebevoll und barmherzig und vor allem ermutigend zu diesem Thema. Vieles, was du auf den folgenden Seiten finden wirst, ist diesen Büchern entnommen, manches habe ich selbst hinzugefügt.

Nach der ursprünglichen Fertigstellung des Kapitels fiel mir noch das Buch »Eltern in Schmerzen« von John White (leider vergriffen) in die Hände. Dieses an Rat überreiche Buch habe ich gründlich durchgearbeitet und einige wichtige Gedanken davon in dieses Kapitel einfließen lassen.

Die erste Frage, die sich uns stellt, ist Folgende: Warum lehnen unsere Kinder den Glauben ab und wählen einen neuen nichtbiblischen Lebensstil? Was haben wir falsch gemacht? Als wir heirateten, unsere Kinder das Licht des Lebens erblickten und dann langsam größer wurden, hatten wir ein bestimmtes Bild, eine bestimmte Vorstellung von der Zukunft. Der größte Wunsch für die meisten dabei ist wahrscheinlich Einheit und Harmonie, Übereinstimmung und ungetrübte Gemeinschaft mit unseren Kindern weit über die Zeit ihres Erwachsenwerdens hinaus. Wir malen uns in leuchtenden Farben aus, wie schön es sein wird, wenn sie dann dem Herrn begegnen, wir mit ihnen beten können und aus unseren Kindern die besten Freunde werden, die uns bis zu unserem Tod begleiten. Viele Wünsche, Sehnsüchte und Erwartungen werden bewusst und unbewusst in die Beziehung zu den Kindern hineingelegt. Zudem fließt normalerweise auch das meiste Geld und die meiste Energie in die Erhaltung der Familie und das Aufziehen der Kinder. Sogar der natürliche Mensch ohne Gott und alle sich fortpflanzenden Lebewesen investieren sich selbst in ihren Nachwuchs und setzen alles daran, möglichst gesunde und gute Exemplare der eigenen Art hervorzubringen und bis zur Selbstständigkeit zu begleiten. Für uns als Christen gilt das natürlich noch mehr, da die Liebe Gottes und die Überzeugungen des Glaubens uns noch verstärkt dazu motivieren, den Maßstab für das Endergebnis höher anzusetzen.

Und dann die Katastrophe: Die Kinder lehnen unseren Glauben ab, sind aufsässig und widerspenstig, wollen nicht mehr in die Gemeinde kommen, sondern ziehen stattdessen weltliche und glaubenszerstörende Freundschaften vor, und gehen unmoralische Wege, die den Geboten Gottes direkt widersprechen. Dieser schwere Schlag, diese schreckliche Enttäuschung führt uns Eltern in eine Grenzerfahrung, die nach unserem Empfinden das Erträgliche übersteigt. Mitten im eigenen Lebensbereich, auf engstem Raum, sind wir auf einmal in einem Joch mit Ungläubigen, die uns und allem, wofür wir stehen, sogar mit Feindschaft gegenübertreten und bewusst in den Schlamm hineinsteigen, aus dem uns der Herr herausgerettet hat. Wie viel Not und innerstes Herzensleid das hervorruft, kann nur der verstehen, der diese Situation selbst durchgemacht hat!

Ja, und dann fragst du dich, was falsch gelaufen ist und warum dein Kind dich und deine Botschaft (scheinbar) ablehnt. Eines darf uns dabei klar sein: Der Herr ist ein lebendiger Gott, nicht nur ein Gott für den Sonntag und die funktionierenden Bereiche deines Lebens. Gerade in den Katastrophen und Leidenssituationen unseres Lebens werden wir auf unsere Fundamente zurückverwiesen, und unser Glaube wird erprobt. Dieser große Schmerz fordert uns massiv heraus – gefühlsmäßig und geistlich. Obwohl ich wirklich viel Erfahrung im Umgang mit Extremsituationen habe, musste und muss ich persönlich neu lernen, diesen Bereich und diese scheinbar ausweglose Situation mit meinem Gott zu bewältigen. Die Verheißung aus Römer 8 Vers 28, dass uns alle Dinge zum Guten mitwirken, scheint hier nicht zutreffend zu sein. Was kann es denn Gutes haben, wenn unsere Kinder die Welt lieben, Unzucht treiben oder den Namen Gottes in den Dreck ziehen? Und wem bringt es irgendetwas, wenn wir im »Kampf« mit ihnen nur Energie und Substanz verlieren und unser ganzes Leben vom Schmerz über die Entwicklung unser Kinder überschattet ist?

Ich möchte deine und meine Not in folgenden vier Punkten behandeln:

1. Es gibt eine frohe Botschaft: Die meisten kommen zurück!

2. Gründe für die Abkehr vom Glauben

3. Allgemeine Gedanken über Gott, Eltern und Kinder

4. Konkrete Hilfestellungen

5. Falsche Hoffnungen und geistliche Strategien

Es gibt eine frohe Botschaft: Die meisten kommen zurück!

Von diesem Ergebnis war der Autor der oben angeführten Bücher selbst und auch ich überrascht. Wir vergessen in der akuten

Situation zu schnell, dass die Ablehnung des Glaubens oft nur ein vorübergehender Teil des ganz natürlichen Ablösungsprozesses von den Eltern ist. Meistens geschieht »es« in einem Alter von 13 bis 21 Jahren, und genau hier müssen und wollen die jungen Menschen ihren eigenen Weg finden. Wurden sie in ihrem Elternhaus geliebt und war der Glaube der Eltern echt, dann ist das so prägend, dass über 85 % wieder zum Glauben ihrer Eltern zurückkommen und zu einer persönlichen Beziehung zu Gott und Jesus Christus finden. Das kann noch im Teenageralter erfolgen oder aber auch später, vor allem in Umwälzungen und Krisensituationen in ihrem eigenen Erwachsenenleben. Das Finden des Ehepartners und Engpässe in der Beziehung zu ihm, die Geburt eines Kindes oder Rat- und Orientierungslosigkeit bei dessen Erziehung, Lebenskrisen, Krankheit und Not zählen zu solchen Situationen.

Ich darf hier die wahre Geschichte eines eng befreundeten Missionarsehepaares erzählen, die vielen von uns zur Ermutigung dienen soll. Dieses Ehepaar, das sehr ernsthaft dem Herrn nachfolgt, hat drei Kinder. Ich lernte sie kennen, als sie dem Glauben der Eltern noch nachfolgten und teilweise sogar getauft wurden. Nichts deutete für mich darauf hin, dass alle drei im Teenageralter den Glaubensweg verlassen und massiv den Freuden und Verirrungen dieser Welt nachkommen würden. Trotzdem geschah es so. Ich war damals in einer ganz anderen Lebensphase und konnte so nicht einmal ansatzweise nachvollziehen, was sich in dieser Zeit im Herzen der besorgten und erschütterten Eltern abspielte. Wahrscheinlich war es besser, nicht mit mir über diese Not zu reden, da ich zu diesem Zeitpunkt den Glaubensabfall von Kindern aus gläubigem Elternhaus direkt auf Fehler in der Erziehung zurückgeführt hatte. Soweit ich mich erinnern kann, habe ich das auch in diesem Fall (von außen betrachtend und urteilend) getan. So wäre ich wohl für meinen Freund eher eine Quelle der Entmutigung als der Hilfe gewesen. Auf jeden Fall tat sich nach Jahren des Wartens auf einmal etwas im Leben des zweiten Sohnes und er fand zurück zum Herrn. Aber nicht nur er, sondern auch seine bis dato nicht bekehrte Ehefrau begegnete dem Herrn persönlich. Ebenfalls die Frau des ersten Sohnes, der bis jetzt immer noch seine Vorbehalte hat, saß auf einmal in der Gemeinde und hatte offensichtlich wider aller Erwartung ein Bekehrungserlebnis. Inzwischen ist auch das dritte Kind, die Tochter, wieder beim Herrn und mit einem gläubigen Mann verheiratet. Was mich besonders bewegt hat, war das Zeugnis des zweiten Sohnes, wie der lebendige Gott ihn persönlich zurückgeholt hat. Als Abschluss dieses »geistlichen Rückholungswerkes« durch den Herrn persönlich diente ein Traum, in dem ihm klar wurde, dass es jetzt an der Zeit ist, dem Herrn wieder die Herrschaft über sein Leben zu überlassen und ein neues Leben zu beginnen.

So können wir vorausgreifend schon festhalten, dass es Gott selbst ist, der als guter Hirte sehr um deine und meine Kinder besorgt ist. Die viele Mühe, die vielen Gebete sind nicht umsonst, sondern sie steigen wie der Rauch des Räucherwerks im Alten Bund zu Ihm hinauf. All deine Not und Machtlosigkeit soll dich dazu führen, die Situation und vor allem deine eigenen Kinder Gott zu übergeben. So wie der Vater den verlorenen Sohn im biblischen Gleichnis hat ziehen lassen müssen in der tiefen Gewissheit, dass sein Sohn nun den Weg aus dem Vaterhaus in die Sünde antreten würde, so können auch wir unsere Kinder nur an Gott abgeben. Wie tief sie dabei sinken werden und wie lange es gehen wird, können wir nicht wissen. Sehr wohl aber, dass Gott beide Augen auf sie gerichtet hat, und dass die Wahrscheinlichkeit sehr groß ist, dass sie wieder zurückkommen werden. Wollen wir sie mit so einem Eindruck von uns gehen lassen. In der Not können Sie auch wieder zu uns zurückkommen. Das kann noch im Elternhaus geschehen oder auch in ihrem Erwachsenenleben.

Gründe für die Abkehr vom Glauben

Ja, ich muss zugeben, dass es für mich immer wieder schwer nachvollziehbar ist, warum Menschen im Allgemeinen und unsere Kinder im Besonderen dem Glauben und damit dem Herrn selbst den Rücken zuwenden. Wie kann man etwas so Wunderbares, Sinngebendes und Beglückendes verlassen, um statt aus der Quelle des lebendigen Wassers, die nie versiegt und den letzten Durst löscht, faules und lauwarmes Wasser zu trinken, das immer wieder neu besorgt werden muss und jedes Mal einen fahlen Geschmack hinterlässt. Eine junge Frau mit ca. 20 Jahren sagte mir einmal, dass sie überlege, alleine zu bleiben, weil es so schön sei, mit dem Herrn zu leben. Nie habe ich das vergessen.

Aber: Gott hat keine Enkel, und es ist auch nicht möglich, unsere Kinder mit Erziehung und gelebtem Vorbild gläubig werden zu lassen. Sie können zwar religiös werden und das Richtige sagen und tun, müssen aber selbst zum lebendigen Glauben an Jesus Christus finden. Wenn ich zurückdenke wie schwierig und voller Versuchungen manche Lebensbereiche in meiner Jugend waren, obwohl ich mich schon ganz klar für den Herrn entschieden hatte, dann kann ich es wieder besser verstehen. Wir dürfen ja eines nie vergessen: Solange unsere Kinder nicht dem Herrn selbst begegnet sind, ist es nur Angelerntes, das sie davor zurückhält, den Weg des natürlichen Menschen zu gehen. Und der wird geleitet von seinen Trieben und weltlichen Ausrichtungen und Prioritäten, die ihm angeboren sind oder sich aus der Prägung durch die Umgebung (inklusive gottlosen Medien und in der Schule vermittelten Weltanschauungen und Wertvorstellungen) ergeben. Das sind ganz starke Mächte, die mit unserer alten Natur, der gottlosen Welt und dem Beherrscher dieser Welt – Satan – ein ausgezeichnetes und beinahe unbesiegbares Team bilden. Junge Menschen handeln sehr stark aus ihren seelischen (gefühlsmäßigen) und triebhaften Wurzeln heraus. Demgegenüber wirken die Überzeugungen und Verhaltensweisen der Eltern irgendwie alt und unattraktiv. Es fehlt ihnen auch die Lebenserfahrung, um die großen Gefahren zu durchschauen, die z. B. in der Sexualität bestehen oder in einer Clique, die sie in gottlose und gefährliche Freizeitbeschäftigungen hineinzieht. Aus der Schule, der Arbeit, den Medien, die uns von allen Seiten beeinflussen, entsteht ein Gruppendruck, und unsere Kinder werden geradezu von allen Seiten hineingetrieben, das zu tun, »was aller Welt Weise ist«. Sowie die Töchter der Moabiterinnen es ganz normal fanden, Unzucht zu treiben und die Männer Israels zu verführen, erscheint auch zunehmend unseren Kindern die Welt attraktiv und anziehend, oft wider besseres Wissen.

Halten kann sie aufs Erste nur die Geborgenheit des Elternhauses, das Vertrauen zu und der Gehorsam gegenüber ihren Eltern, Überzeugungen, die wir ihnen ins Herz gepflanzt haben und natürlich eine möglichst früh stattfindende echte Begegnung mit dem Herrn und die damit einhergehende Erfüllung mit dem Heiligen Geist. Das ist letztlich die Wegscheide, die über alles entscheidet. Solange sie selbst nicht echtes Leben haben, wird es zunehmend schwieriger oder gar unmöglich, gegen den Strom zu schwimmen.

Tom Bisset schreibt: »Aus meiner Sicht trägt die Unfähigkeit zur Unterscheidung und Anwendung biblischer Wahrheiten mehr als alles andere dazu bei, dass es so viele Probleme für Eltern und ihre Kinder gibt.« Wir sind in großer Gefahr, unsere Sicht des Christentums, unsere Spielregeln, Gesetze, Traditionen und Regeln mit dem biblischen Evangelium zu vermischen. Dadurch machen wir es aber auch irgendwie unattraktiv und die jungen und sich von den Eltern loslösenden Menschen fragen sich, warum sie da überall mitmachen sollen. Solange sie vieles selbst noch nicht verstehen und den Herrn selbst noch nicht wirklich kennen, werden diese Dinge, seien sie auch noch so fromm, zunehmend zu einer Belastung. Deshalb ist es auch so wichtig, dass wir das für uns trennen können und dass wir – unabhängig von unserer geistlichen Prägung – den Herrn selbst und Sein Evangelium vor Augen haben und das vermitteln und nicht unsere Sichtweise des Christentums.

Im Dienst für die Gemeinde gibt es auch Krisen und schwierige menschliche Beziehungen und Nöte. Unbewusst wird für unsere Kinder dann der Quell des Evangeliums vermischt mit dem Gallenwasser der Probleme und sie denken, das ist eins. Aber trotz den Lasten des Dienstes und des Lebens für Gott leben wir ja aus Ihm heraus und möchten dieses Leben niemals gegen ein anderes – vielleicht leichteres – eintauschen, weil der Herr ja unser Leben erfüllt und uns im Innersten glücklich macht. Das ist aber für die meisten der jungen Menschen noch nicht Realität, sondern im Gegenteil beginnt ihr kindlicher Glaube eher abzubröckeln.

Warum nun lehnen Kinder den Glauben ganz konkret ab, trotz der intensiven Bemühung der Eltern und wider besseren Wissens? Tom Bisset nennt vier Gründe, die ich übernehmen möchte:

1. Aufgrund beunruhigender, unbeantworteter Fragen in Bezug auf ihren Glauben

   Unsere Kinder werden im Laufe ihres Erwachsenwerdens immer stärker mit Fragen des Lebens und auch intellektuellen Fragen konfrontiert, die sie für sich selbst beantworten müssen. Natürlich greifen sie zuerst auf das zurück, was sie gelernt haben, aber das kann auf Dauer zu wenig sein, wenn die Antworten nicht befriedigend scheinen. Wieder ist hier ein lebendiger Glaube der Eltern, der sich den Fragen stellt und gemeinsam konkrete Antworten suchen lässt, ganz entscheidend. Gerade in traditionellen Gemeinden kann es ja verpönt sein, Fragen zuzulassen und Antworten zu suchen. Oder es wird als Zeichen der Gottlosigkeit gesehen, wenn Zweifel auftreten und man Dinge hinterfragt, die bisher selbstverständlich gewesen sind. Genau das Gegenteil ist aber der Fall! Fast jeder ernstzunehmende Gläubige ist irgendwann einmal durch eine Zweifelsphase gegangen, die ihn letztlich gefestigt hat und die Antworten der Bibel lebendiger haben werden lassen. Außerdem ist unsere Gesellschaft geradezu geprägt von kritischen und relativierenden Ansichten. Das geht auch an uns Christen und Gemeinden nicht spurlos vorbei! Ein antiintellektuelles Klima zu Hause und in der Gemeinde und dadurch wichtige unbeantwortete Fragen – auch praktischer Natur (warum eigentlich kein Geschlechtsverkehr vor der Ehe?!) – können also in Bezug auf den Glauben sehr kontraproduktiv sein.

2. Weil der Glaube für sie nicht funktioniert

Hier spielt das Stichwort »Desillusionierung« eine große Rolle. Blicken unsere Kinder hinter die Fassade unseres eigenen Lebens oder der christlichen Gemeinschaften, mit denen sie bis jetzt verbunden waren, und finden sie dann zu wenig Echtes und Anziehendes, dann sind sie enttäuscht und wenden sich vom Glauben ab. Manche werden geradezu allergisch auf alles Christliche und lehnen sich auf einmal gefühlsmäßig stark dagegen auf! Vieles können sie auch noch nicht verstehen, vielleicht Engpässe in der Beziehung der Eltern oder starke Traditionen, die gut sein können aber eben nicht für jeden usw.

Auch Krisensituationen, in denen sie Gott nicht so erleben, wie sie sich das vorgestellt haben, können schädigend für das Glaubensleben sein und in eine Krise führen. Nicht dass Gott dann Schuld hätte am Abfall deiner Kinder, aber Lebenskrisen erfordern echtes Leben mit und in Gott, Vertrauen und auch Gehorsam. Da werden Entscheidungen getroffen, die zeigen, wo jemand wirklich steht, und die den Weizen von der Streu scheiden. Ich kann mich erinnern, dass die Zeit vor meiner Bekehrung als Teenager unheimlich angefochten und alles andere als »attraktiv für den Glauben« war. Wie der Pharao in Ägypten das Volk Israel, so wollte auch der Satan mich nicht ziehen lassen. Nur durch Gottes Gnade, aber auch durch das Festhalten an Gott, konnte diese schwere Zeit überwunden werden.

3. Weil andere Dinge wichtiger werden

Dabei verdrängen andere Bereiche wie Beruf, Partnerschaft, Erfolg, Vergnügungen usw. immer mehr die christlichen Sichtweisen. Das geschieht oft schleichend und sogar unbewusst, aber die Folge ist eben die Aufgabe und Verwerfung des Glaubens in Theorie und Praxis.

4. Weil sie den Glauben niemals selbst in Anspruch genommen haben

Das trifft besonders für Kinder und Jugendliche zu, die proautoritär sind, also nicht widersetzlich. Aufgrund ihrer Persönlichkeit verlangen sie nach Anerkennung und Annahme und sind dadurch viel einfacher zu führen und viel eher bereit, das von den Eltern Überlieferte zu übernehmen. Das reicht aber für ein dauerhaftes Leben mit dem Herrn nicht aus, und so kann es zum Entsetzen der Eltern und wider aller Erwartung doch dazu kommen, dass solche Kinder den Weg der Welt einschlagen.

Noch ein wichtiger Grund wird angeführt: der Faktor X – unvorhergesehene Faktoren wie ungewolltes Ledigsein, Scheidung, persönliche Katastrophen usw. Auch das kann die Tür aus den Angeln heben und zu einer Abkehr vom Herrn führen.

Allgemeine Gedanken über Gott, Eltern und Kinder

Unsere Kinder

Durch den Schmerz und die Erschütterung über unser vom Glauben abgefallenes Kind übermannt, vergessen wir zu schnell, wie es eigentlich in ihm ausschaut. Ich z. B. hatte und habe große Schwierigkeiten, Rebellion, Ablehnung, Ungehorsam, Hintergehung oder Unehrlichkeit emotional zu verarbeiten. Empörung macht sich breit, Unverständnis oder gar Verbitterung. Die negativen Emotionen wuchern also wie Unkraut und belasten die Beziehung sehr stark. Dabei dürfen wir aber nicht vergessen, dass erstens diese Konfliktsituationen auch für das Kind großen Stress bedeuten und zweitens aus negativen Emotionen meistens nichts Gutes entsteht, auch wenn die Sache selbst richtig ist. So sind wir wieder an dem Punkt, dass wir selbst zuerst herausgefordert sind, die tiefen emotionalen Erschütterungen alleine mit dem Herrn in den Griff zu bekommen. Das kann seine Zeit dauern, aber jegliche Besserung in der Beziehung zum Kind hängt ganz eng damit zusammen.

Würden wir die Kinder in dieser Phase fragen, ob sie an einen Gott glauben oder daran, dass der Herr Jesus gelebt hat und für die Menschen gestorben ist, würden wir fast sicher als Antwort ein Ja bekommen. Sie sind also gar nicht so weit weg wie es scheint und können die Erinnerungen an die Gemeinde, an Gelerntes und an das Glaubensleben zu Hause nicht einfach auslöschen. Diese Faktoren spielen auch bei ihrer (möglichen) Rückkehr eine große Rolle. Oft hat die Rebellion mehr mit Freiraum, Ablösung von dem Bisherigen und Vergnügungen zu tun als mit der Verwerfung des christlichen Glaubens an sich. Alles aber, was wir für richtig halten, auch wenn wir es momentan nicht leben, wird irgendwie wieder ans Licht treten. Das gilt für uns und auch für unsere Kinder. Deshalb ist der Same, den wir in ihre Herzen gesät haben, so wertvoll. Sie wissen zwar momentan sehr genau, woraus sie ausbrechen und was sie nicht haben wollen, dafür umso weniger, was sie jetzt im Gegensatz zu früher für richtig halten. Das bleibt sehr vage und bedeutet in der Regel keine wirkliche Gefahr. Deshalb ist die Chance sehr groß, dass sie in vernünftigeren Phasen der Jugend oder in einschneidenden Erlebnissen des Erwachsenenlebens wieder zu dem zurückkehren, was sie theoretisch nie aufgegeben haben.

Die Kinder sehnen sich trotz vorübergehender Ablehnung unserer Person und unseres Glaubens nach unserer Liebe. Die Konflikte mit den Eltern führen sie selbst in eine tiefe Verunsicherung. Deshalb müssen wir trotz eigener großer emotionaler Not vermitteln, dass wir sie lieben so wie sie sind. Tom Bisset schreibt: »Wenn wir unsere Kinder in Glaubenskrisen bedingungslos lieben, wird dies mehr zu ihrer geistlichen Heimkehr beitragen als irgendetwas anderes.« Niemand schlägt sich selbst die Wurzeln ab und lässt bisher Vertrautes zurück, ohne darunter zu leiden. So kann das Band, das vonseiten des Kindes einseitig durchgeschnitten wurde, von unserer Seite aus immer noch bestehen bleiben. Was nützt es, wenn wir das Kind ablehnen? Es kann zu einer Trennung kommen, da wir im Hinblick auf das Wort Gottes auch keinen Freibrief ausstellen können. Aber das hat nichts damit zu tun, dass wir unser Kind verwerfen und nichts mehr von ihm wissen wollen. Wenn unsere Beziehung zu unseren Kindern nur noch in Konflikten und negativen Gefühlen besteht, dann ist die Gefahr wirklich groß, sie endgültig und für immer von uns wegzutreiben. Das oberste Ziel muss also eine vertrauensvolle Beziehung und ein guter Zugang zu unserem Kind bleiben. Dann öffnen sie sich wieder und wir können ihnen auch unsere Gefühle und Nöte ruhig und ehrlich mitteilen. Auch wenn der Karren vielleicht schon total verfahren ist, mit Gottes Hilfe können wir heute beginnen, das Richtige zu tun.

Gott gebraucht fünf Faktoren, um Menschen wieder zu sich zurückzuholen. Tom Bisset schreibt: »Ebenso wie es ein Muster für den Prozess des Abirrens gibt, gibt es auch ein Muster für das Zurückfinden. Es findet nicht in einem Vakuum statt. Es gibt klar definierbare Gründe, warum Leute zurückfinden ... «:

- Eine anteilnehmende Schlüsselperson: Er gebraucht Menschen, die durch ihren Dienst und ihre Ehrlichkeit unser Kind glaubensmäßig wieder ansprechen.

- Ein unlösbar scheinendes Problem, durch das es sich wieder an die Lösung erinnert, die ihm einmal von den Eltern und anderen Gläubigen vermittelt worden ist.

- Eine tiefe gefühlsmäßige und geistliche Leere.

- Ein unerwartetes, einschneidendes Erlebnis.

- die Sorge um das geistliche Wohl der eigenen Kinder.

So wie der Reiz einer unerlaubten heftigen Liebesbeziehung enden kann und eine realistische Sicht der Dinge wieder Raum gewinnt, so wird uns auch die Welt nicht immer erfüllen. Dies vor allem deshalb, weil sie auf echte Nöte und Probleme und in emotionalen Engpässen keine Antwort hat. Das ist die Chance für uns und für Gott, die Aufmerksamkeit wieder vermehrt auf Seine Antworten zu lenken.

Gott

In unserer Gemeinde feiern wir jeden Sonntag das Abendmahl. Immer wieder bin ich dadurch erquickt und freue mich über den Neuen Bund und die Gnade, die uns in Jesus zuteil geworden ist. Das Wesentliche an der Liebe Gottes ist, dass sie nicht davon abhängt, was wir tun. Wir werden nicht nur geliebt, wenn wir das Richtige tun, sondern immer. Natürlich sind Kraft und Zuversicht im Glauben auch mit dem Maß verbunden, wie wir dem Herrn nachfolgen. Aber eines ist klar: Wenn Gott uns nicht nach Seiner Gnade, sondern nach Seiner Gerechtigkeit behandeln würde, hätten wir keine Chance, in einer ständigen Beziehung zu Ihm zu bleiben. Diese bedingungslose Vaterliebe Gottes zu uns ist auch eine Herausforderung für unsere Liebe zu unseren Kindern. Wenn Gott Seine prinzipielle Annahme nicht von dem abhängig macht, was wir tun, warum machen wir sie dann unseren Kindern gegenüber von dem abhängig, was sie tun? Hier geht es mir nur um die Herzensausrichtung, nicht darum, dass wir ein beißendes Kind auch noch streicheln müssen. Das müssen wir wahrlich nicht, das kann auch ein Kind nicht allen Ernstes verlangen. Aber wir sollen ein Bild Seiner Liebe darstellen, und das besonders Menschen gegenüber, die uns verletzen und weh tun.

> Seid nun Nachahmer Gottes als geliebte Kinder! Und wandelt in Liebe, wie auch der Christus uns geliebt und sich selbst für uns hingegeben hat als Opfergabe und Schlachtopfer, Gott zu einem duftenden Wohlgeruch!
>
> Epheser 5,1-2

Für mich persönlich ist das die größte Erkenntnis und Herausforderung im Zusammenhang mit diesem so schmerzlichen Thema: Gott liebt mich trotz meiner Fehler und Irrwege, die ich manchmal gehe, trotz Unvollkommenheit und Ungehorsam, den es eben auch noch gibt. Genau dieselbe Liebe will auch ich mit Seiner Hilfe meinem Kind entgegenbringen.

Tom Bisset schreibt wörtlich:

> Auch ist es schwierig, wenn nicht sogar unmöglich, auf Demut und Belehrbarkeit bedacht zu sein, wenn uns unser zerbrochenes Herz und unsere zerrütteten Gefühle ständig an unsere Probleme erinnern.

Wenn das der Fall ist, dann können wir entweder daran zerbrechen oder daran wachsen. Gott und die Dinge, die Gott zulässt, passen nicht in das Schema unserer eigenen Erwartungen. Er ist der Souveräne, Heilige und Allmächtige, der auch einen ganz anderen Zeitbegriff hat wie wir. Die Anerkennung unserer Unzulänglichkeit und gleichzeitig die Anerkennung der Herrschaft Gottes über alles Leben und über die ganze Welt, also auch über unsere Not, ist eines der wesentlichsten Faktoren, um mit emotionalen Erschütterungen fertig zu werden.

In Hinblick auf die Größe Gottes geziemt es sich, sich Ihm unterzuordnen und Ihm alles zu überlassen. Wir dürfen und müssen unsere Bestürzung konsequent an Ihn abgeben. Wir dürfen und müssen darauf vertrauen, dass die Verheißung aus Römer 8 Vers 28, dass alle Dinge zum Guten mitwirken, auch in diesem Bereich für uns gilt. Das ist mir selbst so schwer gefallen wie selten zuvor in meinem Leben. Aber ich kann jetzt schon die positive Veränderung erkennen, die mir die erneute Entscheidung für die Unterordnung unter die Vorsehung Gottes eingebracht hat. Ich habe dadurch meine negativen Emotionen besser in den Griff bekommen und bin insgesamt gesehen in Bezug auf die Not viel ruhiger geworden. Diese glaubensmäßige Gelassenheit führt auch zu einem viel besonneneren und konstruktiveren Umgang mit dem Kind. Dazu noch ein Zitat von Tom Bisset:

> Der Versuch, Dinge auf menschliche Weise in Ordnung zu bringen, hilft nur sehr begrenzt, wenn radikaler göttlicher Eingriff und Heilung erforderlich sind. ... Dies ist der gemeinsame Punkt in allen Geschichten von Zurückgekehrten: »Gott war da. Ich habe ihn lange nicht wahrgenommen, doch schließlich drang seine Stimme zu mir durch.« Das Erstaunliche ist, dass Gott oft gerade die Dinge gebraucht,

die Eltern das Herz brechen, um im Leben dieser Kinder zu wirken. Gott benutzt oft schwerwiegende Lebensprobleme, um Menschen zu sich zu ziehen.

Wir Eltern

Wie gesagt ist das Vorbild der Liebe Gottes wesentlich für uns, um nicht von der Situation überrannt zu werden und die Schritte wieder in die richtige Richtung zu lenken. Wir werden später sehen, dass auch Seine Heiligkeit praktische Konsequenzen für unsere Beziehung zu unseren Kindern hat. Nun noch einige prinzipielle Gedanken zu unserem eigenen Leben und zu unserer Ausrichtung als Christen.

Die (vorübergehende) Ablehnung unseres Glaubens durch unsere Kinder trifft uns deshalb so schwer, weil es ein wichtiges Lebensziel von überzeugten Christen ist, genau das zu vermeiden und Kinder »hervorzubringen«, die ebenfalls ein Zeugnis für Gott in dieser gefallenen Welt sind. Geht das schief und wird (natürlich immer mit Vorbehalt) genau das Gegenteil erreicht, können sich leicht Frustration und Depression einstellen. Das ganze Leben wird davon überschattet und man kann geradezu in eine Sinnkrise geraten. Je mehr Aufwand und Energie wir in die »richtige« Erziehung unserer Kinder gesteckt haben, desto größer ist das seelische Leiden. Vor allem Mütter, die (vom zeitlichen Aufwand her gesehen) einen Großteil der Erziehung bewältigen, empfinden sich dann leicht als Versagerinnen. Für viele Christinnen sind die eigenen Kinder mehr oder weniger der Lebensinhalt, was die Sache nicht leichter macht. Hier ist sehr viel Einfühlsvermögen von Seiten des Ehemannes und der Gemeinde erforderlich. Andere Christen kommen dann noch mit ihren Urteilen und Kommentaren, die noch mehr entmutigen und die Not noch vergrößern. Dazu jetzt einige hilfreiche Wegweisungen und Feststellungen:

1. Es ist nicht unsere Lebensaufgabe, perfekte gläubige Kinder hervorzubringen. Das bringt sie und uns unter großen Druck, der geradezu unerträglich werden kann. Außerdem macht diese Einstellung unsere Beziehung zum Herrn und unser Leben für die Ewigkeit davon abhängig, ob dieses Werk gelingt oder nicht. Die intensive Gemeinschaft

mit Gott und Jesus Christus allein soll die Basis für unser Leben sein und Er allein unser Ziel, egal was passiert, schief geht oder gelingt. Das gilt auch für den Bereich der Kindererziehung. Wenn uns das Ergebnis enttäuscht, ist trotzdem immer noch alles da, was wir zum Leben mit Gott brauchen.

Seien wir aber an der Stelle ehrlich: Es geht uns nicht nur um unsere Kinder. Auch wir Christen haben den Drang, gute Ergebnisse vorzuzeigen und auf diese Art gut vor den anderen dazustehen. Das gilt auch für den Bereich der Erziehung. Es geht also nicht nur um unseren geliebten Nachwuchs, sondern auch um uns selbst. Wir möchten richtige Ergebnisse vorzeigen, damit bewiesen ist, dass wir alles richtig gemacht haben.

Zusammenfassend: Unser eigentliches Lebensziel ist der Herr selbst und nicht der Erfolg in irgendeiner unserer Anstrengungen. Vielleicht benutzt Gott gerade dein momentanes Desaster mit den Kindern oder einem Kind dazu, dich wieder verstärkt auf dieses Ziel auszurichten!

Der Herr sagt ganz klar, dass Er vor alle menschlichen Verbindungen zu stellen ist:

2. Tatsache ist, dass kein Elternpaar alles richtig macht. Viele Christen verfolgen den richtigen roten Faden und die Ergebnisse entsprechen dann trotzdem nicht, weil die Kinder auch selbst entscheiden müssen. Ich habe auch schon genau den umgekehrten Fall erlebt, dass in einer Familie eigentlich alles schief gelaufen ist und die Kinder nichtsdestotrotz zum Herrn gefunden haben und Ihm nachfolgen. Das Ergebnis ist also nicht plan- und machbar, weil Menschen im Spiel sind und sich echtes geistliches Leben nicht produzieren lässt. (Bewusst und unbewusst glauben wir an das Machbarkeitsprinzip auch im geistlichen Bereich, ohne uns bewusst zu sein, wir sehr solch ein Denken uns selbst und unsere Selbstgerechtigkeit ins Zentrum stellt und nicht Gott). Der Herr ist trotzdem derselbe, auch wenn deine tiefsten Hoffnungen momentan nicht aufzugehen scheinen. Es ist also ganz falsch, dauernd sich oder dem Partner die Schuld zu geben. Du wirst sicher fündig wer-

den, aber wem nützt es? Auch unsere Fehler und Irrtümer in der Erziehung stehen unter der Vergebung Jesu, und wir können uns sogar jetzt noch, wenn alles verloren scheint, danach ausrichten, es anders zu machen und neu auf unsere Kinder zuzugehen.

Hier noch einige wichtige Faktoren zum Thema Schuld:

a) Wir dürfen nicht vergessen, dass unsere Kinder in der Schule und in ihrem vom Elternhaus losgelösten Umfeld (Freunde, Freizeit etc.) ganz starken Einflüssen durch den Zeitgeist, durch falsche Lehren in der Schule, einander widerstrebenden kulturellen Einflüssen, die Massenmedien und dem Gruppendruck ausgesetzt sind. Sie werden nicht nur von uns Eltern geprägt, sondern sehr wohl auch durch ganz entscheidende andere Faktoren, von denen wir sie in zunehmendem Alter nicht fernhalten können. Ihre eigene Entscheidung für Gott wird also schon sehr früh notwendig sein, um nicht vorübergehend vom Weg abzudriften.

b) Unsere Kinder bekommen durch ihre Erbmasse ein körperliches, seelisches und geistiges Potential mit, das sehr wohl auch auf ihren geistlichen Werdegang Einfluss hat. Wir waren immer wieder überrascht und fassungslos, wie vollkommen verschieden unsere fünf Kinder bei annähernd gleicher Erziehung sind und wie sich gewisse Charaktereigenschaften nachvollziehen und sogar auf andere Familienmitglieder (z. B. Großeltern) oder auf einen selbst zurückführen lassen.

c) Auch Altlasten, die wir jetzt nicht mehr ändern können, wie z. B. eine Scheidung in der Vergangenheit, hinterlassen tiefe Spuren und wirken beeinflussend auf unseren Charakter und auch auf geistliche Dinge.

Wir müssen uns also der Tatsache bewusst sein, dass gehorsame und gläubige Kinder nicht machbar sind und als Segen feststehen, wenn wir nur das Richtige tun. Durch die Erbsünde, durch Einflüsse aus dem Umfeld, durch ein prägendes Erbmaterial und durch Altlasten kann es sehr wohl dazu kommen, dass die Kinder ohne unmittelbare oder auslösende Schuld der Eltern vorerst einmal den breiten Weg gehen und sich vom Glauben abwenden.

3. Probleme mit den Kindern können die Ehe stark belasten. Es kann zu gegenseitigen Vorwürfen kommen, die sehr verletzen und die Not noch vergrößern. Wie gesagt werden wir in Bezug auf Fehler bei uns selbst und auch beim anderen fündig werden und mancher Konflikt diesbezüglich wird vielleicht unvermeidbar sein. Aber dabei sollen wir nicht stehen bleiben. Jede Not, jede Krise birgt auch eine Chance in sich – das gilt auch für dieses Thema. Männer werden sehr viel Liebe und Verständnis brauchen, da sich normalerweise die Mutter noch mehr in Frage gestellt fühlt als der Vater. Männer sprechen leichter auf verstandesmäßige Hilfen an, Frauen tun sich schwerer, tiefe seelische Nöte mit rationalen Argumenten zu überwinden. Aber bei beiden braucht es einfach Zeit. Für viele Mütter – ich muss es so offen ansprechen – sind die Kinder oft zu sehr Lebensinhalt. Ihr ganzes Glück steht und fällt mit ihnen. Vielleicht will dir der Herr gerade das jetzt aufzeigen und in diesem Bereich an dir arbeiten. Das gibt dir auch die Chance, Ihn wieder an erste Stelle zu setzen und deine gefühlsmäßige Erfüllung mehr im Herrn und in deinem Mann zu suchen als in deinen Kindern.

Wir sollten uns als Ehepartner nicht darauf konzentrieren, was der andere zu tun hätte, sondern, was wir zu tun haben. Eine schwierige Trapezübung kann nur gelingen, wenn sich beide Partner im Zusammenspiel auf ihre eigene Verantwortung konzentrieren.

4. Ihr seid mit all diesen Problemen nicht alleine, sondern es geht vielen Christen genauso. Angefangen vom ersten Paar in der Bibel (Kain erschlägt Abel!) bis zu diesem heutigen Tag hatten und haben Eltern dieselbe Not! Das gehört für gläubige Eltern in dieser gefallenen Welt mit zum Leben. Und da auch das Leben unserer Kinder – ob gläubig oder nicht – den Gesetzen dieser gefallenen Welt unterliegt, wird es auch bei »gut geratenem« Nachwuchs viel Grund zum Mitleiden geben. Auch David erlitt sehr

viel Not durch seine Kinder. Natürlich finden wir auch bei diesem »Mann nach dem Herzen Gottes« einige offensichtliche Fehler in der Erziehung, aber es lässt sich nicht alles darauf zurückführen und muss es auch nicht. Es gibt keine vollkommene Erklärung für das Scheitern oder das Gelingen der Kindererziehung. Warum wurde Manasse, Hiskias letztes Kind, solch ein Scheusal und wie konnte Gott das Herz des Josia, der als Kind König wurde, in solch einer Tiefe erreichen? Darauf gibt es keine letzten Antworten. Es ist so wichtig, dass wir alles aus tiefstem Herzen bei Gott abgeben und Ihm alles übergeben. Wir dürfen und müssen mit Ihm weitergehen, auch wenn wir aus vielen Wunden bluten. Gerade darin ist uns David wieder so ein großes Vorbild.

5. Gottes Wort kommt nicht leer zurück. Soweit ich es beurteilen kann, wurden Samuels Söhne nie gläubig. Die »Qualität« ihres Lebens fiel so stark von der ihres Vaters ab, dass sich das Volk Israels weigerte, sie als Nachfolger ihres Vaters zu akzeptieren. Welche Enttäuschung muss das für Samuel selbst gewesen sein!

So schmerzlich es für Samuel auch war, ging der Same seines Wortes und seines Lebens bei ihm nicht in der ersten Generation auf, dafür aber in der zweiten. Heman wurde in das wichtige Amt des Leiters der geistlichen Musik (mit Asaf und Etan) berufen. Auch seine Nachkommen standen in diesem geistlichen Dienst, der seinen Höhepunkt in der Tempeleinweihung unter Salomo fand. Er wird auch Seher des Königs genannt, also war er durch den Empfang von Offenbarungen Gottes ein geistlicher Berater. 2. Chronik 35,15 gibt auch Anlass für die Vermutung, dass seine Nachkommen noch viele, viele Jahre später geistlich aktiv waren und eventuell sogar einen wichtigen positiven Einfluss auf König Josia hatten, der so zu einem großen Segen für das Volk Gottes geworden war.

Ja, liebe Eltern, unsere Hingabe an den Herrn und an unsere Kinder wird nie umsonst sein!

6. Als versöhnlichen Abschluss dieser Gedanken wollen wir uns noch einmal vor Augen halten, dass geistliche Krisen

einer echten Bekehrung sowohl vorausgehen als ihr auch nachfolgen. Das ist etwas ganz Normales und wir müssen das auch unseren Kindern zugestehen. Tom Bisset schreibt sinngemäß so treffend, dass unsere Gemeinden voll sind von Menschen, die irgendwann einmal den Glauben verlassen haben und wieder zurückgekehrt sind.

Konkrete Hilfestellungen

Wir sollten uns als Erstes vor Augen halten: Was können wir als Eltern vorbeugend dazu beitragen, damit unsere Kinder den Weg in die Nachfolge Jesu finden? Ich denke, dass das Wichtigste ein eigenes ehrliches Leben in der Jüngerschaft Jesu ist. Nicht nur als bekennende Christen und im Festhalten am Wort Gottes, sondern auch in echter Abhängigkeit von Gott und im Umsetzen seines Wortes, in einer echten Liebesbeziehung zu Jesus Christus und in völliger Ergebenheit Ihm gegenüber. Das bedeutet auch Offenheit und Ehrlichkeit. Als Jünger Jesu sind wir ja ein Leben lang Lernende. Wir brauchen deshalb nicht die Halbgötter unserer Kinder zu sein, die immer alles richtig machen. Stattdessen müssen wir zugeben, dass wir Fehler machen, auch in der Erziehung. Wir müssen dabei auch eigene Fehler zugeben können. Ich habe mich schon manches Mal bei einem meiner Kinder entschuldigen müssen, weil eine Reaktion zu heftig oder eine Situation von mir falsch eingeschätzt und beurteilt worden war. Der Rede kurzer Sinn: Es braucht Echtheit im Leben mit Gott und Echtheit im Leben mit unseren Kindern. Das werden sie in ihr Leben mitnehmen, auch wenn sie uns oder unseren Herrn vorübergehend ablehnen.

Die Kinder sollen an uns den Preis der Nachfolge sehen, aber auch, dass der Glaube »funktioniert«, dass Gott lebendig ist und Gebet erhört, dass Er alle Bereiche unseres Lebens durchdringen will und kann.

An unserer immer wieder vergebenden und annehmenden Liebe sollen sie die Liebe Gottes zu den Menschen ablesen können, der uns so aufnimmt, wie wir sind, und der uns nach Gnade und nicht nach Gerechtigkeit behandelt. Unser Zuhause soll für sie erlebbar sein und ihnen als Heimat- und Schutzhafen und als Ort der Hilfe und Annahme in Erinnerung bleiben.

Auf dieser Basis können wir sie lehren und ihr Denken und Fühlen immer wieder auf Gott lenken. Alles, was den Glauben fördert, wollen wir tun, solange es möglich ist. Familienandachten, offene Gespräche über ihre Fragen, Vorlesen aus der Kinderbibel, die Unterweisung am Sonntag in den Sonntagsschulen, christliche Treffen mit Jugendlichen, Feriencamps und, und, und. All das wird sie prägen und sie werden diese Erfahrungen in ihr späteres Leben mitnehmen – ob sie es wollen oder nicht. Dieser Schatz in ihrem Herzen ist wie eine Brücke zurück zu Gott.

Wenn nun das Kind abirrt und uns das Herz zerbricht, so ist es das Wichtigste, dass wir unsere negativen Emotionen in den Griff bekommen und lernen, mit dieser Not zu leben. Je mehr wir uns von negativen Emotionen leiten lassen, sei es in unserem persönlichen Leben oder in unserer Beziehung zu unserem Kind, desto mehr sind wir in Gefahr, mehr Schaden anzurichten als Gutes zu tun. Wir können dabei Fortschritte erzielen, indem wir radikal und immer wieder alles beim lebendigen Gott abgeben und Ihm die Situation überlassen. Dieser Prozess braucht Zeit, das ist mir ganz klar. Wenn wir es aber in unserer persönlichen Jüngerschaftsschulung gelernt haben, die Schmerzen und die ungewisse Zukunft bei Gott abzugeben, werden wir viel mehr Ruhe haben und mit mehr Weisheit handeln.

Agieren und Reagieren, so läuft es im Leben. Wie sollen wir aber reagieren, wenn unser Kind völlig daneben schlägt und durch seine Rebellion uns und Gott ständig ins Gesicht schlägt? Sollen wir ebenfalls den Druck erhöhen und unsere noch vorhandenen Vorteile gegenüber dem Kind ausnutzen, um es zu zwingen, das zu tun, was wir für richtig halten? Sollen wir auf autoritäre Weise unseren Willen durchsetzen, solange es noch möglich ist? Grundsätzlich ist zu sagen, dass es ein Widerspruch in sich selbst ist, den Glauben an Christus und christliche Verhaltensweisen aufzuzwingen. Gott tut es nicht bei uns und wir sollen es auch bei unseren Kindern nicht tun.

Als ich zehn Jahre alt war, kam ich in ein katholisches Internat, in dem, ob wir es wollten oder nicht, viele Male am Tag gebetet wurde und zweimal die Woche die Messe zu besuchen war. Nach drei Jahren des »Religionszwangs« war ich voller Hass auf die Kirche und auf Gott. Nach einem Schulwechsel war ich der Einzige in der Klasse, der sich weigerte, am Religionsunterricht teilzunehmen und meine Mitschüler waren über meine Gotteslästerungen schockiert. Zwang führt zur Rebellion, die sowieso in den Kindern angelegt ist und im Teenageralter immer stärker hervortritt.

Wir sollen also unsere Kinder positiv prägen, und zwar so viel wie möglich, und müssen ihnen dann selbst die Wahl überlassen, ob sie mit Gott gehen wollen oder nicht. Tom Bisset zitiert Oswald Chambers: »Gott, der die Vögel schuf, machte niemals Vogelkäfige. Menschen machen Vogelkäfige, und nach einer Weile werden wir ganz verkrampft und können nur noch zwitschern und auf einem Bein stehen.« Bedingungslose Unterwerfung ist etwas ganz anderes als Wegweisung und konsequente Korrektur, verbunden mit bedingungsloser Liebe. Diese Gedanken haben mir sehr geholfen und meine Entscheidungen verändert.

Konsequenz, Grenzen setzen und Bestrafung sind natürlich auch ein wichtiger Teil in der Kindererziehung. Je jünger das Kind ist, desto mehr wird es unserer Führung bedürfen. Wir können nicht einen 10-Jährigen entscheiden lassen, was er tun will, und auch nicht einen 15-Jährigen in allen Bereichen. Das geht einfach nicht und das ist auch nicht mit Freiheit gemeint. Mir geht es darum, dass wir die Kinder in Glaubensdingen nicht zwingen sollen. Kinder und Jugendliche brauchen unsere Führung. Solange die Kinder bei uns im Haus sind, unterstehen sie auch den Eltern und müssen sich an die Grundlinien, die in diesem Haus gelten, halten. Je erwachsener sie aber werden, desto mehr tragen sie selbst die Verantwortung, wenn sie außerhalb unseres Wirkungsbereiches Dinge tun, die nicht dem Wort Gottes entsprechen. So kann es z. B. vorkommen, dass die Kinder sexuelle Beziehungen pflegen. Sollen wir sie deshalb verwerfen? Nein, ich würde es aber auch nicht akzeptieren, dass sie das in meinem Haus tun. Ich würde auch allen Widerstand aufbieten, wenn sie jüngere Geschwister in diese Richtung beeinflussen wollen.

Solange wir die Versorgungsverpflichtung für unser Kind haben, müssen wir dieser auch nachkommen, das ist keine Frage. Fügt sich aber ein Kind partout nicht ein und führt einen ausschweifenden Wandel mit Drogen, Alkohol oder Sex, und hält es sich auch an keinerlei Regeln und versucht, andere Geschwister denselben Wandel schmackhaft zu machen, müssen wir darauf reagieren. Das kann zur Trennung führen, indem es den gemeinsamen Haushalt verlassen muss. Sei es durch ein Internat oder eine eigene Wohnung, wenn es schon erwachsen ist. Gottes Wort sagt ganz deutlich, dass wir unsere Kinder konsequent erziehen müssen. Eltern, die ihre Kinder unter allen Umständen decken und alles wieder gutmachen wollen, was sie anrichten, machen sich moralisch zu Mittätern, die das unmoralische Verhalten ihrer Kinder weiter möglich machen. Ist das Kind z. B. ein notorischer Spieler und zahlen die Eltern immer seine Schulden, um ihm die Folgen seines Verhaltens zu ersparen, machen sie so das Weiterspielen erst möglich und verhindern damit eine konstruktive Auseinandersetzung mit dem Problem.

Dass die Kinder im Kern gut sind und selbst ihren Weg finden werden, ist eine Lüge des Teufels, wenn auch eine edle und dadurch verlockende. Der Mensch ist nicht gut, auch unsere Kinder nicht. Irgendetwas wird sie prägen und in die Richtung führen, die dann ihr Leben bestimmt. Genau das ist unsere Aufgabe als Eltern: sie prägen und ihre Wege vor den Abgründen bewahren. Dazu gehören auch Konsequenzen für das, was sie tun. Gleichzeitig muss aber die Tür für Buße und Umkehr immer offen stehen, denn sie steht uns bei unserem himmlischen Vater auch immer offen.

Es ist sicher der herausforderndste Fall, wenn ein Kind absolut unzugänglich für jegliche Korrektur ist, sei es in Liebe oder auch durch Härte und Konsequenz. Nichts fruchtet und hilft. Da wird man mit der Zeit ratlos und weiß nicht mehr weiter. Was soll ich konkret tun, was soll ich erlauben und was nicht? Wie helfe ich mir gegen das ständige Hintergehen unserer Abmachungen? Niemand hat hier ein perfektes Konzept, aber es gilt trotzdem all das, was wir schon gesagt haben. Wir können in so einer Situation verzweifeln oder in Gott ausharren, in Weisheit und Ruhe oder in Zorn und Wut handeln. Ist das Kind tatsächlich bösartig und beantwortet Gutes nur mit Schlechtem, dann kann man die noch gemeinsame Zeit eigentlich nur aussitzen und abwarten. Eine Trennung der Wege wird unvermeidlich sein. Wir werden uns ja nicht unserem Kind anpassen und Gottes Wege verlassen. Trotzdem muss immer eine Tür offen bleiben.

Solch ein Mensch war z. B. Manasse, der Sohn Hiskias. Er führte durch seine Bosheit und Gottlosigkeit Gottes Volk sehr schlecht. Gottes Zorn kam über Israel. Die Zerbrüche dieser Zeit waren nicht mehr zu kitten und führten letztlich zur Eroberung Jerusalems durch die Babylonier. Und trotzdem kam es sogar bei so einem böswilligen Menschen wie Manasse in großer Not zu einer Umkehr! Gott nahm seine Buße an und verwandelte die Not in Segen. Das ist ein Vorbild. Mag es noch so schlecht ausschauen, wir wissen nie, was die Zukunft bringen wird. Wenn sogar ein Manasse umkehren konnte, ist es auch bei unserem Kind möglich. Und wenn (zu meinen Lebzeiten nicht), dann ist das eine Sache zwischen meinem Kind und Gott, sowie mein geistliches Leben eine Sache zwischen mir und Gott ist.

Noch einmal zum Thema negative Gefühle: Oft ist es unser verletzter Stolz und unsere unrealistischen Hoffnungen und Erwartungen, die uns zornig machen. Die Kinder sind uns aber nicht gegeben, dass sie unseren Stolz befriedigen, auch nicht dafür, dass wir uns von ihren Fehlern und von ihrem Versagen fertig machen lassen. Wir müssen begreifen, dass ihre Entscheidungen und ihre Probleme nicht die unseren sind, auch wenn sie unser Fleisch und Blut sind. Wenn wir das nicht können, steht und fällt mit ihnen unser eigenes Leben. Wir sind damit keine Hilfe, weder für sie noch für uns. Wir müssen die Tatsachen akzeptieren, so wie sie sind, und mit unserer Enttäuschung und Verbitterung selbst fertig werden. Nur so können wir Gottes Liebe und Barmherzigkeit, aber auch Seine weise Führung und Erziehung, die wir in unserem Leben mit Ihm erfahren, unvollkommen aber doch auf unsere Kinder übertragen. Angst, selbstsüchtiger Ehrgeiz und egoistische Verletztheit sind für eine weise Erziehung keine guten Lehrer. Die »Schande« zu akzeptieren, dass man vorläufig kein positives Ergebnis vorlegen kann, ist auch eine wichtige Schule für unser »Fleisch«. Wir müssen dieses vermeintliche Recht aufgeben, unsere Kinder vorzuzeigen, auf sie stolz zu sein und durch sie Freude erleben zu wollen. Wir müssen sie überhaupt ganz loslassen und Gott anbefehlen und auf dieser Basis das tun, was in unserem Verantwortungsbereich liegt.

Der wichtigste Gedanke und die größte Hilfe zu diesem Thema ist für mich persönlich, dass Gott mir gegenüber langmütig und barmherzig ist, groß an Gnade und langsam zum Zorn. So darf ich meinen Gott erleben, gerade in Graubereichen, in eingefahrenen Gewohnheiten, in Charakterschwächen und noch nicht überwundenen und besiegten »Feinden«. Wir müssen unsere Begrenztheit anerkennen, ohne aber dabei die Gnade zur Ausübung der Sünde zu missbrauchen. Wir müssen ebenso anerkennen, dass wir ganz und gar auf die Gnade Gottes angewiesen sind. Er fängt immer wieder mit uns an, immer wieder und immer wieder! Gerade bei unseren Kindern sind wir meistens nicht so tolerant. Unrealistische Erwartungen, Überempfindlichkeit, schematisches Denken stehen dem entgegen. Aber sie haben genauso Schwächen und Schlagseiten, eingefahrene Gewohnheiten und Charakterschwächen, die nicht auf Knopfdruck abgestellt werden können. Wenn Gott mir vergibt und zu mir barmherzig ist, wer bin ich, dass ich es nicht gegenüber meinen Kindern bin?! Vor nicht allzu langer Zeit sprach Gott nach einer schrecklichen und völlig unerwarteten Enttäuschung unmittelbar zu mir durch Sprüche 17 Vers 9:

> Wer Vergehen zudeckt, strebt nach Liebe; wer aber eine Sache immer wieder aufrührt, entzweit Vertraute.

Diese Anweisung ging gegen alle meine Gefühle, aber ich entschied mich nach einigen Tagen dafür. Die Gefühle ordneten sich dieser Entscheidung unter und die Dinge legten sich wieder.

Wir brauchen uns also nichts einreden oder die Dinge schönfärben: Sünde bleibt Sünde, Unrecht bleibt Unrecht und die notwendigen Konsequenzen sollen und müssen sein. Dennoch sollen wir unsere Kinder annehmen, trotz der erschütternden Realität – so wie Gott uns auf der Basis der nackten Tatsachen auch annimmt.

Falsche Hoffnungen und geistliche Strategien

Falsche Hoffnungen können sich auf unser Glaubensleben verheerend auswirken. Denkt jemand z. B. in einer Krankheit, dass ihm die Heilung zusteht, und tritt die Heilung dann nicht ein, so kann er an Gott irre werden.

> Erziehe den Knaben seinem Weg gemäß; er wird nicht davon weichen, auch wenn er älter wird.
>
> Sprüche 22,6

Darf ich etwa auf Grund dieses Verses davon ausgehen, dass es nicht anders sein kann, dass mein Kind irgendwann einmal zu dem zurückfinden muss und wird, was es in seiner Kindheit gelehrt wurde? Ist dieser Vers eine untrügliche Verheißung dafür, die ich Gott immer wieder vorhalten kann? Brauche ich im Hinblick auf Stellen wie Markus 11,22-24 nur lange genug zu beten und Gott wird meinen Glauben und meine Ausdauer nicht anders beantworten, als dass sich mein Kind irgendwann bekehren wird? Können wir die Umkehr und die Wiedergeburt unserer Kinder »herbei lobpreisen«, weil so die Mächte des Bösen, die es binden, gebrochen werden? Können wir Gott durch eine Übergabe unseres Kindes im Babyalter dazu bewegen, dass Er sich gegen den Willen des Kindes erbarmen wird und das Kind im Glauben durchdringen lässt? All diese Fragen müssen wir mit einem klaren Nein beantworten. Alle Angebote Gottes an den Menschen sind immer auch von dessen Bejahung und Bereitschaft abhängig. Trotzdem sollen wir weiterbeten und alles dafür tun, dass sich unser Kind bekehrt. Gott wird zur Umkehr Gelegenheiten geben, wir werden immer wieder auf den Glauben hinweisen, aber wir können nie über einen anderen Menschen oder auch über Gott bestimmen, auch nicht durch geistliche Aktivitäten wie Gebet oder Lobpreis. Die Bestimmung unserer Kinder liegt in deren eigenen Händen.

Rückblickend würde ich heute Folgendes anders machen bzw. versuchen, in Zukunft Folgendes zu verändern:

1. Mehr Zeit und innere Energie in eine herzliche Beziehung investieren. Das steht ganz oben auf meiner Liste. Ich möchte, dass meine Kinder durch den Umgang, den ich mit ihnen pflege, die Wertschätzung und Liebe, die ich für sie empfinde, greifen und fühlen können. Durch meine persönliche Geschichte bin ich hart zu mir selbst geworden – und auch zu anderen. Die Latte liegt einfach zu hoch (wie bei vielen Vätern) und das ist oft eher entmutigend als ermutigend. Möge Gott uns Weisheit geben, wann wir barmherzig sein sollen und wann konsequent und unnachgiebig.

2. Eine klarere Trennung von der Welt. Mir wird immer mehr bewusst, dass wir vieles, was wir ablehnen, über Umwege wieder in unser Haus hereinlassen. Dieser Umweg sind vor allem die Medien wie Fernsehen, Filme und Computer. Einiges, was wir Eltern richtig einordnen und

geistlich bewältigen können, was uns also nicht negativ beeinflusst, wird von den Kindern sozusagen filterlos aufgenommen und beeinflusst sie sehr wohl negativ. Das Fernsehen ist eine ständige Infiltrierung mit weltlichen und satanischem Gedankengut. Die Anstalten senden natürlich was gefällt, und was gefällt dem natürlichen Menschen? Da braucht man nicht lange nachzudenken. Aber auch romantische, scheinbar harmlose, Liebesfilme, die unser Herz ansprechen, vermitteln in Bezug auf Ehe und Sexualität gottlose Wertvorstellungen. Andere Filme enthalten Ansichten vom Leben, die der Bibel direkt widersprechen, uns aber trotzdem auf unbewusster Ebene prägen. Computerspiele kosten viel Zeit und verherrlichen oft Gewalt oder einen antichristlichen Lebensstil und über die Welten, die das Internet öffnet, brauchen wir gar nicht erst zu reden. Ich möchte hier in Zukunft klarere Grenzen ziehen und in Zeiten der Erholung nicht zu sehr auf weltliche Angebote zurückgreifen. Wie sollen Kinder unterscheiden, was im richtigen Leben richtig und falsch ist, wenn ihre Eltern durch Medien Falsches konsumieren und somit tolerieren? Zeiten in der Natur, das Lesen eines guten Buches, unbeschwerte Gemeinschaft miteinander sind für einen Christen auf jeden Fall dem Konsum gottloser Programme und Filme vorzuziehen. Wieder brauchen wir hier viel Weisheit, damit wir nicht gesetzlich werden und Regeln und Verbote unser Leben bestimmen. Wir sollten uns einfach die Frage stellen: Würde sich Jesus das anschauen?

3. Das Leben Gottes durch Vorbild und Lehre noch mehr vermitteln. Unsere Kinder sammeln ja im Laufe ihrer Kindheit ein enormes Wissen an. Es gibt kaum eine Geschichte aus der Bibel, die sie noch nicht kennen. Deshalb muss das Vorbild und nicht das Reden an erster Stelle stehen. Trotzdem sind regelmäßige Zeiten, in den wir ihnen vermitteln, was Gott uns wichtig gemacht hat und welche Wahrheiten unser Leben bestimmen, unerlässlich. Jeder muss hier seinen eigenen Weg finden, aber ohne Überlieferung des Glaubens an die nächste Generation wird der Glaube dort auch nicht ankommen!

4. Konsequent die negativen Emotionen mit dem Herrn verarbeiten und erst dann handeln. Aus fleischlichen Herzensgründen kommt kein geistliches Handeln. Enttäuschung, Jähzorn, Verbitterung, verletzter Stolz und andere Gefühle lassen uns spontan und emotional, aber nicht weise handeln. Deshalb bin ich heute weniger streng, aber doch sehr konsequent. Unsere Kinder sind keine Maschinen, die auf Knopfdruck funktionieren, und sie sind auch keine kleinen Affen, die wir dressieren müssen. Mögen auch angelernte äußere Verhaltensweisen wichtig sein, so sind doch Herzenshaltungen und die Früchte, die daraus entspringen, noch viel wichtiger. Sie sind Geschöpfe nach dem Ebenbild Gottes, und nur Sein Vorbild kann und soll uns im Umgang mit Ihnen richtig leiten.

5. Niemanden abschreiben, sondern jeden bedingungslos lieben. Liebe hat viel mehr mit willentlicher Entscheidung zu tun als wir glauben. Oft können wir keine rechten Gefühle für jemanden entwickeln. Ihn aber so zu behandeln, wie wir selbst gerne behandelt werden würden, ist mit der Hilfe des Heiligen Geistes jedoch möglich. Liebevolles Handeln hat viel zu tun mit Konsequenz, aber nichts mit innerer Ablehnung der Person. Nur der Herr kann uns helfen, unseren Feinden Gutes zu tun und für sie zu beten, und nur Er kann uns die Weisheit und die Liebe geben, ein rebellierendes Kind, das uns das Herz bricht, trotzdem bedingungslos zu lieben und innerlich anzunehmen.

Viel ließe sich noch zu diesem Thema sagen. Diese Zeilen wollen nur ein sehr persönlicher roter Faden sein, der dir hoffentlich in irgendeiner Weise helfen kann, deine Situation neu zu überdenken und neu mit der Hilfe des Herrn zu gestalten. Möge Gott dich dabei segnen und dir die Weisheit geben, die du brauchst.

8 Konkurs & Co. – Wenn unsere materiellen Träume zerplatzen

Es war vor etlichen Jahren: Nach Jahren des Kampfes stand es nicht so gut um meine Firma. Ich saß einem Berater gegenüber, der mich gerade über die Lage meines Unternehmens aufklärte. Obwohl die Sachlage nicht so gut war, erklärte ich dem Berater, dass ich davon überzeugt sei, dass Gott alles zum Guten führen würde. Es war für mich undenkbar, dass es wirklich zum Konkurs kommen könnte. All die viele Mühe, all die Teilerfolge können doch nicht einfach umsonst gewesen sein. Außerdem hatten wir immer wieder viel gebetet und von Anfang an alles Gott übergeben.

Alles – außer vielleicht die grundlegende Weichenstellung! Im Rückblick glaube ich heute, dass hier der entscheidende Fehler gelegen hat. Aber nicht nur das: Gott hat es ja zugelassen, dass wir mit Begeisterung in das Desaster hinein galoppiert sind, also wollte Er mich auch Einiges dadurch lehren, davon bin ich überzeugt. In dieser Phase fiel mir ein Buch von Larry Crabb in die Hände, in dem er zum Ausdruck brachte, dass es durchaus sein kann, dass Gott Katastrophen in unserem Leben zulässt, damit wir Ihn näher kennen lernen dürfen. Wir sollten als Christen nicht nur auf die Lösung unserer Probleme fixiert sein, sondern auch darauf, was Gott durch diese Probleme verändern will. Dabei erwähnte er in einem Nebensatz auch das Beispiel eines Konkurses. Ich kann es hier gar nicht zum Ausdruck bringen, wie sehr mir dieser Gedanke und dieses zufällige Beispiel geholfen haben. Immer wieder habe ich mich daran aufgerichtet, vor allem als ich mich aufgrund dieser unter Christen eher seltenen Erfahrung sehr einsam gefühlt habe.

Ein knappes Jahr später wurden meine Frau und ich mit einem Geschäft konfrontiert, das mir wie die Lösung aller Probleme erschien. Innerhalb kürzester Zeit ging es gewaltig vorwärts und wir konzentrierten uns ganz darauf, uns selbst aus dem Sumpf zu ziehen. Nach ca. zwei Jahren kam auch dieses Geschäft ins Stocken und ging eher wieder abwärts. Gleichzeitig spürte ich eine innere Leere und geistliche Orientierungslosigkeit. In meiner persönlichen Zeit mit Gott wurde ich immer wieder mit biblischen Aussagen über materielle Dinge und Geld konfrontiert. In einem Urlaub benutzte ich die Zeit, um mich täglich zurückzuziehen und den Herrn zu suchen. Wieder kamen Stellen aus Hebräer 13:

> Der Wandel sei ohne Geldliebe; begnügt euch mit dem, was vorhanden ist! Denn *er* hat gesagt:»Ich will dich *nicht* aufgeben und dich *nicht* verlassen«, so dass wir zuversichtlich sagen können:»Der Herr ist mein Helfer, ich will mich nicht fürchten. Was soll mir ein Mensch tun?«
>
> Hebräer 13,5-6

> Deshalb lasst uns zu ihm hinausgehen, außerhalb des Lagers, und seine Schmach tragen! Denn wir haben hier keine bleibende Stadt, sondern die zukünftige suchen wir.
>
> Hebräer 13,5-6

Ich betete:»Herr, warum kommen immer wieder solche Stellen? Was willst du mir sagen Herr? Ich bin nicht geldgierig und will dir dienen?« Nun kam es in diesen Tagen zu einem Durchbruch. Es war so, als ob Gott mir Folgendes zeigen wollte:»Ja, du willst ein für die Ewigkeit wertvolles Leben führen, aber du denkst, dass du zuerst alle deine Probleme gelöst haben musst und erst dann wieder mein Reich an die erste Stelle setzen kannst. Du bist innerlich ganz auf materielle Ziele konzentriert und nicht mehr auf mich. Ich will dich aber jetzt haben und nicht erst in einer fernen Zukunft, in der du vielleicht wieder materiell auf guten Füßen stehst.« Von diesem Zeitpunkt an habe ich Einiges umgestellt. Mir wurde bewusst, dass das Wort unseres Herrn Jesus:»Trachtet zuerst nach dem Reich Gottes und seiner Gerechtigkeit« auch für meine jetzige Situation galt. Von meinem Naturell her würde ich lieber gut dastehen und aus dem Vollen schöpfen als ständig unter Anspannung zu stehen und»gezwungen« zu sein, auf Gott zu vertrauen, damit die Dinge einigermaßen rund laufen.

Das sind zugegebenermaßen sehr spezielle Erfahrungen, die man absolut nicht verallgemeinern kann. Trotzdem sollen in diesem Kapitel Dinge angesprochen werden, die für uns alle gelten und die jeder Betroffene in sein Leben übertragen und auf sich anwenden kann.

Was lehrt die Bibel über Geld, materielle Ziele und über das Streben nach Anerkennung? Wir halten uns vor Augen, dass vieles, was ich in diesem Kapitel aufzeigen werde, absolut nicht in das momentan gängige Christentum passt und auch unserem »Fleisch« zutiefst zuwiderläuft.

Letztlich ist es die Entscheidung für jeden Christen in jeder Generation, sich vom Zeitgeist und den in seiner Gesellschaft gängigen Vorstellungen zu lösen und das zu entdecken und umzusetzen, was Gott in Seinem Wort zu einem Thema sagt. Herzenshaltungen und Verhaltensweisen, die die Bibel Habgier und Geldliebe nennt, sind auch unter Christen weit verbreitet, und werden gar nicht hinterfragt. Sehr oft wird ein gutbürgerliches Leben mit der Nachfolge Jesu verwechselt. So schwimmen denn auch die Christen oft mit im breiten Strom des gesellschaftlichen Trachtens nach materiellem Besitz und Sicherheit bzw. Anerkennung durch unsere Mitmenschen. Dieses Mitschwimmen kann nicht ohne tiefe geistliche Folgen bleiben. Die Auswirkungen sind ein stark diesseitsbezogenes Christentum und weltliche Ängste und Sorgen.

Sicherheit und Bedeutung

Materieller und sozialer Misserfolg widerstreben unserer natürlichen und angeborenen Grundausrichtung nach Sicherheit und Bedeutung diametral. Da unser berufliches, familiäres und gesellschaftliches Leben ganz eng mit unserem Streben nach Sicherheit und Bedeutung zusammenhängen und von diesem entscheidend gestaltet werden, tut es uns so unmittelbar und direkt weh, wenn wir hier Rückschläge oder gar einen katastrophalen Zusammenbruch erleiden.

Aber auch die Forderungen der Jüngerschaft richten sich ganz deutlich gegen unsere angeborenen Neigungen. Die Nachfolge Jesu beginnt eigentlich erst da, wo wir bereit sind, unserem egoistischen Streben nach Absicherung und Anerkennung abzusagen und den Herrn und die Dinge des Reiches Gottes entschieden an erste Stelle zu setzen. So kann es sein, dass Gott Misserfolg und Geldmangel dazu benutzt, um uns vertieft zu zeigen, was wir in Ihm haben und wie reich wir in Ihm sind.

Stellen aus der Heiligen Schrift zum Thema Sicherheit und Bedeutung sowie zum Thema Geld und materieller Besitz

[Dem Chorleiter. Von David. Ein Psalm.]
HERR, du hast mich erforscht und erkannt. Du kennst mein Sitzen und mein Aufstehen, du verstehst mein Trachten von fern. Mein Wandeln und mein Liegen – du prüfst es. Mit allen meinen Wegen bist du vertraut. Denn das Wort ist noch nicht auf meiner Zunge – siehe, HERR, du weißt es genau. Von hinten und von vorn hast du mich umschlossen, du hast deine Hand auf mich gelegt. Zu wunderbar ist die Erkenntnis für mich, zu hoch: Ich vermag sie nicht zu erfassen.

Psalm 139,1-6

Aber jetzt, so spricht der HERR, der dich geschaffen: Fürchte dich nicht, denn ich habe dich erlöst! Ich habe dich bei deinem Namen gerufen, du bist mein.

Jesaja 43,1

Niemand kann zwei Herren dienen; denn entweder wird er den einen hassen und den anderen lieben, oder er wird einem anhängen und den anderen verachten. Ihr könnt nicht Gott dienen und dem Mammon. Deshalb sage ich euch: Seid nicht besorgt für euer Leben, was ihr essen und was ihr trinken sollt, noch für euren Leib, was ihr anziehen sollt! Ist nicht das Leben mehr als die Speise und der Leib mehr als die Kleidung?

Matthäus 6,24-25

Denn nach diesem allen trachten die Nationen; denn euer himmlischer Vater weiß, dass ihr dies alles benötigt. Trachtet aber zuerst nach dem Reich Gottes und nach seiner Gerechtigkeit! Und dies alles wird euch hinzugefügt werden.

Matthäus 6,32-33

Wenn wir aber Nahrung und Kleidung haben, so wollen wir uns daran genügen lassen. Die aber reich werden wollen, fallen in Versuchung und Fallstrick und in viele unvernünftige und schädliche Begierden, welche die Menschen in Verderben und Untergang versenken. Denn eine Wurzel alles Bösen ist die

Geldliebe, nach der einige getrachtet haben und von dem Glauben abgeirrt sind und sich selbst mit vielen Schmerzen durchbohrt haben.

1. Timotheus 6,8-10

Der Wandel sei ohne Geldliebe; begnügt euch mit dem, was vorhanden ist! Denn *er* hat gesagt: »Ich will dich *nicht* aufgeben und dich *nicht* verlassen.«

Hebräer 13,5

Er sprach aber zu ihnen: Seht zu und hütet euch vor aller Habsucht! Denn auch wenn jemand Überfluss hat, besteht sein Leben nicht aus seiner Habe. Er sagte aber ein Gleichnis zu ihnen und sprach: Das Land eines reichen Menschen trug viel ein.Und er überlegte bei sich selbst und sprach: Was soll ich tun? Denn ich habe nicht, wohin ich meine Früchte einsammeln soll. Und er sprach: Dies will ich tun: ich will meine Scheunen niederreißen und größere bauen und will dahin all mein Korn und meine Güter einsammeln; und ich will zu meiner Seele sagen: Seele, du hast viele Güter liegen auf viele Jahre. Ruhe aus, iss, trink, sei fröhlich! Gott aber sprach zu ihm: Du Tor! In dieser Nacht wird man deine Seele von dir fordern. Was du aber bereitet hast, für wen wird es sein? So ist, der für sich Schätze sammelt und nicht reich ist im Blick auf Gott. Er sprach aber zu seinen Jüngern: Deshalb sage ich euch: Seid nicht besorgt für das Leben, was ihr essen, noch für den Leib, was ihr anziehen sollt! Das Leben ist mehr als die Nahrung und der Leib mehr als die Kleidung.

Lukas 12,15-23

Unzucht aber und alle Unreinheit oder Habsucht sollen nicht einmal unter euch genannt werden, wie es Heiligen geziemt.

Epheser 5,3

Tötet nun eure Glieder, die auf der Erde sind: Unzucht, Unreinheit, Leidenschaft, böse Begierde und Habsucht, die Götzendienst ist!

Kolosser 3,5

Euer Gold und Silber ist verrostet, und ihr Rost wird zum Zeugnis sein gegen euch und euer Fleisch fressen wie Feuer; ihr habt Schätze gesammelt in den letzten Tagen.

Jakobus 5,3

Wenn aber ein Bruder oder eine Schwester dürftig gekleidet ist und der täglichen Nahrung entbehrt, aber jemand unter euch spricht zu ihnen: Geht hin in Frieden, wärmt euch und sättigt euch! ihr gebt ihnen aber nicht das für den Leib Notwendige, was nützt es? So ist auch der Glaube, wenn er keine Werke hat, in sich selbst tot.

Jakobus 2,15-17

Und ich sage euch: Macht euch Freunde mit dem ungerechten Mammon, damit, wenn er zu Ende geht, man euch aufnehme in die ewigen Zelte!

Lukas 16,9

Wir sind geliebt und umgeben von der mächtigsten und wichtigsten Person, die es im Universum gibt. Das ist unsere eigentliche Sicherheit und Bedeutung. Gott selbst kennt uns, Gott selbst liebt uns, wir sind in Ihm geborgen und haben eine lebendige Hoffnung auf eine wunderbare Zukunft in einer ewigen Welt, in der es all das, was uns jetzt belastet, gar nicht mehr geben wird. Ohne Christus hatten wir in unserem Leben keine Hoffnung, keinen Sinn, kein Fundament. Mit Ihm sind wir in einem Zustand des völligen Genügens, egal, was uns in diesem Leben passiert. David vergleicht den Zustand des geistlichen Gläubigen mit einem Baby, das von der Mutter gestillt worden ist. Es ist dann besonders zufrieden, und deshalb sollten auch wir uns dafür entscheiden, dankbar zu sein und dankbar auf das zu schauen, was uns noch geblieben ist, sei es was den geistlichen Besitz betrifft, sei es, was den materiellen Besitz betrifft.

Ich gebrauche bewusst das Wort Entscheidung zur Dankbarkeit, Zufriedenheit und Annahme der Situation, weil uns unsere negativen Gefühle hier wieder einmal einen großen Streich spielen wollen. Frust, Angst und andere tiefe Gefühle, die direkt aus unserem Inneren kommen und uns bedrängen, lassen uns nämlich so gar nicht zufrieden sein. Man kann sich oft gar nicht dagegen wehren, und trotzdem ist es wichtig und entscheidend, in den Tälern der Anfechtung nach oben auf die Berge zu schauen, von wo uns Hilfe kommen wird. Wir müssen uns die geistlichen Wahrheiten vor Augen halten und dürfen es nicht zulassen, dass wir nicht mehr dankbar sind für das wunderbare Geschenk der Erlösung.

Gerade wenn wir lange in Situationen sind, die wir uns nie ausgesucht hätten oder sogar gefürchtet haben, ist das Festhalten am Glauben und an unserem Bekenntnis von entscheidender Bedeutung. Das drückt sich darin aus, dass wir mit all unserer Not bewusst zu Gott gehen und Ihm alles anvertrauen und auch weiterhin alles meiden, was unser geistliches Leben zerstören würde.

Wir sind mit geistlichem Segen überschüttet

Auch dann, wenn wir materiell und sozial von den Maßstäben unserer Gesellschaft aus gesehen in der Rangordnung weit unten stehen, sind wir reich, weil wir mit ewigem Gut, das uns niemand mehr nehmen kann, überreich gesegnet wurden. Alles das, wonach der Mensch in seinem innersten Wesen sucht, haben wir in Christus gefunden. Alles, was wir brauchen, um wirklich glücklich zu sein, haben wir jederzeit reichlich zur Verfügung.

Dem gegenüber stehen die Erwartungen der Welt und der Menschen ohne Gott, die ihr Glück im Hier und Jetzt suchen und auch auf ihre Art finden mögen. Diese natürlichen Lebensziele prägen uns Christen aber leider auch. Dessen sind wir uns meistens gar nicht bewusst, und so übernehmen wir als Christen diese Ziele und den damit verbundenen Lebensstil direkt von der Welt und fügen ihn in ein christliches Schema ein oder verbinden ihn damit. Folge davon ist, dass viele Christen im Westen letztlich so wie die Welt ausgerichtet sind und auch so leben. So steht das Eigene vor dem des anderen und nicht umgekehrt, wie es für Jünger Jesus sein sollte. Materialistisches Denken und Handeln sind aber etwas Heidnisches und somit Götzendienst!

Noch etwas: Dem ärmsten Sozialfall bei uns geht es besser als den meisten anderen Menschen auf dieser Welt. Praktisch alle haben ein Dach über dem Kopf und müssen nicht hungern. Nicht einmal die Obdachlosen sind in Gefahr zu verhungern, geschweige denn irgendein anderes Mitglied unserer Gesellschaft. Die meisten Christen im Westen sind nicht nur geistlich reich, sondern auch materiell, da sie diesbezüglich mehr besitzen als Milliarden anderer Mitbewohner dieses Planeten, die täglich um das Notwendigste bangen müssen. Im neutestamentlichen Sinn und vor dem Hintergrund der damaligen sehr armen Gesellschaft beginnt Wohlstand da, wo man mehr besitzt als man für die elementaren Bedürfnisse braucht, oder sogar Überfluss hat, den man sammeln kann.

Das Neue Testament ermuntert uns nicht, materiellen Überfluss anzustreben und in diesem Bereich besonderen Zielen nachzulaufen.

Das steht natürlich in einem gewissen Gegensatz zu einigen Stellen aus dem Alten Testament, aus denen hervorgeht, dass der Gerechte von Gott auch materiell und mit zahlreicher Leibesfrucht gesegnet wird. An der Stelle muss berücksichtigt werden, dass der Bund Gottes im AT mit seinem Volk Israel ein Bund mit Bedingungen war: Gehorsam erntete irdischen Segen: viele Kinder, Gesundheit, Sieg über Feinde (5Mo 7,11-16a).

Im Neuen Testament geht es um geistliche Segnungen. Man wird durch das Streben danach oder die Angst, Besitz wieder zu verlieren, von den eigentlichen Zielen, die Gottes Sohn uns direkt vorgelebt hat, abgebracht. Das Sammeln materieller Güter über unsere Bedürfnisse hinaus wird als das bezeichnet, was es eigentlich ist: als Geldgier und Habsucht. Habsucht wird in den Sündenkatalogen mehrmals genannt und Sünden wie Ehebruch oder Neid gleichgestellt.

Materialismus birgt im Neuen Bund große Gefahren in sich; Klugheit, gesunder Menschenverstand, finanzielle Verantwortung, Sparsamkeit und Voraussicht sind wertvolle Eigenschaften. Aber nur für das Eigene sorgen, wie der natürliche Mensch es tut, und für das Reich Gottes nur armselige Almosen überhaben, das ist Streben nach irdischer Sicherheit nach dem Wandel der Väter und eines Jüngers Jesu nicht würdig. William MacDonald verwendet ein gutes Bild: Als er einmal einen zerdrückten Teebeutel aus der Tasse zog, meinte er sinngemäß: Das ist es, was viele Christen für die Missionare geben. Natürlich hat gerade der Protestantismus eine lange Liste von reichen bis sehr reichen Leuten oder einfach fleißigen Menschen, die es weit gebracht haben. Aber wir müssen uns nach dem Motto John Wesleys im Umgang mit erworbenen Gütern und in der Verwendung unserer Geldmittel von der Welt unterscheiden. Sein Motto: »Verdiene möglichst viel, spare möglichst viel und gib möglichst viel« weist uns den Weg für den materiellen Überfluss. Klug wirtschaften und in der Welt Ansehen erwerben allein unterscheidet uns nicht von der Welt, sondern macht uns ihr gleich. Auch und besonders die Welt wirtschaftet ja klug und hat hauptsächlich nur ein Trachten: Erworbenes abzusichern und zu mehren und der eigenen Nachkommenschaft möglichst viel zu hinterlassen, damit sie dasselbe tun kann.

Das so genannte Wohlstandsevangelium ist leider sehr weit und zunehmend verbreitet. Aussagen wie: Gib Gott den Zehnten, damit Er dich mit mehr segnet, und: Wir sind Königskinder, deshalb soll es uns besser gehen als den Menschen in der Welt (ein Sieben-Sterne-Hotel ist gerade gut genug für uns) stellen den neutestamentlichen Tatsachenbefund und den Lebensstil unseres Herrn und Seiner Apostel in satanischer Weise auf den Kopf. Solche Lehren führen uns an allem vorbei, was Gott eigentlich für uns will. Wohlstand, unsere Bedürfnisse und unser Wohlergehen stehen in diesem Denken im Mittelpunkt, und Leute »bekehren« sich, weil sie auch in den Genuss dessen kommen wollen, was Gott scheinbar für alle die bereit hat, die Seine Kinder werden. Dieser Wohlstandsegotrip hat nichts mit dem biblischen Befund oder der Nachfolge des Herrn zu tun.

Die Schrift ermutigt uns nicht, uns auf das Sammeln und Vermehren zu konzentrieren. Wir sollen unseren Überschuss in die Ewigkeit und in Menschen investieren, die darauf angewiesen sind, also Arme und Mitarbeiter, die vollzeitig im Dienst stehen und sich deshalb nicht selbst versorgen können.

Geld ist ein Mittel zum Zweck und kein Selbstzweck. Geld ist dafür da, eingesetzt zu werden, um etwas Positives im Sinne Gottes und Seines Wortes zu erreichen und nicht dazu, uns durch Horten sicher zu fühlen. Das heißt nicht, dass wir als Christen Aussteiger werden müssen, um dem Neuen Testament zu genügen, sondern es geht um unsere Herzensausrichtung: Was hat Priorität? Gott oder der Mammon? Das ist es, was der Herr Jesus meint, wenn Er sagt, dass wir nicht zwei Herren dienen können.

Viele Gläubige, die gut begonnen haben, sind heute Lot-Christen, die ihre Vollmacht und Hingabe durch den Materialismus verloren haben. Da uns das Trachten nach Sicherheit, Wohlstand und Ansehen in dieser Welt angeboren ist, diese Lebenseinstellung aber im christlichen Kleid genauso verderblich ist wie im direkt weltlichen, muss Gott uns manchmal schwere Wege führen, um uns davor zu bewahren. Wie gesagt sind wir Christen oft so beeinflusst von den Vorstellungen der Welt, dass wir Erziehung und Korrektur brauchen, um nicht in dieser Falle zu enden.

Der Herr tadelt die Gemeinde in Laodicäa wegen ihrer Lauheit und ihrer Überzeugung, sehr reich und nicht bedürftig zu sein, hart. Und tatsächlich gibt es heute für jede Vorliebe eine eigene Bibelübersetzung und zu jedem Thema, das man sich nur vorstellen kann, viele Bücher, die sich damit beschäftigen. Viele Tausende verschiedene christliche Organisationen, Kirchen, Gemeinden und Missionsgesellschaften bieten ein reichhaltiges Programm in allen Schattierungen und für alle religiösen Bedürfnisse. Viel Geld wird eingenommen und ist im Umlauf. Eines aber fehlt durchgehend: echte Vollmacht, eine tiefe Schau Gottes zusammen mit dem unbedingten Lebensziel, Ihm zu gefallen, egal was es kostet. Eine erstaunliche Fülle an sichtbaren Dingen also auf der einen Seite, aber eine erstaunliche geistliche Armut und Oberflächlichkeit auf der anderen Seite.

Der Wohlstand führt dazu, dass wir mit wichtigen Themen des Neuen Testaments wie Armut, Unterdrückung, korrupte Staatsmacht oder direkte Abhängigkeit von Gott zur Erfüllung unserer Bedürfnisse aufs erste gar nichts anfangen können. Der materielle Reichtum im Westen hat uns in eine penetrante geistliche Armseligkeit geführt. Während unsere Gesellschaft immer mehr degeneriert und die christliche Szene mit ihr, spielt sich das geistliche Leben da ab, wo Menschen in aller Einfachheit und Direktheit auf Gott hin ausgerichtet sind und Ihn und sein Wort suchen. In evangelikalen Kreisen kommt eine stark verstandesmäßige Ausrichtung noch dazu. Man begnügt sich mit der Aufrechterhaltung und Verteidigung der rechten Lehre und des rechten Denkens. Dass die Ansprüche Gottes an uns viel tiefer gehen und viel umfassender sind, kommt dabei einfach zu kurz.

Es ist deswegen nicht nur Grund zur Traurigkeit, wenn wir gezwungen sind auszusteigen, aus diesem Teufelskreis herauszukommen und unsere geistlichen Fundamente, die plötzlich ins Wanken gekommen sind, zu überprüfen.

Basierend auf diesen Gedanken möchte ich dir nun einige ermutigende Prinzipien für deine Situation mitgeben.

Als erstes und wichtigstes Prinzip gilt: Egal, welches materielle Unglück dir widerfahren ist: du hast immer noch Gott! Vielen Menschen geht es schlechter als dir und sie haben noch dazu keinerlei Hoffnung, weder für dieses Leben noch für das nächste. Ist ihnen Unrecht widerfahren, haben sie niemanden, zu dem sie mit ihren Klagen kommen und bei dem sie ihre Lasten abladen können. Sie haben keinen Gott, in dem sie sich geborgen fühlen dürfen und der ihre Gebete erhört. Deshalb bedenke: Du hast eine tragfähige Basis, auf der du dein Leben neu ausrichten und dich von neuem positiv orientieren kannst! Wenn du jetzt ganz unten bist, heißt das noch lange nicht, dass das immer so bleiben muss. Echte Wunder passieren selten, aber Gebetserhörungen und konkrete Hilfe im Lebenskampf ist für einen Christen etwas durchaus Normales. Das kannst du für dich in Anspruch nehmen. Dabei ist unser Ausharren und unsere Mitarbeit gefragt und sogar Bedingung.

Gott hat zugelassen, dass ich durch einen gemeinen Menschen nicht zu dem Geld gekommen bin, das mir zugestanden hätte. So musste ich Konkurs anmelden. Er hat das so kommen lassen – Punkt! Ich darf daran glauben und muss daran festhalten, dass Er keinen Fehler macht und dass es mit Seiner Hilfe weitergehen wird. Manchmal habe ich dagegen rebelliert, manchmal dachte ich, es geht einfach nicht mehr, manchmal – wenn die Prüfungen diesbezüglich gar nicht mehr aufhören wollten – war ich gegen Gott und die Menschen bitter. Aber Gott ist treu, auch wenn wir untreu sind, und wir dürfen Ihm auch alle Gefühle der Anklage und der Verzweiflung bringen. Wichtig ist, dass wir einfach nicht aufgeben! Es gibt verschiedene Wege, wie Gott uns dann hilft. Es ist immer weiter gegangen und es haben sich immer wieder neue Lösungen ergeben. Gott hat uns immer wieder ermutigt und gestärkt und teilweise direkte Führungen geschenkt.

Natürlich möchten wir lieber aus dem Vollen schöpfen und in geordneten Verhältnissen leben und nicht immer eine Gradwanderung machen müssen. So aber sind wir gezwungen, uns vom Herrn abhängig zu machen und im Heute zu leben, ohne die Möglichkeit zu haben, für eine sichere Zukunft Vorsorge zu tragen.

Niederlagen oder sogar Katastrophen im Leben eines Gläubigen sind wichtige Lektionen, die Gott in seinem Leben zugelassen hat, um Seine Pläne verwirklichen zu können. Immer wieder ermutigt mich die Geschichte von Joseph, der ohne eigene Schuld bis zu den Verbrechern im Gefängnis abgestiegen ist und viel Unrecht von Menschen erdulden musste. Erst viele Jahre später schließt sich der Kreis und Gottes vollkommener Plan wird für alle sichtbar. Vielleicht schließt er sich bei dir und bei mir nicht mehr in diesem Leben, sondern erst im nächsten. Dennoch dürfen wir vertrauend daran festhalten, dass Gott keinen Fehler macht und unser Elend nicht umsonst ist. Erfolg macht sehr schnell stolz. Demütigungen lassen diese eiternden, aber unsichtbaren Geschwüre unseres Charakters aufbrechen und ausheilen. Sie machen uns barmherzig und mitfühlend mit den Schwachen und zeigen uns die Ungerechtigkeit des weltlichen Erfolgsdenkens.

Da wir selbst jetzt als Versager und Unvermögende dastehen, wissen wir, was es heißt verleumdet, verkannt und verlacht zu werden, ohne es wirklich verdient zu haben. Der Verlust des Ansehens ist für manche vielleicht die schwerste Lektion bei einem finanziellen Zusammenbruch. Dabei wirst du erkennen müssen, dass die Welt nach dem Augenschein urteilt, nach dem, was von jemandem sichtbar ist und nicht nach den inneren Werten und Herzensausrichtungen, die für Gott so wertvoll sind. In der Welt ist nichts umsonst, gibt es keine Leistung ohne Gegenleistung. Nur bei Gott sind die Dinge umsonst, nur Er hat von sich aus Seinen Sohn gegeben, damit du wieder zu Ihm zurückkommen kannst.

Die Nähe und Abhängigkeit von Ihm ist Gott oft wichtiger als dass die Dinge rund laufen und immer genügend Mittel da sind. Nachdem wir Anfang der Neunziger Jahre in Bulgarien eine Mission begonnen hatten, war mein erster Gedanke: Ich gründe nach dem Fall des Eisernen Vorhangs gleich eine Firma, damit die Mission immer genug Geld hat. Mein Freund Sdravko, der das Werk heute noch leitet, war derselben Meinung. Aber ich kann bezeugen: Wider aller Erwartung hat sich nichts entwickelt und alles, was begonnen wurde, ist wieder versandet. Das passierte so systematisch, dass wir dieses Vorhaben irgendwann aufgaben, weil Gott es ganz eindeutig nicht wollte. Es hat sich dann geistlich viel entwickelt, aber bis zu diesem Tag ist das Geld knapp und manchmal sogar ein Problem. Es ist aber auch nie zu einem Stillstand gekommen oder zu einem Zusammenbruch des Werkes. Gott wollte mit uns und vor allem mit Sdravko und seinen Mitarbeitern ohne große Absicherung für einen längeren Zeitraum einen Weg der Abhängigkeit gehen.

Denke darüber nach: Was habe ich vom Leben erwartet und warum habe ich es erwartet? Waren meine Vorstellungen und Erwartungen an das Leben wirklich aus der Bibel oder eher von der Welt oder weltlichen Christen übernommen? Wollte ich Großes für mich und in der Welt einen wichtigen anerkannten Platz einnehmen? Waren meine Motive wirklich rein und selbstlos? Sogar bei Hiob wurde durch die Prüfungen Gottes ein gewisses Maß an Selbstgerechtigkeit offenbar. Schrecklich war sein Abstieg, auch in sozialer und finanzieller Hinsicht, aber Gott hat ihn nicht im Staub liegenlassen!

Hast du vielleicht gedacht: Wenn die Welt ohne Gott Geschäfte macht und Erfolg hat, wie viel mehr werde ich mit Gott Erfolg haben. Ist so ein Gedanke wirklich biblisch? Hatte unser Herr Jesus so gesehen Erfolg oder war Er nach weltlichen Maßstäben nicht viel mehr ein Versager, ein Idealist, den seine Einstellung sogar das Leben gekostet hat?

Vieles, was wir bis jetzt für richtig gehalten haben, hat sich auf einmal als falsch erwiesen, aber unsere »lebendige Hoffnung« (1Petr 1,3), unser Glaube an Gott und unsere Beziehung zu Ihm, wird sich nie als falsch erweisen! Vieles, was ich aus redlichem Herzen wollte (z. B. Bedürftigen mit Geld helfen, Missionen unterstützen etc.), war trotzdem nicht der Weg, den Gott für mich bestimmt hat. Er hat das Recht dazu. Führungen oder Zulassungen Gottes, die aufs Erste sehr unangenehm sind, können sich aber auf Dauer und im Lichte der Ewigkeit als echte Segensquelle erweisen.

Manchmal muss Gott uns genau da schwächen, wo wir stark sind, um uns da zu stärken, wo wir schwach sind. Unsere größten Schwächen schwimmen im Kielwasser unserer größten Stärken. Der Disziplinierte neigt dazu, wenig einfühlsam zu sein, der Mitfühlende und Barmherzige ist manchmal sich selbst gegenüber ebenfalls zu barmherzig. Der Redliche kann zu Stolz neigen, der Erfolgreiche neigt dazu, auf den, der keinen Erfolg hat, herabzusehen und seinen Erfolg nur auf sich zurückzuführen usw.

Deshalb kann es sein, dass Gott dem Menschen, der für weltlichen Erfolg prädestiniert wäre, diesen verwehrt, da die natürlich Stärke in ungesundem Ausmaß zunehmen und die geistliche Brauchbarkeit in gleichem Maße abnehmen würde. Ich habe das selbst so erfahren müssen und auch aus nächster Nähe bei anderen beobachtet. Ein befreundeter Geschäftsmann kam zum Glauben und übereignete sich selbst ganz Gott. In einem schrecklichen Kampf musste er sich aus seiner Vergangenheit lösen und begann ein neues Geschäft. Wider Erwarten gab es damit große Probleme. Unglaubliche »Zufälle« passierten, die immer wieder alles ins Negative führten. Nichts ging auf, alles ging schief, trotz guter Arbeit und großem Einsatz. Dann sagte er eines Tages zu mir:»Gott hat mich genau da zerbrochen, wo ich am besten bin und ihm gleichzeitig am wenigsten vertrauen kann – im Geschäftsleben und im materiellen Bereich.«

Gib nicht auf, sondern ergreife die Möglichkeiten, die dir noch geblieben sind. Natürlich ist die Gefahr der Resignation sehr groß. Man fragt sich, was man überhaupt noch machen soll und wieso man mit solchen Kämpfen um materielle Güter seine Kraft vergeuden muss. Die Warum-Frage stellt sich immer wieder und lässt sich in den akuten Phasen nur schwer zurückdrängen.

Eines aber ist gewiss: Wenn Gott eine Möglichkeit zumacht, dann hat Er eine andere bereit. Sehr schnell ergab sich nach meinem Konkurs eine Arbeitsmöglichkeit, auf die ich aufbauen konnte, auch wenn damit die Fülle der Probleme nicht einmal ansatzweise gelöst war. Nach Jahren des Auf und Ab wusste ich zu einem bestimmten Zeitpunkt, dass jetzt die Zeit gekommen war, in der sich grundlegend etwas ändern muss. Im Gegensatz zu meiner früheren Entscheidung, die zwar gut gemeint, aber zu schnell getroffen war, ließ ich mir dieses Mal viel Zeit, dachte nach, betete, erwog die Möglichkeiten, schloss die meisten wieder aus und handelte dann in ständiger Rückfrage an den Herrn. So gelang es mir mit Seiner Hilfe, eine Trendwende herbeizuführen und die Situation besser werden zu lassen. Aber auch heute noch laufen die Dinge immer wieder grenzwertig und belastend. Ich bin nach wie vor »gezwungen«, auf Ihn zu vertrauen und Ihn als meine Sicherheit zu betrachten.

Immer wieder neu ist es notwendig, mich dafür zu entscheiden, weiterzumachen und einen Sinn in der ganzen Situation zu sehen und Gott zu vertrauen, dass Er keinen Fehler macht und mich nicht umsonst diesem Druck aussetzt. Immer wieder neu muss ich mich auch damit abfinden, dass ich im beruflichen und materiellen Bereich weit hinter meinen Möglichkeiten geblieben bin und das auch nicht mehr aufzuholen ist. Da ich von Haus aus eher nicht materialistisch ausgerichtet bin, fällt mir das nicht so schwer wie anderen, aber es ist doch eine Demütigung, die weh tut.

Gott will uns nicht zerstören. Deshalb sollen wir nach Möglichkeiten Ausschau halten, die Er für unsere spezielle Situation bereit hat. Gehe durch die Tür, die sich unter der Führung Gottes auftut, packe da an, wo es möglich ist, lebe den einzelnen Tag und vertraue darauf, dass Gott einen Plan für die vielen Tage hat, die noch kommen werden. Gottes Plan B ist besser als dein Plan A.

Teil III

Was wir von Hiob lernen können

> Siehe, wir preisen die glückselig, die ausgeharrt haben. Vom Ausharren Hiobs habt ihr gehört, und das Ende des Herrn habt ihr gesehen, dass der Herr voll innigen Mitgefühls und barmherzig ist. Jakobus 5,11

Das soll kein billiger Trost sein, wie er so oft von Christen vorschnell ausgesprochen wird, die selbst noch nie so eine Situation durchgemacht haben. Nein, niemand (außer Gott) kann dir dein Leiden wirklich abnehmen, niemand kann den Schmerz nachvollziehen, der in dir nagt. Niemand kann für dich deine Kämpfe jeden Tag neu ausfechten, aber es ist trotzdem von entscheidender Bedeutung, dein Leiden aus der Hand Gottes zu nehmen und dich ganz in Seine Arme zu werfen. Deshalb schau nicht nur auf das, was du sehen kannst, nämlich deine Situation, sondern bedenke, dass dein Vater im Himmel dich genau kennt, um deine Situation weiß, und das Maß deines Leidens genau bemessen hat. Satan und Menschen, seien es Gläubige oder Ungläubige, seien es Nahe- oder Fernstehende, dürfen dir nur das antun, was Gott vorher zulässt.

Wie wir später noch genauer sehen werden, war ein Grund für Hiobs zunehmende Verzweiflung, dass er selbst von denselben falschen Vorstellungen behaftet war wie seine Freunde. Er konnte sein Leiden selbst nicht einordnen und zerbrach fast daran. Es gab keine Antwort auf das Warum, da er ja im Vergleich zu vielen anderen, denen es gut ging, viel gottesfürchtiger und gerechter war. Es war ihm auch die tiefe Wahrheit nicht vertraut, dass Gott ihn trotz der furchtbaren Schläge liebte, weil das nicht in sein theologisches Schema passte. Deshalb möchte ich dich von ganzem Herzen ermutigen, von deinem Leiden und von Gott richtig zu denken: Nur so können wir die Prüfung mit der Hilfe Gottes bestehen, auch wenn wir zutiefst erschüttert und ratlos in Bezug auf die Zukunft sind.

Was aber, wenn du dir die Suppe doch selbst eingebrockt hast, und es wirklich Sünde wie Unzucht, Ehebruch, Ungehorsam, Zorn, Neid, Weltliebe, Betrug, Diebstahl, Hartherzigkeit, Rebellion, Ungeduld oder eine übereilte Entscheidung war, die dich zum Scheitern brachte? Was also, wenn eine direkte Sünde dich in eine Situation brachte, die du jetzt nicht mehr gut machen kannst, sondern voll auskosten musst? Auch hier gibt es gute Botschaft, lieber Leser!

Als Beispiel und Veranschaulichung dafür möchte ich dir die Frauen aus Matthäus 1 zeigen, die alle mit einem großen Makel behaftet waren und die trotzdem im Stammbaum des Erlösers angeführt werden. Das soll doch verdeutlichen, dass Gott sich der Sünder bedient, um Seine Pläne Wirklichkeit werden zu lassen. Sünde und Ungehorsam im Leben Seiner Kinder stellen kein endgültiges Hindernis für Ihn dar, um sie zu gebrauchen und Ewigkeitsfrucht zu vollbringen.

Da ist einmal die Thamar, die Schwiegertochter Judas, mit der er – in der Meinung, sie sei eine Hure – Söhne zeugte, von denen einer ein Vorfahre des Herrn Jesus wurde. Dann finden wir Rahab, die Hure, mit einer schrecklichen und zerstörerischen Vergangenheit. Aber sie tat Buße, wurde vom Gericht Gottes verschont, wurde sogar von einem ehrenwerten Mitglied der Gesellschaft geheiratet und bekam einen Sohn, der die Linie zum Herrn weiterführte. Ruth wird als nächste angeführt. Ihr ist sogar ein ganzes Buch der Bibel gewidmet. Das zeigt uns, dass Gott auch in einer Zeit des Niedergangs und des geistlichen Chaos im Leben von einzelnen Menschen weiter wirkt, und Sein Werk über die Generationen hinweg weiterführt. Ruth hatte einen schweren Mangel: Sie war Moabiterin und dadurch eigentlich ausgeschlossen von den Segnungen des Volkes Gottes. Aber ihre Treue zu ihrer Schwiegermutter und ihr klares Bekenntnis zu Jahwe, dem Gott Israels, führten sie und ihre Nachkommenschaft hinein in die Segnungen des Volkes Gottes und wiederum eine Generation näher zum Erlöser.

Nun kommt es aber ganz dick: Von David heißt es gar, dass er Salomo zeugte »von der Frau des Uria«, also mit der Frau eines anderen! Ungeschminkt und ohne irgendetwas zu vertuschen, wird diese Tatsache angeführt. Wir kennen alle Davids Vergehen mit Bathseba. Was hätte er sich selbst, seiner Familie und seinem Volk ersparen können, wenn er nicht seiner Lust nachgegeben und danach zum Ehebruch auch noch einen Mord hinzugefügt hätte! Dieses Ereignis war der negative Einschnitt im Leben Davids. Viele negative Wendungen seines Lebens nach dieser Tat lassen sich direkt auf diesen schrecklichen Ausrutscher zurückführen. Er musste selbst die Folgen tragen. Nichts war mehr wie vorher. Und trotzdem benutzte Gott gerade diese Frau und gerade ihren Sohn, um das Königtum glorreich weiterzuführen und einen weiteren Schritt in der Linie des Messias zu gehen.

David konnte seine schreckliche Verfehlung nicht mehr ungeschehen machen und es war ihm unmöglich, die zukünftigen Folgen zu verhindern. Aber eines ging doch: in Sack und Asche Buße zu tun, seinen Gott um Vergebung zu bitten und wieder neu mit Ihm anzufangen. Nur so und nur dadurch konnte er weiterhin ein Mann nach dem Herzen Gottes sein, weiterhin Siege erringen, weiterhin wunderbare Psalmen schreiben, die Menschen noch Jahrtausende nach ihm erquicken. Nur so konnte er die Basis für den Bau des Tempels legen.

Als Gegenbeispiel dient sein Sohn Salomo, der auch in seinen besten Zeiten die Rosse Ägyptens und die Frauen liebte. Beides war ja in der von Salomo praktizierten Form für einen König verboten. Durch die Eigendynamik der Sünde, die sie dann erhält, wenn man ihr nicht wehrt, wurde sein Leben immer mehr von diesen Schwächen bestimmt. Eines führte zum anderen und erreichte ein Ausmaß, das sich nicht mehr mit dem Leben eines Nachfolgers Gottes vereinbaren lässt. Salomo aber fand vermutlich aus dieser Sackgasse nicht mehr durch Buße, Umkehr und Neuanfang heraus. Er erlitt im Glauben scheinbar Schiffbruch und brachte Schande über sich und sein Königtum.

Auch du stehst vor derselben Wahl. Hast du gesündigt und musst du die Folgen der Sünde jetzt voll auskosten, so hast du immer noch die Möglichkeit, ein David zu werden. Die Sünde wird vielleicht ihren Preis fordern, Monate, Jahre oder gar dein Leben lang. Aber du kannst heute noch einen Neuanfang machen, und dich selbst wieder ganz dem Herrn zur Verfügung stellen. Der Herr ist für alle deine Sünden gestorben, auch für die, die du dir selbst nicht vergeben kannst. Ergreife diese herrliche Wahrheit aufs Neue und lass den Herrn wieder ganz dein Leben übernehmen. Lass es nicht zu, dass du resignierst und aufgibst. Der Herr kann trotz deines Scherbenhaufens durch dich noch Ewigkeitsfrucht wirken und deinem Leben eine sinnvolle Wende geben, mögen die Anklagen Satans oder die deiner Umgebung eine andere Sprache sprechen.

> Aber geht hin, sagt seinen Jüngern und Petrus, dass er euch nach Galiläa vorausgeht! Dort werdet ihr ihn sehen, wie er euch gesagt hat.
>
> Markus 16,7

Preis sei Gott, dass wir dieses Buch in der Bibel finden. Als das vielleicht älteste Buch der Bibel wirft es ein Thema auf, das damals schon die Gläubigen zutiefst bewegte: Wie passen die Leiden rechtschaffener Gläubiger und die Gerechtigkeit Gottes zusammen? Warum kommt es zu Krisen und Erschütterungen und was ist Gottes letzte Antwort dazu? Wie sollen wir Katastrophen im Leben von Gläubigen richtig einordnen? Wie können wir helfen und was sollen wir vermeiden?

Um diese Fragen zu beantworten, werden die Hintergründe des Leidens Hiobs beschrieben: Satan unterstellt Hiob, dass er nur aus Eigennutz gottesfürchtig ist. Daraufhin lässt Gott es zu, dass Satan in zwei Etappen Hiobs Leben mehr oder weniger zerstört. Alles, was Hiob lieb und wert ist, einschließlich seiner eigenen Gesundheit, darf von ihm vernichtet oder schwer beeinträchtigt werden. Hiob besteht die Prüfung und nimmt sie aus der Hand Gottes an. Daraufhin wird er von drei Freunden besucht, die an seiner Not Anteil nehmen wollen und nachdem sie ihn gesehen haben, so erschüttert sind, dass sie drei Tage nur noch schweigen können. Hiob bricht danach in Klagen aus und verflucht den Tag, an dem er geboren worden ist. Die Reden der Freunde sind zuerst liebevoll und versuchen, Rat zu geben. Von Anfang an aber unterstellen sie Hiob, dass Sünde und Gottlosigkeit die Ursache für sein Elend sind. Hiob beginnt sich zu verteidigen. Sein eigenes Leiden und Gott selbst sind ihm ein Rätsel. Er besteht darauf, dass er rechtschaffen ist und dieses Elend nicht verdient hat. Letztlich sei Gott ungerecht, der ihn unbegreiflicherweise quält und dem er ausgeliefert ist. Das lässt die Freunde immer heftiger Gottes Gerechtigkeit verteidigen. Sie werfen Hiob von Mal zu Mal aggressiver die unglaublichsten Dinge vor. Im Gegenzug verteidigt sich Hiob immer verbissener und auch die Anklagen gegen Gott und das Beharren auf seiner Unschuld und Tadellosigkeit werden immer heftiger.

Das Gespräch geht also komplett in die falsche Richtung. Die sogenannten Freunde und Tröster treten auf Hiob herum, der sowieso schon am Boden liegt, um ihre Vorstellung von Gott zu verteidigen. Nun tritt Elihu auf den Plan, der vieles, was Gott später Hiob zu sagen hat, schon vorwegnimmt, auch wenn er in der Einschätzung der Situation genauso falsch liegt wie die übrigen drei. Als Letzter ergreift Gott mit einer überraschenden und wegweisenden Antwort auf das Dilemma das Wort, die

Hiob zutiefst zurechtweist, ihm die Augen öffnet und zur Buße kommen lässt.

Zum Schluss wird Hiob gänzlich wiederhergestellt und er bekommt sogar den doppelten Besitz und eine neue große Familie. Vorher muss er aber noch für seine drei Freunde beten, die als Tröster so völlig versagt und auch Gott in ein ganz falsches Licht gestellt haben.

Das Entscheidende zum Verständnis des Ablaufs und der Argumentationen in diesem Buch ist, dass niemand, auch nicht Hiob, die Situation richtig einordnen kann. Vielmehr wird von einem Belohnungs- und Bestrafungsschema ausgegangen, in dem Gott schon hier und jetzt die Bösen mit Unglück bestraft und die Guten materiell und gesundheitlich belohnt. Auch Hiob geht davon aus (31,1-3) und kann deshalb umso weniger begreifen, wieso gerade ihm, der sich keiner Schuld bewusst ist, das passiert ist.

Es ist also ganz wichtig, Leiden richtig einordnen zu können, da man sonst daran verzweifelt oder sich als Tröster und Ratgeber schwer am anderen versündigt.

Wir wollen dieses hochaktuelle Buch der Bibel in Querschnitten betrachten, die uns helfen, das Leiden Hiobs und damit auch unser eigenes Leiden richtig zu verstehen und auch richtig damit umzugehen. Gleichzeitig ergeben sich aus dem Text Ratschläge und Hilfen für eine wirksame Begleitung schwer angeschlagener Christen.

Hier die verschiedenen Querschnitte im Überblick:

- Hinter den Kulissen des Leides: Die Ursache muss nicht Sünde sein. Ein liebender Gott lässt die Not zu!

- Hiob: sein Leben, sein Charakter, seine vorbildliche Annahme der Katastrophen, seine Verzweiflung, sein Ringen mit Gott, sein Versagen.

- Die Tröster: Lieblosigkeit im Namen Gottes, ein weit verbreitetes Phänomen unter Gläubigen.

- Elihu bringt Hiob zum Schweigen.

- Hiob schweigt und Gott redet.

- Hiobs geistliche Erneuerung und materielle Wiederherstellung.

9 Hinter den Kulissen des Leides

Gleich zu Beginn sehen wir die geistlichen Hintergründe des Schicksals Hiobs. Die Tatsache, dass auch unser Leben einen geistlichen Hintergrund hat, dass auch uns geistliche Mächte beobachten und beeinflussen, ist unglaublich wichtig und von ganz entscheidender Bedeutung. Lieber Leser, dein Leiden richtig einzuschätzen, ist ein ganz wesentlicher Teil deiner Bewältigung desselben. Hat dich eine Wendung in deinem Leben getroffen wie ein Keulenschlag, und du weißt nicht wieso und warum, dann bedenke, dass der lebendige Gott es zugelassen hat und dass der Satan das ausführende Organ ist. Gott lässt es zu und setzt das Maß fest, und der Satan drängt darauf, es auszuführen, weil er die Chance sieht, dich im Glauben zu erschüttern oder dich gar im Glauben Schiffbruch erleiden zu lassen. Prüfungen, Krisen, Schwierigkeiten und Versuchungen sind ein Teil unseres geistlichen Lebens und müssen sogar sein, damit wir im Glauben wachsen. Nur bewährte und geläuterte Gläubige werden zum Vorbild für andere (siehe Röm 5,3-5; Jak 1,12 oder auch 1Kor 11,19).

Hiob hat nicht hinter die Kulissen seines Leidens schauen dürfen. Er muss den Verlust seiner Habe, seiner Kinder, seiner Gesundheit und die Entfremdung von seiner Frau einfach so hinnehmen und damit fertig werden. Gott offenbart sich ihm in dieser schrecklichen Situation nicht und gibt ihm keinen direkten Trost und keine direkte Antwort auf sein verzweifeltes Warum. Er vertraut trotzdem weiterhin auf Gott und nimmt das Leid aus Seiner Hand an. Aber Er hatte nicht das Vorrecht, das du hast, weil du in den Hintergründen des Leidens Hiobs auch die Hintergründe deines eigenen Leidens finden darfst: Deinem liebenden himmlischen Vater hat es gefallen, dir den Boden unter den Füßen wegzuziehen, um dir in tieferer Weise zu begegnen, dich zu läutern und für andere zum Vorbild zu machen. Das gilt auch für die scheinbar sinnlosesten und absurdesten Anfechtungen und Fügungen, denen wir begegnen. Nichts geschieht ohne das Einverständnis Gottes, der uns liebt und uns erziehen will.

In Ihm allein findest du den Frieden! Du brauchst dich nicht ständig zu quälen, was oder welche Sünde wohl die Ursache für deine Erschütterung sein wird, sondern du darfst die Situation ganz und gar aus der Hand Gottes annehmen.

Natürlich weiß ich, dass dich deine Prüfungen an die Grenzen und aus deiner Sicht vielleicht sogar weit darüber hinaus führen. Ich kann es nachempfinden, wenn du wie Hiob vielleicht am liebsten gar nie geboren worden wärst und dir das Leben sinnlos und nicht lebenswert erscheint. Aber wem nützt es, über dieses seelische und körperliche Leiden hinaus auch noch geistlich zu verzweifeln? Darum geht es ja, das ist es ja gerade, was Satan will: Er will, dass du an Gott (ver)zweifelst, die Zuversicht wegwirfst und im Glauben zurückgehst. Deshalb nimm es gegen dein Fühlen, Wollen und Empfinden an, dass Gott hinter dieser Sache steht, auch wenn du es jetzt nicht verstehen kannst!

Gott sagt in 1. Könige 12 Vers 24: »... von mir aus ist diese Sache ausgegangen.« Das darfst auch du auf dein Leben anwenden.

Gott sagt uns in Jakobus 1,1-4, in Römer 5,3-4, in Römer 8,28, in Hebräer 12,4ff und vielen anderen Stellen, dass Leiden zu unserem Leben gehören, uns dem Herrn näher bringen, uns als Werkzeuge läutern und für unseren Herrn gebräuchlicher machen. Die Rebe, die Frucht bringt, die reinigt Er. Mehr Frucht zu bringen, heißt auch mehr von der Kraft des Weinstocks in sich zu haben, d. h. den lebendigen Gott und die Kraft des Heiligen Geistes mehr zu erleben und Christus mehr zu erkennen. Josef Kausemann schreibt in seinem Kommentar zum Buch Hiob:

> Was uns zustößt, sind liebevolle Versuche des Herrn, uns näher an Sein Herz zu ziehen. Gerade die, die Er liebt, züchtigt Er. Die Treuesten müssen oft am tiefsten durch die Übungen des Lebens.

Unser wunderbarer Herr ist so ganz anders: Er lässt nach seiner Auferstehung namentlich dem Verräter Petrus eine Botschaft ausrichten, um ihm zu zeigen, dass Er ihn nicht verworfen hat, sondern ihn für sein Werk gebrauchen will. Dieser Petrus war zu diesem Zeitpunkt voller Selbstanklagen und am Boden zerstört. Sein größter Fehler wäre es gewesen, nicht wieder aufzustehen. Dasselbe gilt dir, lieber Leser. Jetzt ist der beste

Zeitpunkt, dein ganzes Versagen dem Herrn hinzulegen, dich Ihm neu hinzugeben und dein Leben mit Ihm neu zu gestalten bzw. Ihn das für dich tun zu lassen.

Wir fassen also zusammen:

1. Der Blick hinter die Kulissen des Leids bei Hiob zeigt uns, dass Gott selbst es war, der all die Widerwärtigkeiten zugelassen hat, die mit furchtbarer und schrecklicher Wucht in Hiobs Leben hereinbrachen. Das dürfen wir direkt auf uns übertragen, damit wir unser Leiden richtig einordnen. Es kommt aus der Hand unseres liebenden Vaters, es ist nicht sinnlos, sondern soll uns erziehen und uns für Ihn und unsere Mitmenschen gebräuchlicher machen. Immer wieder hören und lesen wir das Zeugnis Leidender, dass sie gerade durch schwierige Situationen überaus gesegnet wurden und seither Gott mit anderen Augen sehen und erleben als davor. Hiob drückte es so aus: »Vom Hörensagen habe ich dich gehört, jetzt aber hat mein Auge dich gesehen« (Hi 42,5).

   Es ist also völlig unangebracht, sich mit der Frage, welche Sünde zu diesem Leiden geführt hat, zu quälen und zu martern. Das würde deine Situation nur noch unnötig verschlimmern. Leiden gehört mit zum Weg der Jüngerschaft und richtig bewältigtes Leiden ehrt unseren Gott und veredelt uns für den Dienst.

2. Auch wenn wir uns selbst durch Sünde in eine scheinbar hoffnungslose Situation hineinmanövriert haben, ist die Situation noch lange nicht hoffnungslos. Wenn wir Buße tun, unsere Sünde bekennen und uns neu dem Herrn anvertrauen, wird Er uns helfen, die Folgen der Sünde zu ertragen und gegebenenfalls rückgängig zu machen. Er kann uns aber vor allem wieder für Sein Reich und die Ewigkeit gebräuchlicher machen. Es ist Gottes Hauptwerk in dieser gefallenen Welt, durch und durch sündige, egoistische Menschen, die im Ernstfall zu allem fähig sind, Seinem Charakter ähnlicher zu machen und sie dazu zu führen, für Ihn echte Ewigkeitsfrucht zu bringen. Die größten Taten werden durch die vollbracht, die über Ihr Versagen und Ihre hoffnungslose Verderbtheit zerbrochen sind. Sie

bringen sich selbst tiefes Misstrauen entgegen, um umso mehr ihrem Gott alles zuzutrauen. Nur durch das vollkommene Erlösungswerk unseres Herrn Jesus sind wir für Gott annehmbar und als Werkzeug gebräuchlich. Nur weil Er in uns lebt, gibt es Hoffnung auf Veränderung. Das gilt sowohl für den »braven« Christen, der auf Kurs ist, als auch für den Christen, der sein Leben durch einen Fehltritt oder eine Phase des Ungehorsams verpfuscht zu haben scheint.

10 Hiob – sein Leben, sein Charakter, seine Beziehung zu Gott und die seiner Familie

Kommen wir nun zur Hauptperson des biblischen Dramas. Wir dürfen von ihm lernen, wir dürfen uns in ihm wiederfinden und wir dürfen uns durch ihn ermahnen und ermutigen lassen. Gleich im ersten Vers finden wir ihn als rechtschaffen, redlich, gottesfürchtig und das Böse meidend beschrieben. Zwei Mal wird dieses Urteil von Gott selbst genau mit diesen Worten wiederholt und bestätigt. Hiob war nicht nur ein moralisches Vorbild, sondern genoss noch dazu großes Ansehen in der Welt. Er war reich und andere blickten vielleicht nicht nur bewundernd, sondern manchmal auch ein wenig neidisch auf diesen großen Mann. Er war ein Vorzeigegläubiger, der es wirklich ernst mit dem Herrn meinte und noch dazu alle geistlichen und materiellen Segnungen empfangen durfte. Die moralische und geistliche Beschreibung zeigt eine innere und äußere tiefe Gläubigkeit. Er war rechtschaffen, handelte also in den großen Bereichen des Lebens richtig und hatte ein gutes Zeugnis von seiner Umgebung. Niemals sah man ihn aus dem abgelegenen Zelt einer alleinstehenden Frau im Morgengrauen heraustreten, oder betrunken in der Gesellschaft der Männer den lauen Abend genießen. Niemals hörte man ihn im Jähzorn seine Sklaven schelten, niemals blieb sein Platz im Rat der Ältesten leer, weil er eine Zusammenkunft vergessen hatte . . .

Er war auch kein Heuchler mit einem kalten Herzen. Die zweite Eigenschaft, die ihm zugesagt wurde, war Redlichkeit, Lauterkeit, Aufrichtigkeit. Er tat nicht nur nach außen hin das Richtige, sondern er war auch ehrlich. Er meinte es also wirklich ernst. Hiob war davon überzeugt, dass Rechtschaffenheit der richtige Lebensstil ist und er wollte so leben. Aufrichtigkeit ist oft auch mit einem mitfühlenden Herzen verbunden. So litt er mit den Benachteiligten. Er half ihnen und versuchte, ihr Leiden zu lindern. Das wird oft erwähnt, sei es von seinen Freunden oder auch von ihm selbst. Andere Menschen waren ihm ein wirkliches Anliegen und vielleicht hat er sich manchmal gefragt, warum es ihm im Gegensatz zu so vielen anderen so gut ging. Diese äußere Rechtschaffenheit und innere Redlichkeit waren aber nicht nur von moralischen Grundsätzen getragen, sondern von etwas viel Tieferem: von Gottesfurcht. Ja, er fürchtete Gott, er kannte ihn und anerkannte ihn als den gerechten Schöpfer und Richter dieser Welt, der weise Ordnungen und Richtlinien gegeben hat, damit es ihnen gut geht und Ordnung und Frieden in ihrem Leben herrscht. Wann und wie er Gott als seinen Schöpfer erkannt und auch bewusst seine Richtlinien angenommen hat, wissen wir nicht; dass aber Gott die entscheidende Größe in seinem Leben war, steht außer Zweifel.

Allerdings fällt die Frömmigkeit und Geistlichkeit seiner Familie merklich von der seinen ab. Seine Kinder waren eher dem unmittelbaren Vergnügen dieser Schöpfung und den oberflächlichen Freuden dieser Welt zugetan. Sie durchschauten die Gefahren ihres oberflächlichen Lebens noch nicht wirklich, wenn auch ihre Feiern harmlos waren und sie kein ausgesprochen gottloses Leben führten. Hinter ihnen stand ja der Vater mit seinen tiefen religiösen Überzeugungen, mit der Weisheit und Einsicht eines Mannes im fortgeschrittenen Alter. Er beeindruckte und beeinflusste sie tief mit seinem Vorbild und seiner Echtheit und bewahrte sie davor, die zerstörerischen Wege der Sünde und Gottlosigkeit zu gehen. Manchmal wurde es dem liebenden Vater bei dem ausgelassenen Feiern seiner Kinder doch ein wenig mulmig. Er war sich nicht sicher, was sie so trieben und ob sie Gott durch ihr Verhalten nicht doch verunehrten. So trat er für jedes einzelne seiner Kinder vor Gott ein, opferte und betete für jeden Sohn und für jede Tochter. Auch seine Frau fiel nicht negativ auf. Allerdings hatte sie nie den geistlichen Tiefgang wie Hiob selbst, was er später furchtbar zu spüren bekommen würde.

Seine Frömmigkeit

Wenn wir jetzt daran gehen, neben den positiven Dingen, die von Hiob zu sagen sind, auch einige andere aufzuzeigen, dann dürfen wir dabei niemals das Urteil Gottes über seinen Geliebten vergessen. Wir alle sind in einem Wachstumsprozess. Viele von uns müssen zugeben, dass manche fromme Tat aus früheren Jahren von Lieblosigkeit, Unerfahrenheit, Herzenshärtigkeit und sogar dem Begehren nach Anerkennung von Menschen durchsetzt war. Es geht auch nicht darum, unbedingt Ursachen für das Leiden Hiobs finden zu müssen, nach dem Motto: Gott hat dir das und das geschickt, damit du endlich Barmherzigkeit oder etwas Anderes lernst. Da wären wir genauso lieblos wie die leidlichen Tröster Hiobs, die einem Freund sündiges Verhalten unterstellten, ohne dass sie Beweise dafür hatten. Nichts entmutigt mehr als oberflächliche Begründungen für das persönliche Leiden. Nichts plagt das Herz des Leidenden und Erschütterten so sehr wie die Frage nach dem Warum der Schläge Gottes in seinem Leben. Wir dürfen das alles getrost Gott überlassen. Er ist es, der uns durch und durch kennt. Er weiß, was wir brauchen und Er wird uns so formen, wie es notwendig ist. Weinen wir einfach mit den Weinenden, suchen wir nicht verkrampft nach Antworten für das für uns Unerklärliche. Das ist einfach nicht unsere Aufgabe und auch nicht die deine, lieber Leser, als Betroffener. Trotzdem wollen wir den Weg des Herrn mit seinem Geliebten verfolgen, um dadurch auch ein wenig Licht für unsere Führungen zu gewinnen.

In Hiob tritt uns also ein Mann entgegen, bei dem alles passt, der ein Vorbild für seine Mitmenschen war und der ein geordnetes und wohlüberlegtes Leben auf der Basis tiefer Überzeugungen führte. Er war von der Existenz eines lebendigen und gerechten Schöpfergottes überzeugt. Allerdings deutet die kurze Beschreibung dieses Mannes am Anfang des Buches und auch die Eindrücke, die man in späteren Kapiteln gewinnt, darauf hin, dass Hiob als Teil einer stark patriarchalischen Gesellschaft eher von tiefen religiösen Prinzipien als von einer lebendigen Beziehung zu Gott geprägt war. Er hat sich zwar eindeutig vor Gott und den Menschen auf die Seite seines Schöpfers gestellt, glaubte aber selbst hauptsächlich vom Hörensagen über Gott (Hi 42,5), also von dem, was er von Gott gehört hatte und was von den Alten überliefert worden war. Als solcher war er auch ein »Angefeindeter«, wie man seinen Namen aus dem Hebräischen übersetzen kann. Viele Menschen waren neidisch auf ihn. Seine große Frömmigkeit und seine außerordentliche Stellung in der Gesellschaft riefen vielleicht auch Widerspruch hervor. Aber er war auch ein »Geliebter« (syrisch), da er vielen Menschen Vorbild, Stütze und Hilfe war und vor allem von seinem Schöpfer geliebt wurde. In Kapitel 31 sehen wir seinen gelebten Glauben und seine guten Werke in verschiedenen grundlegenden Bereichen des Lebens.

Hiob ist ein Bild für einen wahren Gläubigen, der entweder zutiefst von einem gläubigen Elternhaus geprägt worden ist oder schon lange Jahre mit dem Herrn lebt und von tiefsten Überzeugungen geprägt ist. Er steht im Grunde für alle Gläubigen, die mit dem Herrn vorbildlich unterwegs sind. Es ist ja Tatsache, dass viele Gläubige, die auf einem guten Weg sind, die ein Vorbild sind, die den Herrn lieben und familiär geordnete Verhältnisse sowie eine klar festumrissene Stellung im Dienst des Herrn haben, auf einmal und jäh in eine Erschütterung hineingeführt werden, die alles zerbrechen lässt, was bisher unverrückbar und unzerstörbar dagestanden ist. Statt geordneten Bahnen, die man bis zum Horizont verfolgen kann, findet man sich plötzlich auf einem schmalen Wüstenweg wieder, der auf einmal im Sand verläuft. Man weiß nicht mehr wie es weiter gehen soll.

Warum auch immer, ich musste mehrmals diesen schweren Weg gehen. Ein Beispiel möchte ich erzählen. Es war in einem wunderschönen Herbst im Jahre 1997. Ich war zu einer Hochzeitspredigt in Zagreb eingeladen. Da ich schon so weit fahren musste, beschlossen meine damalige Frau Patrizia und ich gleich noch ein paar Tage Urlaub auf einer Insel in Kroatien zu genießen. Wir fuhren allein, ohne unsere geliebte kleine Tochter Sarah. Wir wollten nach zweieinhalb Jahren unsere zweiten Flitterwochen feiern, sozusagen als Abschluss der »Hausstandsgründungsphase«. Beim Wegfahren dachte ich mir noch: Wie schön kann das Leben sein: Wir haben ein nettes Haus, sind bei allen Hochs und Tiefs glücklich miteinander, haben ein liebes Kind, das uns täglich erfreut, haben alles bezahlt, womit das Haus ausgestattet wurde. Nun, mein Glück wurde dadurch beendet, dass eine riesige Motorjacht über unser kleines Boot fuhr, das wir für eine kurze Fahrt gemietet hatten. Der Chauffeur hatte uns nicht gesehen. Ich sprang im letzten Augenblick ins Wasser, aber meine Frau erlitt tödliche Kopfverletzungen. Als ich auftauchte, konnte ich nur noch ihren Tod feststellen.

Niemand kann sich vorstellen, was da in mir vorging. In einer Sekunde alles zerbrochen und zerstört. Quadratkilometerweit sah man kein Boot bis zum Horizont, aber der Fahrer der Motorjacht fuhr zentimetergenau auf meine Frau zu und tötete sie. Einfach absurd und nicht zu glauben. Liebe Freunde holten mich ab, der Leichnam wurde durch ein Bestattungsunternehmen heim gebracht, das Begräbnis war zu organisieren, der gemeinsame Haushalt wurde aufgelöst, das Kind bei den Schwiegereltern untergebracht. Und dann steht man genau da, wo sich der Weg verliert. Man weiß nicht, wie es weitergehen soll. Aber ich kann bezeugen, dass ich in diesen schwersten Monaten meines Lebens, die nach dem Tod meiner ersten Frau folgen sollten, Gott so sehr erlebte wie niemals zuvor und auch niemals mehr seither.

Vieles änderte sich durch diesen katastrophalen Einschnitt grundlegend. Es war einfach nicht Gottes Wille, dass ich in dem alten Schema meines Lebensrahmens und meines Dienstes weiterleben sollte. Für uns beide war vorher völlig klar, dass wir dieses Leben so fortsetzen wollten. Da griff Gott auf diese völlig unerwartete Art und Weise ein, weil Er ganz andere Gedanken hatte.

Mir geht es darum, dass Gott oft gerade da Leiden schickt, wo Christen einen guten Weg gehen, und dass gerade die Hingegebenen und Lernbereiten dazu berufen sind, nicht nur durch Christus zu leben, sondern auch für ihn zu leiden und dadurch vermehrt zubereitet zu werden. Der Jünger steht eben nicht über dem Meister, und auch wir müssen manchmal einen kleinen Schluck aus dem Kelch trinken, den Er für uns ganz ausgetrunken hat.

Was können wir noch bei Hiob sehen? Die Überlieferung der Alten ist in ihm lebendig geworden, hat Frucht getragen. Er ist aber nicht über das starre Gottesbild des gerechten Schöpfers und Richters hinausgekommen.

> Einen Bund habe ich mit meinen Augen geschlossen. Wie hätte ich da auf eine Jungfrau lüstern blicken sollen? Denn was wäre dafür die Zuteilung von Gott droben gewesen und das Erbteil vom Allmächtigen in den Höhen? Ist nicht Verderben für den Übeltäter bestimmt und Missgeschick für die, die Unrecht tun? Sieht *er* nicht meine Wege und zählt alle meine Schritte?
>
> Hiob 31,1-4

Das ist genau der Erkenntnisstand, der für die Frommen der damaligen Zeit und der Umgebung des Hiob als unverrückbar feststand. Auch Hiob ist davon ausgegangen, genauso wie seine leidlichen Tröster. Deshalb warfen sie ihm als Ursache Sünde vor und Hiob selbst war ratlos und zunehmend verzweifelt, weil er seine Lage nicht einordnen konnte. Es war also das Gottesbild zu korrigieren. Gott selbst wollte seinen Geliebten näher zu sich ziehen, mehr von sich zeigen und in Hiob die Überwindung seiner starren Ansichten bewirken.

Kausemann merkt dazu an:

> Es fehlte Hiob an der Erkenntnis, dass Gott Seine Geschöpfe unaussprechlich liebt und alles einsetzt, um sie zu segnen. Weiteres war ihm noch verborgen, dass Leidenswege Segenswege und selbst schwere Prüfungen nur Liebesabsichten zum Wohl des Menschen sind.

Hiob kam nie auf die Idee, dass ein ihn liebender Gott hinter seiner Misere stehen könnte. Er hatte also eine ganz wichtige Lektion über seinen Gott zu lernen.

Und wir müssen es mit ihm tun. In der Tat sind wir durch unsere Vorgeschichte (Elternhaus, prägende Menschen in der Zeit vor der Bekehrung) und durch die Gläubigen, die uns zum Herrn geführt und uns in ihre Schule genommen haben, sehr geprägt. So haben wir in uns immer eine Vorstellung von Gott oder geistlichen Dingen, die wir ganz unbewusst als richtig voraussetzen. Nichtsdestotrotz können diese Vorstellungen aber einseitig sein oder eine Schwerpunktverschiebung darstellen, die unser geistliches Leben einschränkt. Paulus schrieb noch als gereifter Christ davon, dass er Christus und die Kraft seiner Auferstehung vermehrt erkennen will. Das ist also ein lebenslanger Prozess, in dem Gott verschiedene Möglichkeiten der Erziehung benutzt, um uns näher zu sich zu führen und die Gottesbilder zu zerstören, die der Wahrheit selbst im Wege stehen.

Satan fragte Gott: »Ist Hiob etwa umsonst so gottesfürchtig?« (Hi 1,9). Ich denke, dass Hiob um der Sache selbst willen gläubig und rechtschaffen war, aber natürlich wird er die scheinbaren Folgen der Gottesfurcht, nämlich seinen Reichtum und die scheinbare Sicherheit, auch genossen haben. In der oben zitierten Stelle sehen wir ganz deutlich, dass Hiob auch aus dem Grund die Sünde mied, weil er das Gericht Gottes fürchtete, also Angst hatte, durch Sünde alles zu verlieren. Diese Angst vor dem Verlust plagte ihn sowieso oft, wie man in Hiob 3,25 lesen kann:

> Denn ich fürchtete einen Schrecken, und er traf mich, und wovor mir bangte, das kam über mich.

Diese Ängste sind ganz verständlich. Auch wir haben Angst vor dem Verlust von Heim, Familie, Arbeit, Ansehen in der Gesellschaft oder in der Gemeinde. Oder wir haben Furcht vor bestimmten Situationen, dass z. B. ein Kind entführt und vergewaltigt wird, oder dass wir unheilbar krank werden und Schmerzen uns täglich begleiten. All das ist verständlich und darf niemals übergeistlich verurteilt werden. Gott ersparte es Abraham nicht, sein Liebstes zu opfern, und Abraham musste lernen, völlig loszulassen und Gott ganz und gar zu gehorchen und zu vertrauen. Nur wenn wir lernen, die Gaben des Schöpfers als Verwalter und nicht als Besitzer zu genießen, sind wir wirklich frei und entsprechen dem Anspruch unseres Herrn Jesus, allem zu entsagen. Nur so können wir die Gaben in der richtigen Form genießen, und werden sie niemals über den Schöpfer selbst stellen.

Gabenbezogenes Christentum ist nichts anderes als Götzendienst, weil im Innersten nicht Gott an erster Stelle steht, sondern das, was Er zu geben hat. Das ist aber ab einem gewissen Niveau der Nachfolge nicht mehr möglich. Das Christentum ist ein jenseitsbezogener Glaube. Der Christ vertraut auf einen jenseitigen Gott und seine Hoffnung findet er nicht in dieser Welt, sondern in einer jenseitigen. Es ist eine ganz entscheidende Lektion, die erschütternde Relativität und Endlichkeit aller Schöpfung, einschließlich der liebsten Menschen und einschließlich der schönsten und erhebendsten Momente, die wir erleben dürfen, innerlich voll zu erfassen und unser Leben trotzdem mehr als bisher auf den ewigen Gott und Sein ewiges Reich auszurichten. Nur Er ist ewig. Nur Er ist bleibend, und alles, was wir tun, ist vergänglich, es sei denn, dass es Ewigkeitswert hat. Loslassen und bedingungslose Hingabe an den Ewigen ist also gefragt. Solange wir von Ängsten um unseren Besitz und um unsere Lieben geplagt sind, haben wir nicht realisiert, dass sie nur zeitliche Geschenke unseres liebenden Vaters im Himmel sind, der souverän über allem steht und geben und nehmen kann, wie Er will. Loslassen macht uns frei, öffnet uns für den Frieden und die Ruhe in Gott und schenkt uns ein inneres Glück, das in der Ewigkeit wurzelt und deshalb selbst ewig ist. Im Letzten sind Gott allein und die ewige Gemeinschaft mit Ihm unser einziger Besitz. Nichts sonst wird uns bleiben.

Nun kommen wir noch zu einem ganz wesentlichen Punkt, an dem Hiob wahrscheinlich ebenfalls Korrektur brauchte. Manche Ausleger »nehmen es ihm übel«, dass er zwar für seine Kinder opferte, aber nicht für sich selbst. Sie unterstellen ihm, von sich und seiner Reinheit so überzeugt gewesen zu sein, dass er bewusst für sich kein Opfer darbrachte. Ich wage nicht, mich dieser Meinung anzuschließen. Denn wir sehen in den ersten Kapiteln viel zu viel Lob von Gott. Dagegen spricht außerdem noch seine wirkliche Treue und sein Festhalten am Herrn trotz des völlig überraschenden Elends, das über ihn hereinbrach. Wenn Hiob auch nicht bewusst stolz und heuchlerisch von seiner Frömmigkeit überzeugt war, so hatte er unbewusst doch ein viel zu gutes Bild von sich selbst. Kausemann schreibt dazu:

> Er hat überhaupt nicht die Verderbtheit der menschlichen Natur erkannt ... Gott hat auch bei Seinen Kindern große Mühe, die so schnell immer wieder aufbrechende Selbstgerechtigkeit, verbunden mit Hochmut, Geltungsbedürfnis und das leicht gekränkte Ich im Tod zu halten.

Ich stimme mit dem Ausleger darin überein, weil Hiob nicht davor zurückschreckt, seine Rechtschaffenheit zu beschreiben und zu verteidigen. Er beharrt mehrmals darauf, dass im Grunde Gott ungerecht und er gerecht ist, weil er ohne Ursache von Gott geplagt wird. So heißt es in Kapitel 40 Vers 1 und 2:

> Und der HERR antwortete dem Hiob und sprach:
> Mit dem Allmächtigen will der Tadler rechten? Der
> da Gott zurechtweist, er antworte darauf!

Ja, das war also offensichtlich in seinem Herzen. Zum Wesen des Zerbruchs gehört auch, dass Gott uns einen tiefen Blick in unser eigenes böses Ich gewährt und uns den Unterschied zwischen Ihm und uns zeigt. Und zwischen Seiner Reinheit und den Abgründen, die sich bei uns auftun. Gefällt es Gott, uns Menschen in den Staub zu drücken, uns jegliches Selbstbewusstsein zu nehmen, um so über die schwachen Menschen zu triumphieren? Das habe ich jetzt zwar ziemlich provokativ ausgedrückt, aber diese Frage habe ich mir manchmal gestellt, wenn mein eigener Blick verrückt worden war und Rebellion und Zweifel mein Herz vernebelten. Warum muss Gott Hiob und allen Seinen Dienern so hart und ohne Erbarmen den Spiegel vors Angesicht halten? Warum kann Er nicht das Gute im Menschen und sein Selbstbewusstsein benutzen, um ihn für Sein Reich zu verwenden? Die Antwort ist ganz einfach: Weil wir in uns selbst böse sind, und das scheinbar Gute, das wir Gott zur Verfügung stellen, sehr schnell in Selbstgerechtigkeit, Unbarmherzigkeit und Überlegenheitsgefühl umkippen würde. Wir müssen uns mit den Menschen, denen wir dienen, auf eine Stufe stellen. Und deshalb müssen wir in aller Tiefe verstehen, dass wir um nichts besser sind als sie.

Denken wir an Mose, der 40 Jahren in der Wüste Demut lernen musste. Als Gott ihm dann wieder begegnete, um ihn in seinen Dienst zu berufen, betonte Mose mehrmals seine eigene Unfähigkeit. Er traute sich diese Aufgabe einfach nicht mehr zu. Was für ein Gegensatz zu seinem ersten Auftritt viele Jahre zuvor, als er aus eigener Kraft dem Herrn dienen wollte! Denken wir an den jungen, frisch bekehrten Paulus. Er machte zwar das Richtige und verteidigte seinen Herrn aus den Schriften, aber damit wurde er eher zur Belastung für seine Mitbrüder, weil er ständig Streit provozierte. Er wurde von ihnen in seine Heimat entlassen.

Gestandene Christen, die die Bibel lieben, es ernst mit Gott meinen, durch den Grad ihrer Hingabe und ihrer ernstgemeinten Frömmigkeit sich abheben, die vieles in ihrem Leben im Griff haben, neigen schnell dazu, (ein wenig wie die Pharisäer) hartherzig zu sein. Es wird dann oft viel zu schnell beurteilt und verurteilt und über alle ein Schema F des christlichen Glaubens und Verhaltens gelegt, das sich eben nicht über alle legen lässt. Warum kommt es dazu? Weil man unbewusst zu gut von sich und seinen Fähigkeiten denkt. Man glaubt, man weiß wie es geht, und man macht sich zu wenig abhängig vom Herrn und

Seiner Weisheit. Es wird davon noch bei den Tröstern die Rede sein. Gott hat also nicht Spaß daran, dass wir in unseren Augen zu Dreck werden und vor Ihm in dem Staub kriechen, sondern Er rüstet uns in der oft so bitteren Selbsterkenntnis dafür zu, für Ihn und die Menschen einen wertvolleren Dienst zu tun und mehr spürbare Barmherzigkeit zu empfinden für die Zerstörtheit und Verdorbenheit unserer Mitmenschen.

Das erkennen wir bei Hiob, der – ausgehend von seinem eigenen Elend – plötzlich einen tiefen Blick für das Elend vieler Menschen und für das Elend des Lebens in dieser gefallenen Schöpfung schlechthin bekommt. Wie viel mehr werden auch wir uns dem Herrn und Seiner gefallenen Schöpfung zur Verfügung stellen, wenn wir existentiell von dem sinnlosen und vergänglichen Leben ohne Gott erfasst sind. Dabei dürfen wir natürlich nicht selbst daran zerbrechen. Wir sollen durchdrungen sein von der Hoffnung, die durch den Heiligen Geist in uns ist.

Der Herr selbst war innerlich bewegt über die Volksmenge, die keinen Hirten hat. Er nahm Anteil am Elend derer, die bei ihm Hilfe und Rat suchten, und zwar nicht nur mit seinen Verstand, sondern mit seinen Herzen. Nur die Liebe zu dieser verlorenen Welt mit ihren Milliarden von unglücklichen und verpfuschten Menschenleben trieb Ihn dazu, seine wunderbare Stellung zu verlassen und alles aufzugeben, um uns zu helfen. Die gleiche Gesinnung sei in uns (Phil 2,5), die wir uns Christen nennen. Gott möge uns viel innere Anteilnahme, viel Großmut und Barmherzigkeit für die Menschen schenken, denen wir dienen sollen.

Nun möchte ich noch einmal betonen: Ich will Hiob nicht schlecht machen, nur um dadurch eine Erklärung dafür zu finden, warum Gott ihm so viel Leid schickte. Auch das wäre lieblos und entmutigend. Ich möchte nur aufzeigen, warum Gott gerade die, die auf einem guten Weg sind, Erschütterungen auferlegt. Die Nachfolge Jesu stellt viele Werte, die wir von Natur aus für richtig halten, auf den Kopf. Wir brauchen lange, um die einfachsten Grundlinien der Jüngerschaft wirklich existentiell zu erfassen. Das Wichtigste dabei ist, dass wir all unser Vertrauen von dieser Schöpfung einschließlich uns selbst abziehen und unsere Hoffnung allein auf unseren Schöpfer ausrichten. Dieser Erziehungsprozess währt ein Leben lang. Lieber Leser, grüble also nicht dauernd darüber nach, warum dich dein Leiden getroffen hat. Das ist kein gesunder Weg und nimmt dir viel innere Kraft. Überlasse es Gott, der keine Fehler macht, und wehre den Geschwistern, die dich auf diesen falschen Weg leiten wollen und dich damit entmutigen. Es ist menschlich, vorschnell eine Ursache zu benennen, nur um so Sicherheit zu gewinnen und sich ein Bild machen zu können. Es ist geistlich, sich Gott anzuvertrauen und Ihn zu bitten, den für das menschliche Auge unsichtbar gewordenen Weg Schritt für Schritt weiterzuführen.

Seine anfängliche Annahme des Leids

Es lohnt sich, die berühmten Antworten Hiobs auf Gottes Zulassungen und Führungen genauer zu betrachten.

> Da stand Hiob auf und zerriss sein Obergewand und schor sein Haupt; und er fiel auf die Erde und betete an. Und er sagte: Nackt bin ich aus meiner Mutter Leib gekommen, und nackt kehre ich dahin zurück. Der HERR hat gegeben, und der HERR hat genommen, der Name des HERRN sei gepriesen! Bei alldem sündigte Hiob nicht und legte Gott nichts Anstößiges zur Last.
>
> Hiob 1,20-22

Zu diesem Zeitpunkt hatte Hiob gerade seinen enormen Reichtum an Tieren und Knechten verloren und alle seine Söhne und Töchter, mit denen er in zärtlicher Liebe verbunden war. Die plötzlichen Ereignisse und die Tatsache, dass es nicht nur Räuber und Feinde waren, sondern auch das Feuer Gottes (1,16), zeigten ihm, dass hier Gott selbst im Spiel war. Ja, Gott selbst hatte ihm seinen Reichtum und seine Kinder genommen! Wie betäubt und im Schock bringt er seine Trauer zum Ausdruck. Und jetzt kommt das Wesentliche: Er betet Gott an. Er gibt Gott in dieser Katastrophe die Ehre. Das zeigt seine tiefe Verbundenheit mit und Ergebenheit in seinen Gott, die man nur als vorbildlich bezeichnen kann. Das zeigt aber auch die Anerkennung Gottes als den souveränen Herrscher, dem alles gehört, von dem alles ausgeht und zu dem alles zurückkehrt.

So vieles passiert, was wir nicht verstehen können. Wohin gehen wir mit unserem Schmerz, mit unserer Verzweiflung und mit den Situationen, mit denen wir nicht fertig werden? Wir gehen zu unserem liebenden Vater im Himmel und drücken Ihm unser Vertrauen aus. Wir lassen es nicht zu, dass die Not zu einem Bruch mit unserem Gott führt, sondern wir werfen uns umso mehr auf Ihn! Ich möchte dich von ganzem Herzen zu dieser grundlegenden Entscheidung ermutigen, weil nur sie dich weiterhin Hoffnung haben lässt. Ein Bruch mit Gott führt uns noch mehr in die Traurigkeit und Hoffnungslosigkeit.

Schon mehrmals habe ich es erleben müssen, dass ich lieben Freunden, denen Schweres, ja Unerträgliches begegnet ist, und die dabei im Murren und Misstrauen gegenüber Gott stecken geblieben sind, nicht mehr helfen konnte. Zunehmend wurden sie bitter gegenuber Gott und erkannten die Oberhoheit Gottes über ihr Leben und das Recht Gottes, so einzugreifen wie Er will, nicht an. Das ist nichts anderes als ein Einfallstor des Teufels. Natürlich versagte Hiob später unter den schweren Vorwürfen der Freunde, die ihn von außen bedrängten, und auch unter den nagenden Fragen aus seinem eigenen Inneren. Er machte zum Beispiel Gott Vorwürfe und bezeichnete Ihn als ungerecht und willkürlich, aber er gab nie die Hoffnung auf seinen Gott auf und er wartete im Tiefsten auf Ihn, auch wenn sich sein geistlicher Blick unter dem Dauerdruck vernebelt hatte.

Denken wir an Jeremia, der allen Grund hatte zu verzweifeln und aufzugeben. Einmal war es dann wirklich soweit und er wollte nicht mehr. Er lehnte sich gegen Gott auf und verirrte sich so in einer geistlichen Sackgasse.

> Warum ist mein Schmerz dauernd da und meine Wunde unheilbar? Sie will nicht heilen. Ja, du bist für mich wie ein trügerischer Bach, wie Wasser, die nicht zuverlässig sind. – Darum, so spricht der HERR: Wenn du umkehrst, will ich dich umkehren lassen, dass du vor mir stehst. Und wenn du Edles vorbringst und nicht Gemeines absonderst, sollst du wie mein Mund sein. Sie sollen zu dir umkehren, du aber sollst nicht zu ihnen umkehren.
>
> Jeremia 15,18-19

Gott scheint ihn mit Seiner Berufung und Seinen Führungen in eine Falle gelockt zu haben. Sein Vertrauen und sein treuer Dienst scheinen für ihn persönlich nur Nachteile zu bringen.

Darum bezeichnet er Gott als einen trügerischen Bach und als nicht zuverlässige Wasser, die nicht das hergeben, was sie zuerst versprechen. Gott hat nur eine Antwort darauf: Umkehr! Jeremia geht hier zu weit, und die Dinge müssen augenblicklich wieder zurechtgerückt werden. Wäre Jeremia an dieser Stelle nicht mit der festen Entscheidung umgekehrt, sich wieder ganz Gott anzuvertrauen und unter Anerkennung Seiner Liebe und Führung sein Elend weiter zu ertragen, dann wäre »seine Karriere« als Prophet beendet gewesen. Es kann für einen Jünger Jesu nichts Traurigeres geben, als so zu einem dürren Rebenholz zu werden, das ins Feuer der Nutzlosigkeit geworfen wird. Es gilt für uns das Wort und die Verantwortung: Werft eure Zuversicht nicht weg, welche eine große Belohnung hat!

Die berühmten Worte Hiobs in 1,21 drücken diese ergebene Haltung Gott gegenüber aus. Er weiß, dass Gott ihn gesegnet hat, dass die Gaben von Gott gekommen sind. Also kann Er sie auch wieder nehmen. Hiob vertraut sich völlig dem »Ich bin, der ich bin«, dem ewigen Gott an. Durch die Verwendung des persönlichen Namens Gottes drückt er auch seine Nähe zu Ihm und seine Verbundenheit mit Ihm aus. Hiob sündigte nicht in seinem Herzen. Er warf Gott nichts Schlechtes, Gemeines oder gar Böses vor.

Dies ist genau der Knackpunkt um den es in der Versuchung geht: Gott das Vertrauen entziehen, Ihm Böses unterstellen und gegen ihn murren. Gott hätte, als Er Sein Volk in der Wüste führte, nicht mehrmals das Wasser vermissen lassen müssen, aber tat es trotzdem. Die Ungeistlichkeit und Oberflächlichkeit Seines vorwiegend gabenbezogenen Volkes wurde dabei deutlich sichtbar. Sie unterstellten Gott und seinem Werkzeug Mose, es nicht gut mit ihnen zu meinen und sie ständig sinnlos zu prüfen. Dabei trauerten sie Ägypten nach und hatten vergessen, dass noch vor kurzer Zeit die Peitschen der Aufseher ihre Rücken blutig geschlagen und die hohen Forderungen des Pharaos ihre Herzen verzagt gemacht hatten.

Lieber Leser, zwischen Murren und »ehrlicher« Verzweiflung besteht ein großer Unterschied. Wenn du an Gott irre zu werden drohst, Ihn aber weiter ehrlich suchst und Ihm dein Herz ausschüttest, dann ist das etwas ganz anderes, als wenn du es zulässt, dass du bitter wirst und den Glauben an Gottes Liebe, Souveränität und sinnvolle Führung aufgibst. Wir sind schwach und können oft nur schreien:»Herr, ich glaube, hilf meinem Unglauben!« Solange wir das tun, sind wir auf dem richtigen Weg! Gerade jetzt sagt dir dein Gott:»Gib mir, mein Sohn, dein Herz, und deine Augen lass an meinen Wegen Gefallen haben!«

> Und der HERR sprach zum Satan: Hast du Acht gehabt auf meinen Knecht Hiob? Denn es gibt keinen wie ihn auf Erden, – ein Mann, so rechtschaffen und redlich, der Gott fürchtet und das Böse meidet! Und noch hält er fest an seiner Rechtschaffenheit.
>
> Hiob 2,3

Wie schön klingt dieses Urteil des Herrn selbst! Seine Worte aus dem 1. Kapitel haben hier einen Zusatz, nämlich dass Hiob an seiner Rechtschaffenheit festhält. Das ist in Phasen der Schwäche und des Leidens wahrlich keine Selbstverständlichkeit. In solchen Phasen kämpfen wir ja mit Gefühlen wie Verzweiflung, Schmerz, Trostlosigkeit, Aussichtslosigkeit, Verzagtheit und Antriebslosigkeit. Der Gedanke des Aufgebens, die ständigen Fragen »warum und wie lange noch« nagen an uns, Zweifel und Erschütterung bedrängen uns und Gegenwart und Zukunft erscheinen uns grau in grau. Nicht umsonst steht in den Sprüchen:

> Hingezogene Hoffnung macht das Herz krank, aber ein eingetroffener Wunsch ist ein Baum des Lebens.
>
> Sprüche 13,12

Negative Erlebnisse und das Warten auf deren Änderung wirken sich aufs Erste immer auch lähmend auf unser Inneres aus. Treue Nachfolge, das Böse meiden und das Gute suchen erfordern aber Energie, bewusste Entscheidung und ein inneres Vorwärtsgehen. Deshalb sind wir dann auch in Gefahr, uns gehen zu lassen und in der Nachfolge zurückzugehen. Zurückgehen hat nichts mit Phasen der Ruhe oder der Erholung zu tun, die wir ja dringend brauchen, sondern Zurückgehen bedeutet innere Resignation, eine Abnahme unseres Glaubens, unserer Hoffnung und unserer Bereitschaft zum Gehorsam. Genau diese Herzenshaltung ist aber eine notwendige Voraussetzung für eine Gottesbegegnung für das Vermeiden der Sünde und Aufrechterhaltung unserer Gebräuchlichkeit. Deshalb ist das Lesen im Wort Gottes, das Bleiben in einer betenden Haltung und die Fortsetzung der

Dienste, von denen wir wissen, dass wir sie jetzt tun sollen, von so entscheidender Bedeutung. Rückzug im geistlichen Bereich geht mit einem Zurückgehen in den praktischen Bereichen Hand in Hand.

Das Gefährlichste dabei ist, dass wir plötzlich Trost und Halt in weltlichen Dingen oder gar in der direkten Sünde suchen. Auch wenn es schwer ist: Gerade jetzt ist unsere Treue gefragt. Weltliche Vergnügungen und sündige Taten machen nur noch hoffnungsloser und verschlimmern die Situation. »Der Teufel und die Welt versprechen viel, geben wenig und nehmen alles«, hat einmal jemand gesagt. Am wenigsten können sie innere Hoffnung und geistlichen Trost geben. Genau das brauchen wir aber in den Phasen des Angefochtenseins. Übergeben wir Gott die ganze Situation, immer und immer wieder, suchen wir Ihn und Seinen Rat und vertauschen wir nicht den Frieden Gottes mit den oberflächlichen und hohlen Tröstungen, die die Welt anzubieten hat.

Ich kann mich an die Zeit erinnern, als ich als junger Mensch mit einem Immunsystem-Zusammenbruch im Krankenhaus lag. Ich war wirklich verzweifelt und fragte Gott: »Herr, warum? Ich liege hier, es geht mir sehr schlecht und draußen bricht meine Firma zusammen!« Der innere Frieden und der Trost des Heiligen Geistes, mit dem Gott mir antwortete, war so überwältigend, dass ich Gott nur noch danken konnte. Die folgenden Tage war Gott mir so nahe, so greifbar und gegenwärtig, dass ich rückblickend diese Zeit als eine der schönsten in meinem ganzen bisherigen Leben betrachte. Das ist nicht immer so. Leiden heißt auch gefühlsmäßig belastet sein, aber wir wissen nie, welchen Höhepunkt Gott für uns bereithält, wenn wir Ihn weiterhin suchen und treu sind.

Andererseits ist es gut, in solchen Phasen das zu tun, was einem Spaß macht, einfach mal loszulassen und sich zu erholen. Siehe dazu das Kapitel über seelische und körperliche Erschöpfung!

Nun kommen wir zum ersten katastrophalen Tiefpunkt in der Kette des menschlichen Fehlverhaltens, die wir in diesem Buch noch finden werden. Aber wiederum besteht Hiob diese Prüfung glänzend. Wir sehen, mit welchem außerordentlichen Menschen und Gläubigen wir es zu tun haben.

Da sagte seine Frau zu ihm: Hältst du noch fest an
deiner Vollkommenheit? Fluche Gott und stirb! Er
aber sagte zu ihr: Wie eine der Törinnen redet, so
redest auch du. Das Gute nehmen wir von Gott an,
da sollten wir das Böse nicht auch annehmen? Bei
alldem sündigte Hiob nicht mit seinen Lippen.

Hiob 2,9-10

Welche Stützen haben wir im Leiden, wenn nicht besonders
unseren Ehepartner, der uns liebt, dem wir zutiefst ergeben sind
und der unser Bestes will? Deshalb war dieser Angriff seiner
eigenen Frau für Hiob ein unfassbar seelischer Tiefschlag und
machte seine Einsamkeit und gleichzeitig seine Treue zu Gott
sichtbar.

Wie konnte es dazu kommen, dass Hiobs Ehefrau so vollkommen versagte, dass ihr Glaube so vollständig zerbrach und sie
überhaupt keine andere Hoffnung mehr für ihren Mann hatte
als den Tod? Manche meinen, dass Satan sie extra unangetastet
gelassen hat, da er ihr Herz kannte und ihren eher oberflächlichen Glauben, der in der Versuchung mehr seinen Absichten
diente als denen des Herrn. Und er täuschte sich darin nicht,
sondern behielt Recht. Aber wir dürfen nicht vergessen, dass der
Verlust der Kinder, des gemeinsamen Wohlstandes und in gewisser Weise auch ihres Mannes für sie einen entsetzlichen Schock
bedeutete, eine vollkommene Katastrophe, die menschlich nicht
verkraftbar war. Es heißt von der tiefgläubigen Frau eines Die-
ners Gottes der Vergangenheit, dass ihr innerhalb kurzer Zeit die
Haare ausgingen, weil Gott es zugelassen hatte, dass ihr alle vier
Kinder innerhalb einer Woche durch eine schwere Krankheit
genommen wurden. Wie verständlich ist das, und wehe uns,
wenn wir irgendeinem Menschen einen Vorwurf machen, nur
weil er mit einer Situation, die schrecklich und unerwartet über
ihn hereingebrochen ist, nicht fertig wird. Wehe uns, wenn wir
uns hier durch Lieblosigkeit und Unbarmherzigkeit schuldig
machen! Erst jetzt, während ich diese Zeilen schreibe, wird mir
klar, dass diese Nebenperson im Buch Hiob eine Hauptperson
im beschriebenen Geschehen war, die unsagbar gelitten haben
muss.

Wenn nun solch ein Mensch nicht völlig und ganz in Gott
verwurzelt ist, dann kann er damit auch nicht fertig werden.

Sein Glaubensgefüge zerbricht. Wir stellten schon fest, dass die Ehefrau und die Kinder wahrscheinlich hinter dem geistlichen Leben Hiobs zurückgeblieben waren. Warum das so war, wissen wir nicht; jedenfalls war die Frau nicht in der Lage, den Weg des gläubigen Annehmens der Katastrophe mit ihrem Mann zu gehen. Ja, sie ließ sich von anderen Törinnen beeinflussen und redete auf dieselbe Art und Weise. Ich vermute sogar, dass sie sich für ihren sozialen Abstieg und für ihren kranken Mann schämte, der so schrecklich ausschaute, dass seine Freunde, als sie in dieser armseligen Gestalt ihren Freund Hiob erkannten, nur noch weinen und ihre Kleider zerreißen konnten. Alles deutet auf eine oberflächliche Beziehung zu Gott hin, die vielleicht gar nicht echt war.

Viele Gläubige gehen solange mit Gott, solange es mit ihrer Weltliebe und einer Nachfolge, die nicht ans Eingemachte gehen darf, vereinbar ist. Sie sind eher »christlich« als wirkliche Christen. Sie fügen sich aber in das christliche Schema und verbergen dahinter ein Herz, das sich nicht viel von dem eines Ungläubigen unterscheidet. Wenn das bei dir so ist, wenn Gott durch belastende Umstände dein wahres Herz offenbar gemacht hat, dann ist das für dich eine große Chance, dem Herrn wirklich und vielleicht das erste Mal zu begegnen. Ist dein Haus zerbrochen, weil das Fundament auf Sand gebaut war, dann ist es jetzt an der Zeit, deinem Leben durch eine Lebensübergabe an Jesus Christus eine neue Grundlage zu geben. Bedenke, es gibt keine Alternative: Entweder wirst du die Welt lieben und wie die Welt reden und verzweifeln, oder du wirst dein Leben dem Gott allen Trostes übergeben und so erleben, was geistliche Hoffnung und Kraft wirklich bedeuten und wie überreich dich dein Schöpfer mit ewigem Besitz überschütten kann, der unvergänglich ist.

Es wäre aber auch vorstellbar, dass sie sehr wohl gut mit dem Herrn unterwegs war, aber ihre Psyche nicht stark genug gewesen ist, diese furchtbaren Ereignisse geistlich und psychisch zu verkraften. Bist du in so einer Lage, dann wird es höchstwahrscheinlich notwendig sein, dich aus deinem normalen Leben heraus zu begeben, um irgendwo gezielte seelsorgerliche und – wenn notwendig – auch medizinische Hilfe zu bekommen. Ich denke z. B. an den Fall eines Nervenzusammenbruchs, der ja durch ein Ereignis ausgelöst werden kann.

Ich gehe jedenfalls davon aus, dass Hiobs Frau geistlichen Schiffbruch erlitten hat und überhaupt kein Licht mehr in dieser Situation sah. Einmal sagte jemand: »Ich sehe alles nur noch grau in grau. Ich sehe keine Zukunft mehr, aber ich kann sie mir erglauben.« Als ich es nach dem Tod meiner ersten Frau nach einiger Zeit so richtig realisiert hatte, dass mein Leben samt den gewohnten Rahmenbedingungen nun vollständig zerbrochen war, und ich wieder wie ein Student in einem kleinen Zimmerchen wohnte, und ich am Abend oft nicht wusste, wie oder mit wem ich die Zeit verbringen sollte; da war das manchmal unerträglich. Ich konnte immer wieder nur meinem Herrn alles von Neuem übergeben und glauben, dass Gott auch diese Situation in der Hand hat. Ich kann das also sehr gut verstehen, nichtsdestotrotz ist so eine Aussage der Hoffnungslosigkeit und totalen Resignation für einen gläubigen Menschen sehr traurig. Wer außer uns Christen, die wir unsere Hoffnung auf einen ewigen, allmächtigen Gott setzen, kann in so einer Situation trotzdem noch ein Licht sehen und Hoffnung behalten? Paulus schreibt: »... keinen Ausweg sehend, aber nicht ohne Ausweg!« Wie muss es auf Hiob gewirkt haben, wenn seine eigene Frau ihn dazu aufforderte, Gott zu fluchen, Ihm also bewusst Böses zu unterstellen und sich von Ihm loszusagen, und den Tod als letzten Ausweg zu suchen. Es hätte von menschlicher Seite keine schrecklichere Entmutigung geben können. Was für ein Tiefschlag für Hiob!

Umso schöner ist die Antwort Hiobs, die mehrere wichtige Lektionen enthält:

> Er aber sagte zu ihr: Wie eine der Törinnen redet, so redest auch du. Das Gute nehmen wir von Gott an, da sollten wir das Böse nicht auch annehmen? Bei alldem sündigte Hiob nicht mit seinen Lippen.
>
> Hiob 2,10

1. Es gibt so viel Gutes, wofür wir danken können! In den dunkelsten Stunden, in denen wir meinen, dass uns nichts geblieben ist, oder in denen alles von einem Problem überschattet wird, mit dem wir nicht fertig werden, können wir immer noch für vieles danken: Am meisten für den Trost und die Hoffnung, die wir in Jesus Christus haben, für das ewige Leben, für die wunderbare Zukunft, die auf uns in der Ewigkeit wartet.

Einmal saß ich am Bett eines todkranken Freundes. Wir redeten über den Tod und was danach kommt. Seine letzten Worte an mich waren: »Was für eine Zukunft!« Ein anderer lieber Freund, der viel zu meiner Bekehrung beigetragen hatte, verabschiedete sich von mir mit den Worten: »Wir sehen uns in der Ewigkeit!« Heute noch treibt es mir die Tränen in die Augen, wenn ich an diesen so schmerzvollen und doch so tröstlichen Abschied denke. Ja, lieber Leser, niemand kann dir das nehmen, was wirklich bleibend ist, nämlich deinen ewigen geistlichen Besitz. Vielleicht will Gott dich gerade durch deine jetzige Situation ein bisschen mehr von dieser Schöpfung loslösen, um deine Sehnsucht auf die ewige Stadt, in der dir eine ewige Wohnung allein gehören wird, zu lenken. Darüber hinaus gibt es viel, was Gott uns hier und jetzt geschenkt hat: Gesundheit (wenn nicht gerade sie das Problem ist), Menschen, die dich lieben, ein Dach über den Kopf und viele andere Gaben, die wahrlich nicht selbstverständlich sind. Ich möchte dich ermutigen, das alles nicht zu vergessen und trotz allem bewusst dankbar zu sein. Das geht nicht auf Knopfdruck, das ist mir vollkommen klar, und ich muss mich heute noch manchmal genauso wie du zu dieser Haltung durchringen. Aber es ist wichtig, dass wir bei allen Hochs und Tiefs auf dem richtigen Kurs bleiben.

2. Danken heißt auch Annehmen und sich Einfügen in das, was Gott in unserem Leben zulässt. Der Schwerpunkt liegt auf dem Ertragen dessen, was wir als unangenehm und schmerzhaft empfinden. Auch das ist eine bewusste Entscheidung, die Hiob genauso schwer gefallen sein wird wie uns manchmal. Aber es ehrt Gott, wenn wir Ihm in solchen Situationen unser Vertrauen schenken, und es wird unser ganzes Leben revolutionieren und erleichtern, wenn wir genau das tun, sei es in den kleinen Widerwärtigkeiten des Alltags oder in den großen Krisen des Lebens. Gott weiß wie es um uns steht, er versteht uns und lässt es trotzdem zu. Wir dürfen alles immer wieder vor Seinem Thron ausbreiten.

3. Darüber hinaus kann Gott Leid dazu benutzen, um es für andere zu verwenden und ihnen damit ein Segen zu

sein (2Kor 3,3-6). Hier geht es also noch einen Schritt weiter; über das Ertragen und Annehmen hinaus. Aufs Erste war für Hiob nicht mehr möglich. Doch aufs Ganze hin gesehen waren diese beiden Herzenshaltungen trotzdem die Voraussetzung, um wieder ein Segen für andere sein zu sein. Erst hernach, wenn wir die friedsame Frucht der Erziehung unseres himmlischen Vaters genießen, können wir auch die anderen mit dem Trost trösten, mit dem wir selbst von Gott getröstet worden sind.

Aber kommen wir wieder zurück zu Hiobs großem Sieg des Glaubens über diese so schreckliche Situation und über die Hoffnungslosigkeit seiner verzweifelten Frau. Die Stelle schließt mit den Worten: Bei alldem sündigte Hiob nicht mit den Lippen. Wir erfahren, dass er Gott nichts Anstößiges unterstellte und hier lesen wir, dass sich seine vorbildliche innere Haltung auch auf seine Worte auswirkte. Beides gehört ja zusammen: Was sich in unserem Herzen befindet, drückt sich automatisch in dem aus, was wir reden.

Es kann aber auch ein Zuviel geben, wo beides außer Kontrolle gerät und wir nicht mehr in der Lage sind, Ordnung in unserem Herzen zu bewahren. Aber auch in diesen dunkelsten Phasen werden wir von der Gnade Gottes durchgetragen und, wenn wir es zulassen, lenkt uns Sein Geist wieder auf die eben beschriebenen Wahrheiten.

Hiob in der Krise

So kommen wir in die nächste Phase, in der Hiob zerbricht und es ihm nicht mehr möglich ist, seine anfängliche Annahme und geistliche Verarbeitung der katastrophalen Situation weiter aufrechtzuerhalten. Dabei müssen wir uns noch einmal vor Augen halten, wie vollkommen aussichtslos und unerträglich seine Lage war:

Zuerst verliert er seinen Reichtum und macht einen sozialen Sturzflug mit, wie er ärger nicht hätte passieren können. Er wird vom reichsten und angesehensten Mann weit und breit, zu dem jeder aufschaute und den jeder bewunderte, zu einem Niemand, der bestenfalls noch bemitleidet wurde.

Dann verliert er seine Kinder. Alle Eltern werden mir zustimmen, dass es menschlich gesehen nichts Ärgeres geben kann als am Grab auch nur eines der eigenen Kinder stehen zu müssen. Hiob stand am Grab aller seiner Kinder! Als nächstes wird er von schmerzhaften Geschwüren befallen und zwar am ganzen Körper. Er kann sich nicht mehr ohne Schmerzen bewegen und sitzt den ganzen Tag sich mit einer Scherbe schabend in der Asche.

Er »verliert« seine Frau in dem Sinne, dass sie ihm keine Stütze mehr ist, sondern in Verzweiflung und Hoffnungslosigkeit zurückbleibt. Was gibt es Schmerzlicheres, als sich von dem Menschen, mit dem man innig verbunden ist, zu entfremden und allein gelassen zu werden?

Seine Feinde wenden sich in Schadenfreude, Verachtung und falscher Einschätzung der Ursachen seines Leidens gegen ihn.

Noch schrecklicher ist, dass auch seine ehemaligen Freunde und Vertrauten ihn nun verabscheuen und sich gegen ihn wenden. Einmal klagt Hiob in 16,17: »... du hast meine ganze Umgebung menschenleer gemacht!« Menschenleer, obwohl sie voller Menschen ist. Hiob wurde von einer unerträglichen Einsamkeit und Enttäuschung über seine Mitmenschen geplagt.

Aber wir sind noch nicht am Ende: Seine Freunde, die als Tröster zu ihm gekommen sind, verkennen seine Lage völlig und machen ihm zunehmend und immer heftiger schwere Vorwürfe, die jeder Grundlage entbehren.

Ehrlich gesagt kann ich Hiobs Frau mit ihrem schlechten Rat ein bisschen verstehen. Es handelt sich eigentlich um eine Selbstmordsituation, die niemand von uns richtig nachvollziehen kann. Nur Hiobs Glaube an Gott und sein langjähriger Umgang mit Ihm lassen ihn am Leben festhalten und, wie wir später sehen werden, sogar geistliche Lichtblicke nicht ganz aus den Augen verlieren. Jedenfalls will ich mich nicht versündigen, jetzt besserwisserisch darüber zu schreiben, worin Hiob überall versagt hat. Das wäre vermessen und hochmütig. Ich möchte nur anhand seines Beispiels aufzeigen, wozu wir in der Krise neigen und welche Gefahren sich für uns ergeben können. Allen, die gerade Leidenden in schweren Situationen beistehen, rufe ich zu: Versündige dich nicht durch Unbarmherzigkeit, Verurteilen und Besserwisserei! Leide zuallererst mit dem Leidenden, weine mit dem Weinenden, sei vorsichtig mit Kritik, wenn du Dinge erkennst, die falsch laufen, und warte auf die richtige Zeit, in der du mit ermahnenden Worten helfend in die richtige Richtung führen kannst. Niemand wird in schweren Zeiten alles richtig machen. Es kommt zu Verzerrungen, falschen Ansichten, Depressionen oder gar Anklagen gegen Gott. So erging es auch Hiob. Bringen wir unseren Bruder, unsere Schwester immer wieder vor den Herrn, seien wir ihm immer wieder einfach nur Freund, und es wird die Zeit kommen, in der wir auch durch Worte helfen können, ohne dass sich der Verzweifelte enttäuscht in sein Schneckenhaus zurückzieht.

Hiob selbst weiß, dass seine Worte unbesonnen sind und aus der totalen Verzweiflung seines Herzens kommen. Aber er kann einfach nicht mehr anders, und doch gibt es durch Gottes Gnade und Hiobs Bereitschaft ein guten Ausgang der Sache. Das sollen wir nie vergessen. Gottes Möglichkeiten sind weit über den unseren, und beginnen da, wo unsere aufhören. Deshalb dürfen wir nie die Hoffnung für einen Menschen aufgeben, der sich momentan nicht mehr zurechtfinden kann oder sogar die bewusste Nachfolge schon aufgegeben hat und uns mit Worten schmerzt, die negativ und falsch sind. Hören wir Hiob selbst dazu:

> Würde doch mein Kummer gewogen und legte man mein Unglück dagegen auf die Waage! Dann würde er schwerer gefunden werden als der Sand am Meer. Darum gehen meine Worte so in die Irre...
>
> Hiob 6,2-3

> Mich ekelt vor meinem Leben. So will ich denn meiner Klage freien Lauf lassen und reden in der Betrübnis meiner Seele.
>
> Hiob 10,1

So geht es dir, lieber Leser, vielleicht momentan, und du kannst nicht anders als Worte der Klage, der Unzufriedenheit, der Bitterkeit oder gar der Anklage Gottes reden, weil dein Inneres zum Zerreißen gespannt ist, weil die Not so akut geworden ist, dass sie alles überschattet. Das ist wie bei einem stechendem Schmerz, der einen an nichts anderes mehr denken lässt, obwohl es wahrlich so viel anderes gäbe. In der echten Not sind wir innerlich ganz auf sie konzentriert und auch in Stunden der

Arbeit, der Ruhe und Erholung, der Gemeinschaft etc. kommen wir gedanklich immer wieder darauf zurück.

Solange wir noch damit umgehen lernen, können solche Phasen sehr konstruktiv sein, auch wenn wir dadurch stark belastet sind. Hier aber ist ein Mensch, der nicht mehr selbst die Dinge ins Lot bringen kann, sondern dessen ganze Glaubens- und Lebensgrundlage erschüttert ist. Das ist noch einmal ein ganz großer Unterschied, den wir unbedingt bedenken müssen. Das kann ich aus Erfahrung bezeugen. Unser Herr befand sich im Garten Gethsemane in solch einer Situation, in der Er so von Angst erfüllt war, dass Er Tropfen wie Blut schwitzte. Hier Römer 8,28 zu zitieren und wieder von dannen zu ziehen mit dem Versprechen, den Betroffenen im Gebet nicht zu vergessen, ist einfach zu wenig.

Nachdem Hiob – wie wir vorher gesehen haben – mehr als vorbildlich die unerwarteten äußerst negativen Wendungen in seinem Leben aus der Hand Gottes angenommen hat, bricht ab Kapitel 3 seine ganze Verzweiflung heraus. Dabei beginnt er mit einer bitteren Klage darüber, dass er überhaupt geboren worden ist. Er ist also lebensmüde. Der Sinn seines Lebens erscheint ihm nun völlig unklar und er fühlt sich von allen Seiten großem Druck ausgesetzt.

> Warum handelt Gott so dem Manne gegenüber, dem sein Geschick in der Dunkelheit verborgen ist und dem Gott jeden Weg versperrt hat?
>
> Hiob 3,23

Warum bricht die Verzweiflung so plötzlich aus Hiob heraus? Manche meinen, dass er durch den Schock, den sein Anblick bei seinen Freunden verursacht hat, und durch das mitfühlende Entsetzen so in seinem Stolz verletzt wurde, dass er deshalb umso mehr seiner Not und Verzweiflung Ausdruck verlieh. Ob es nun bei Hiob so war oder nicht, so kann es doch für uns ein Problem werden, wenn wir auf einmal aus der Rolle des Vorbilds, der Säule und des Helfenden in eine Rolle hineingeraten, die wir gar nicht gewohnt sind, nämlich in die des Bedürftigen, der sehr viel Liebe und Verständnis braucht. Es gibt viele Menschen, die sich ungern helfen und dienen lassen, da sie lieber selbst helfen und dienen wollen. Es ist schön, wenn wir uns für andere zur Verfügung stellen. Der Demütige weiß sich aber so begrenzt und schwach, dass er immer dafür dankbar sein wird, wenn er auch empfangen kann und von anderen lernen darf. Gerade wenn alles gut läuft, beginnen wir unbewusst darauf stolz zu sein. Ich weiß heute rückblickend, dass Gott Vieles in mir korrigieren musste (und das wird auch nie aufhören!), was mir einfach nicht aufgefallen ist, auch Motivationen wie Erfolgsdenken, Eigenwille, Anerkennungsstreben, Streben nach Selbsterfüllung usw. Ich bin jetzt auch viel dankbarer dafür, wenn mir gedient wird, und ich weiß mich viel abhängiger von der Hilfe anderer und von echter christlicher Gemeinschaft.

Hiobs sozialer Sturzflug und sein Rollenwechsel vom Unterstützer der Armen zum »Sozialhilfeempfänger«, vom Starken zum Schwachen, der anderen zur Last fällt, war sicher für sein Ego sehr schwer zu verkraften. Warum? Weil es für uns so unendlich wichtig ist, wie die anderen von uns denken und dass wir gut und geachtet in ihren Augen dastehen. Das ist uns zutiefst im Fleisch verwurzelt. Deshalb fällt es uns auch so schwer, Ungerechtigkeit, Verleumdungen etc. zu verkraften oder nicht darauf zu reagieren. Wir wollen das unbedingt richtig stellen, damit wir erleichtert zur Kenntnis nehmen können, dass wir jetzt wieder im richtigen Licht gesehen werden. Was steht aber hinter dieser Neigung, uns zu verteidigen und Unrecht nicht auf uns sitzen zu lassen und dem Wunsch, dass gut von uns geredet wird? Drei Buchstaben – EGO!

Solange wir uns selbst zu wichtig sind, ist es für uns ganz vorrangig, wie andere uns sehen und ob wir geehrt oder richtig verstanden werden oder nicht. Wenn für uns die geistliche Welt und Gottes Sicht der Dinge an erster Stelle steht, so wird es uns nicht mehr so viel ausmachen, wie andere von uns denken. Als solche, die über sich selbst desillusioniert sind, werden wir froh darüber sein, dass unsere Mitmenschen nicht in unser Herz schauen können. Das Böse in uns übertrifft ja bei weitem die einzelne Tat, deren wir vielleicht überführt worden sind. Was kümmert die kleine Pfütze im Vergleich zu einem metertiefen Sumpf? Niemals sollen wir uns besser darstellen als wir eigentlich sind (ohne die Menschen dabei zu überfordern). Wir sollen immer nur auf den Herrn als den einzig Guten hinweisen. Natürlich ist es schön, wenn Gott aus uns Vorbilder gestaltet, aber das sind wir nicht in uns selbst (da lacht uns nur die Fratze der unveränderlich bösen alten Natur entgegen), sondern nur in dem, was Gottes Geist in uns schaffen konnte. Nur der Geist kann in uns Geistliches wirken, und darin können wir Vorbilder sein.

Zusammenfassend können wir zum Thema Stolz und Streben nach Achtung unter den Mitmenschen drei Dinge sagen:

1. Wir haben keinen Grund, stolz zu sein. Wenn Menschen uns gering achten oder wir nicht mehr so gut dastehen vor ihnen wie früher, dann tut das zwar sehr weh, aber eher unserer alten Natur als unserer neuen. Die alte will immer glänzen, sei es nun mit Gold oder mit Messing. Wir dürfen uns auch auf keinen Fall überheben, weil wir zu allem fähig und selbst nur gerettete Sünder sind (Tit 3,2-5).

   Dies wird von einem Mann geschrieben, der, bevor er dem Herrn Jesus begegnet ist, selbst ein frommes und nach außen hin makelloses Leben geführt hatte!

2. Christus wurde zu Unrecht geschmäht, verleumdet und verkannt, und trotzdem hat er das erduldet und sich seinem Gott anvertraut (1Petr 2,21-23). Wie viel mehr werden wir es ertragen müssen, von Menschen falsch beurteilt zu werden oder auch, dass bis jetzt verborgene Charakterschwächen für andere sichtbar werden, und sie nicht mehr so hoch von uns denken wie zuvor.

3. Lass dich nicht vom Bösen überwinden, sondern überwinde das Böse mit dem Guten (Röm 12,21)! Auch wenn Menschen uns Unrecht tun, wollen wir keinen Kampf gegen sie beginnen, weil das nur die Weise unserer alten Natur ist, die eigenen Rechte und Anliegen durchzusetzen. Für uns ist es wichtig, wie Gott uns sieht. Er wird, wenn es Sein Wille ist, zu Seiner Zeit die Dinge auch für die anderen Menschen zurechtrücken.

Diese Überlegungen sind sehr wichtig, da Hiob hier schlecht mit seiner neuen Rolle als Bemitleideter und Sozialfall zurechtkommt und später noch schlechter mit der Rolle des Verleumdeten und Verkannten. Am Boden liegend noch getreten zu werden, ist fast nicht mehr verkraftbar oder geistlich bewältigbar. Trotzdem wollen wir von den immer heftiger werdenden Selbstverteidigungen Hiobs lernen, uns gerade nicht selbst zu verteidigen. Wenn Menschen uns nicht verstehen oder gar lieblos sind mit uns, dann ist es besser, deren Gesellschaft zu meiden, da sie keine Hilfe darstellt. Lieblosigkeit, Härte und Besserwisserei verletzen zutiefst, und wenn man angeschlagen ist, noch viel mehr. Sie können uns das Leben zur Hölle machen und ärger sein als die Not, die uns alleine schon an die Grenzen des Erträglichen führt. Als Hiob es nach den Belehrungen eines vierten Ratgebers aufgibt, weiterhin darauf zu antworten, ist der Zeitpunkt gekommen, dass Gott selbst auf den Plan tritt und zu Hiob spricht. Der Kampf gegen Verleumdungen kostet ungemein viel Energie und nimmt unsere ganze seelische Kraft in Anspruch. Er ist aber zumeist sinnlos, ein Wort ergibt das andere, eine Fleischlichkeit folgt auf die andere. Das kann nie zu etwas führen, da wir Konflikte geistlich lösen müssen und ein Leidender alles andere braucht als Konfrontation.

Wie erschütternd ist die Klage des Hiob in Kapitel 3! Er hat, aus seiner Sicht gesehen, mit jedem Wort Recht. Kausemann schreibt aber dazu einen ganz wichtigen Gedanken:

> Alles, was Hiob preisgab, entsprach der Wirklichkeit. Nur das Vorhaben Gottes war ihm fremd, Gottes Ziel blieb ihm verborgen. Nie kam ihm der Gedanke, dass Gott keinen Fehler machen kann und dass alles, was ihn betraf, zunächst Gottes gütiges Herz berührte.

Der Hintergrund und das Ziel seines Leidens, also das wirklich Wesentliche zum Verständnis seiner eigenen Situation, war ihm nicht klar. Deshalb war der Blick auch nur auf die hoffnungslose Lage ausgerichtet. Wer will es ihm auch verdenken oder darüber urteilen?

Trotzdem ist der Fokus allein auf die negative Situation keine Hilfe, da wir hier keinen Trost finden können. Wir finden viel eher Kraft und Hilfe darin, uns bewusst Glaubenswahrheiten und positive Dinge vor Augen zu halten. Hiobs Situation war hoffnungslos und das später erlittene Unrecht war unglaublich entmutigend, aber je mehr er nur darum kreiste und sich damit auseinander setzte, desto mehr kam er in einen Negativsog hinein, der ihm selbst am wenigsten diente. Wir müssen also lernen, uns gegen eine Negativsichtweise zu wehren, und uns dagegen zu schützen, indem wir bewusst auf das Positive schauen, das uns immer noch geblieben ist.

Auch Selbstmitleid ist wenig zielführend und kann uns in eine sündige Haltung führen, in der wir ständig mit Gott rechten und unzufrieden sind mit dem, was wir sind und haben. Viele Probleme mit Depressionen lassen sich auf eine zutiefst verankerte Grundhaltung der Unzufriedenheit zurückführen, die hauptsächlich darum kreist, was einem fehlt oder nicht gefällt, und nicht darum, was man hat und was positiv im eigenen Leben ist. Gerade das ist aber für erlebte Zufriedenheit notwendig.

Wir müssen ganz klar unterscheiden: Ein Verzweifelter, der aus der Not heraus nur noch schwarz sieht, und ein Mensch im Selbstmitleid, der in seinem Herzen mit dem, was Gott ihm gibt oder wie Gott ihn geschaffen hat, letztlich also mit Gott selbst, unzufrieden ist. Eines kann aber leicht zum anderen führen. Selbstmitleid ist in der Not immer ein Faktor. Vielleicht darf ich das mit einem Beispiel aus meinem eigenen Leben noch verdeutlichen. Ich habe es nicht als hilfreich empfunden, als ein Bruder nach dem Tod meiner ersten Frau mir gegenüber immer wieder erwähnte, dass es zwar furchtbar ist, was mir passiert ist, dies aber trotzdem nicht vergleichbar sei mit dem, was vielen anderen Menschen z. B. im Krieg zugestoßen ist. Über diese Aussage habe ich mich manches Mal sehr geärgert. Aber trotzdem war für mich der Gedanke, dass ich mein eigenes Elend nicht überschätzen darf in Hinblick auf das noch viel größere Elend anderer, die noch nicht einmal die Hoffnung auf einen lebendigen Gott haben, auch sehr wichtig. Wir sollen Trauerarbeit leisten, das ist keine Frage. Verdrängen und geistlich Überspielen ist auch für Christen kein Weg. Trotzdem sollen wir nicht in Selbstmitleid versinken und uns als die Ärmsten der Armen sehen.

Nun noch eine wichtige Wahrheit. Wir fragen uns vielleicht: Wie hat es Gott ausgehalten, Seinen geliebten Hiob so ins Elend zu stürzen und ihn dann so lange darin »alleine« zu lassen, seinen hartherzigen Kritikern und sich selbst ausgesetzt, mit seiner eigenen falschen Einschätzung der Situation und seinen ungelösten Problemen. Kausemann schreibt dazu:

> Gott lässt sich nicht beeinflussen oder zu falschem Mitleid bewegen. Das klingt aufs Erste sehr hart, aber was wäre eine Prüfung, zu der auch gleich die Lösung mit ausgeteilt wird. Gerade darin liegt ja der

Segen des Leides, dass wir ausharren müssen und dadurch auf Gott und die Ewigkeit hin ausgerichtet werden. Da es Gott gefallen hat, größtenteils unsichtbar in Seine sichtbare Schöpfung hineinzuwirken, müssen wir die Gesetze dieses Wirkens am eigenen Erleben erlernen, um sie für uns und für die anderen zu realisieren und in Zukunft besser umzusetzen.

Es macht Gott keine Freude, uns leiden zu sehen, es ist für ihn kein Vergnügen, wenn wir in Trostlosigkeit versinken und nicht mehr weiterwissen, aber Er hat etwas für uns bereit, das wir, nachdem wir es empfangen haben, nicht mehr missen wollen. Würden wir Hiob fragen, ob es ihm lieber gewesen wäre, seinen schweren Weg nicht gehen zu müssen, dann wäre seine Antwort während der Not *Ja* und nach seiner Begegnung mit Gott wahrscheinlich *Nein* gewesen. Natürlich hat sich bei ihm die Situation wieder vollkommen aufgelöst, was bei manchen von uns nicht der Fall sein wird. Wir stehen aber dabei immer wieder vor derselben Entscheidung: Vertrauen wir unserem Gott, sind wir mit Ihm allein zufrieden und sind wir bereit, auf dem Weg der Nachfolge die enge Pforte zu durchschreiten und Gott die Folgen zu überlassen? Oder verweigern wir uns den Führungen des Herrn bzw. den negativen Wendungen unseres Lebens, die Gott zugelassen hat, und bleiben dadurch in unserem geistlichen Reifungsprozess stecken oder fallen gar vom Glauben ab?

Gott lässt Negatives zu. Er hat das Wie, das Was und das Wie lange in Seinem souveränen Plan für unser Leben bereits festgelegt. Es ist unsere Verantwortung dabei, in innigster Gemeinschaft mit Ihm diese Phasen zu durchleben und mit Ihm zu überwinden. Vieles geht dabei nicht geradlinig. Niemand wird dabei alles richtig machen. Viele Niederlagen werden wir dabei erleiden, aber wir werden von Seiner Gnade durchgetragen. Darauf können wir uns felsenfest verlassen. Diese Gnade trug auch Hiob durch. Nur durch sie kam er ans Ziel. Menschlich gesehen hätte er auch im Selbstmord oder im Wahnsinn enden können oder in völliger Verbitterung gegenüber denjenigen, die ihn so sehr enttäuscht haben. Aber er hörte nicht auf, sein Innerstes immer wieder auf Gott zu richten und mit Ihm zu reden, auch wenn dunkle Wolken das Licht seiner Gotteserkenntnis trübten.

Er warf nicht alle geistlichen Grundlagen über Bord. Das allein ist es, was wir tun können.

Im Rückblick werden wir sehen, dass wir Gottes scheinbare Teilnahmslosigkeit nur subjektiv empfunden haben. Gott steht nämlich in Wirklichkeit der persönlichen Situation Seiner Kinder alles andere als teilnahmslos gegenüber. Als der verlorene Sohn zum Vater zurückkommt, wartet dieser bereits und läuft ihm entgegen, obwohl der Sohn ihn zuvor verlassen und alles verprasst hatte. Als Stephanus im Sterben den Herrn sehen darf, da steht der Herr und sitzt nicht auf Seinem Thron – ein schönes Bild für die gerade beschriebene Wahrheit.

Nein, Gott ist nicht teilnahmslos, und wir werden auch während der Krise Seine Anteilnahme an unserem Leben in vielen kleinen Beweisen immer wieder erkennen. Ein bekannter christlicher Autor schreibt, dass es Ihm manchmal schwer fällt, wenn Gott z. B. sein Gebet nach einem Parkplatz erhört, die elende Gesamtsituation aber ungelöst bleibt oder sich gar noch verschärft. Ja, das ist hart, aber dürfen wir uns nicht auch an scheinbar »unbedeutenden« Gebetserhörungen aufrichten, zeigt uns Gott nicht damit, dass Er auch die andere Sache fest in Seiner Hand hält und uns zu gegebener Zeit helfen wird? Ich kann das alles so gut verstehen, aber trotzdem darf uns nichts dazu führen, unsere Zuversicht wegzuwerfen.

Bewusst möchte ich in diesem Zusammenhang den Kommentar des Jakobus zu Hiob noch einmal zitieren:

> Siehe, wir preisen die glückselig, die ausgeharrt haben. Vom Ausharren Hiobs habt ihr gehört, und das Ende des Herrn habt ihr gesehen, dass der Herr voll innigen Mitgefühls und barmherzig ist.
>
> Jakobus 5,11

Der Herr ist voll innigen Mitgefühls und barmherzig und glückselig sind die, die ausgeharrt haben!

Ja, und doch ringen wir mit dem Herrn, wissend, dass es so ist. Aber die gewaltige Sturmflut des äußeren Drucks und der inneren Gefühle rüttelt am Damm unserer Überzeugungen und alles dessen, was wir bis jetzt für richtig gehalten haben. Hiob hat ja viel weniger als wir über die Liebe des Herrn gewusst, sein Ausgangspunkt war ein Gottesbild, das viel Platz für einen gerechten Gott und das Gericht über die Gottlosen, aber wenig

Platz für einen liebenden Vater hatte, der Seine Kinder über den
Umweg rätselhafter Ereignisse zu einem höheren Ziel führt. So
kam es zu einem Missverständnis in Bezug auf das Geschehen
und zu einer Verschiebung seines Gottesbildes ins Negative.

> Habe ich gesündigt? Was tat ich dir an, du Wächter
> der Menschen? Warum hast du mich dir zur Ziel-
> scheibe gesetzt, und warum werde ich mir zur Last?
>
> Hiob 7,20

Das ist auch bei uns der erste Gedanke, wenn etwas schief geht:
Was haben wir falsch gemacht, was läuft schief in meinem Leben,
dass es jetzt so auf mich niedergeht? Es geht hier also um die
richtige Einordnung meiner Situation, von der schon am Anfang
im Abschnitt »Hinter den Kulissen des Leides« die Rede war.

Wir wollen uns jetzt mit seinem sich verschiebenden Gottesbild beschäftigen und uns dazu ein paar Aussagen Hiobs
diesbezüglich anschauen:

> Darum sage ich: Den Rechtschaffenen wie den Gott-
> losen vernichtet er. Wenn die Geißel plötzlich tötet,
> so spottet er über die Verzweiflung Unschuldiger.
> Die Erde ist in die Hand des Gottlosen gegeben, das
> Angesicht ihrer Richter verhüllt er. Wenn er es nicht
> ist, wer sonst?
>
> Hiob 9,22-23

> Es gibt zwischen uns keinen Schiedsmann, dass er
> seine Hand auf uns beide legen könnte.
>
> Hiob 9,33

> Er führt Ratgeber beraubt weg, und Richter macht
> er zu Narren. Fesseln von Königen löst er auf und
> schlingt einen Gurt um ihre Hüften. Er führt Priester
> beraubt weg, und alte Geschlechter bringt er zu Fall.
> Bewährten Sprechern entzieht er die Sprache, und
> Alten nimmt er die Urteilskraft. Verachtung schüttet
> er auf Edle, und den Gürtel der Starken lockert er.
> Er enthüllt Geheimnisvolles aus dem Dunkel, und
> Finsternis zieht er ans Licht. Er macht Völker groß
> und vernichtet sie; er breitet Völker aus, und er leitet
> sie.
>
> Hiob 12,17-23

Lauter bin ich, ohne ein Vergehen. Rein bin ich und
habe keine Schuld. Siehe, er erfindet Anlässe zum
Widerstand gegen mich, er hält mich für seinen Feind.
Er legt meine Füße in den Block, überwacht alle
meine Pfade.

Hiob 33,9

Was ist der Allmächtige, dass wir ihm dienen sollten, und was hilft es uns, dass wir mit Bitten in ihn
dringen?

Hiob 21,15

Diese Aussagen unterstellen Gott ein ganz anderes Wesen, als
wir es in der gesamten Schrift finden können, und zeigen ganz
deutlich die Gefahr, in die permanentes Leid und Überforderung
in Bezug auf unsere Beziehung zu Gott hineinführen können. Es
wird unterstellt:

- dass Gott grausam ist und Gefallen hat am Scheitern und
  der Verzweiflung Unschuldiger;

- dass man Ihm ausgeliefert ist, weil es niemand gibt, der
  einen Streit zwischen Gott und einem Menschen schlichten
  kann. Gott allein hat die Macht und niemand kann etwas
  daran ändern;

- dass Gott willkürlich ist und auch dem Bewährten ohne
  Grund zu Fall bringt oder vernichtet;

- und dafür wieder irgendjemand anderen erhöht;

- dass Gott ungerecht ist und geradezu Anlässe erfindet
  gegen Hiob, weil keine wirklichen gegeben sind. Gott will
  ihn unbedingt quälen;

- dass es nutzlos ist, Gott zu dienen, weil sowieso alle das
  gleiche Schicksal erleiden.

Alle diese Unterstellungen gehen aus von dem, was man sehen
kann, von der eigenen Situation, von dem Geschehen in der
Welt und von der überlieferten Geschichte des Menschen. Wir
werden erinnert an das Buch Prediger, von dem es ja heißt,
dass es der abgefallene und völlig desillusionierte König Salomo
geschrieben hat. Er kommt aber über die Sicht des natürlichen

Menschen, was »unter der Sonne« (also unter Ausschluss des direkten Eingreifens Gottes im Leben des Gläubigen) geschieht, nicht hinaus.

Liebe Leserin, lieber Leser, wir sind jetzt an einem Punkt angekommen, der das Lieblingsbetätigungsfeld des Teufels ist: Er will Gott schlecht machen und Seine Liebe und Sein gutes Wesen in Frage stellen. Der Widersacher brachte auch Evas festen Entschluss, Gott zu gehorchen, mit Zweifelstreuen an den guten Absichten Gottes ins Wanken. Er wollte ihr vormachen, dass Gott ihr etwas Schönes vorenthalten will und weckte damit umso mehr ihr Begehren. Genauso will er uns damit zur Verzweiflung und zur Aufgabe führen, indem er uns einen Gott vor Augen malt, der nichts mit unserem liebenden Vater im Himmel zu tun hat, sondern vielmehr mit einem orientalischen, grausamen Willkürherrscher, dem es nichts ausmacht, wenn Tausende zugrunde gehen, weil ihr Leben für ihn keine Bedeutung hat.

Denken wir gemeinsam darüber nach, was wir diesem verzerrtem Gottesbild entgegenstellen können:

1. Vergessen wir nicht, dass die Bibel damit beginnt, uns die jetzige Welt mit Sünde, Krankheit und Tod zu erklären. Sie zeigt, dass Gott diese Welt gut geschaffen hat und sie erst durch die Entscheidung des Menschen böse geworden ist. Warum ist das so wichtig? Weil wir nur so an einen guten Gott glauben können. Ausgehend von dem, was vor Augen ist, dem Leiden und dem Elend dieser Welt, müssten wir zu genau demselben Ergebnis kommen wie ein Hiob: Gott selbst ist böse und willkürlich, Er tut, was Er will und niemand kann sich dagegen wehren. Setzt sich dieser Gedanke einmal in unserem Herzen fest, dann wird Gott uns ein Rätsel, vor dem wir uns fürchten müssen. Dabei scheint das Leben eher einem kalten Schicksal ausgeliefert zu sein als der Hand eines guten Vaters. So verlieren wir jede Hoffnung und die Herzensbeziehung zu unserem Herrn wird vollkommen zerstört. Ich habe das leider auch schon beobachten müssen. Gott allein weiß, warum es so weit gekommen ist. Meine Aufgabe aber ist es, andere vor der großen Gefahr, an Gott irre zu werden, zu warnen und Wege daraus aufzuzeigen.

Wir halten also fest: Ausgehend von dem Geschehen in dieser Welt gelangen wir zu der berechtigten Ansicht, dass Gott gut und böse gleichzeitig sein muss, wobei wir Ihm ausgeliefert sind und es nicht verhindern können, wenn Seine Absichten für uns böse sind. Ausgehend vom biblischen Gottesbild erkennen wir aber, dass Gott nur gut und kein willkürlicher Despot ist.

2. Obwohl Gott unendlich und für uns in Seiner Größendimension völlig unfassbar ist, und obwohl Er souverän und uns überhaupt keine Rechenschaft schuldig ist, ist Ihm der Einzelne wichtig und Er nimmt Anteil an dessen Leben. David schreibt, dass Gott ihn von allen Seiten umgibt und jeden seiner Gedanken kennt. Jede Lebensbeschreibung im Alten und Neuen Testament ist eigentlich nur von der einen Wahrheit ein Zeugnis, dass Gott einen Plan hat für die Menschen, die sich Ihm anvertrauen.

Ich darf das wieder mit einem persönlichen Erlebnis unterstreichen. Als ich mich damals nach diesem furchtbaren Unfall, bei dem meine Frau so unerwartet und so tragisch gestorben war, am Abend alleine im Zimmer befand, bat ich Gott, mir durch Sein Wort zu begegnen, weil ich sonst den Verstand verlieren würde. Ich »bekam« den Psalm 144 Vers 3 und 4, wo es heißt:

> HERR, was ist der Mensch, dass du Kenntnis von ihm nimmst, der Sohn des Menschen, dass du ihn beachtest? Der Mensch gleicht dem Hauch. Seine Tage sind wie ein vorübergehender Schatten.

Zuerst war ich überhaupt nicht angesprochen von dieser Stelle, da meine Aufmerksamkeit sofort auf den letzten Vers fiel, in dem die Vergänglichkeit des Menschen, die ich ja am Nachmittag so furchtbar erleben hatte müssen, beschrieben wird. Ich dachte mir: »Was soll mir das jetzt helfen?« Als ich am nächsten Morgen aufs Meer hinausblickte, wurde mir angesichts der scheinbaren Unendlichkeit bewusst, was Gott mir sagen wollte: »Auch wenn du so klein bist und das Universum so groß, nehme ich Kenntnis von dir und bist du mir wichtig. Ich liebe dich, und das, was passiert ist, ist nicht zufällig passiert. Berge dich weiter bei mir, und ich werde dich durch diese Katastrophe hindurchführen.« Auch wenn es sehr, sehr hart war, kann ich bezeugen, dass Gott mich jeden Tag begleitet hat und sich in vielen kleinen und großen Führungen gezeigt hat.

Unser Gott ist nicht Allah, in dessen Willen wir uns zum Guten oder zum Bösen fatalistisch zu fügen haben, sondern unser Gott liebt diese Welt und uns als Seine Kinder. Davon dürfen wir in jeder Situation ausgehen, und nur so sind wir ein Licht in der Finsternis. In dieser Welt passiert so viel Böses und ist so viel Leid und Elend und trotzdem brauchen wir daran nicht zu verzweifeln. Ist das nicht frohe Botschaft?

Das Leben, das wir im Westen haben, ist ganz auf Verdrängung von allem aus, was unangenehm ist. Vergnügen, Konsum, Sicherheit, Lebensglück und Selbstverwirklichung auf dieser Erde sind die Werte, die wir mit der Muttermilch einsaugen. Das ist aber nicht das normale Leben, so leben die allermeisten Mitmenschen auf der Erde nicht und haben auch nie so gelebt. Not, Krankheit, Korruption, Unterdrückung durch den Staat und Tod wurden und werden viel unmittelbarer erlebt als in unserer scheinbar heilen Welt. So wie Hiob die Augen für das Elend seiner Mitmenschen geöffnet wurden, so will Gott das auch bei uns tun, um uns aus unserer Oberflächlichkeit herauszuholen, um uns Tiefgang zu geben und um uns in das Leben Christi hineinzuführen, der für andere gelitten hat und im Vertrauen auf einen guten Gott das Licht von Millionen Menschen geworden ist.

3. Wie können wir die Liebe Gottes in solch einer Welt erkennen? Der Bruder, der mich mit zum Herrn führte, hat mir diesbezüglich etwas weitergegeben, was ich nie mehr vergessen werde. Als ich als Junggläubiger kurz davor war, den Glauben über Bord zu werfen, da mir so eine böse Welt mit einem guten Gott nicht vereinbar erschien, und ich an Gottes Liebe zu den Menschen überhaupt zweifelte, sagte er mir: »Blicke auf das Kreuz, dein Gott hat sich dort für dich zu Tode geliebt!« Als ich mich dann eher widerwillig und nur auf seine Aufforderung hin zum Gebet hinkniete,

wurde mir, als ich Gott mein Herz ausschüttete, diese Liebe so gezeigt, dass ich diese Worte und dieses Erlebnis nie mehr vergessen habe. Ja, wie erkennen wir also die Liebe Gottes zu Seiner Schöpfung? Wir erkennen sie an dem, dass Er Sein Liebstes gegeben und sich in Seinem Sohn für uns zu Tode geopfert hat. Das Zeichen des Kreuzes ist in dieser Welt aufgerichtet als ein strahlendes Licht für alle Menschen und auch für uns, die wir Ihm schon gehören. Deshalb können wir mit den Aposteln sagen, als sie selbst den Herrn nicht mehr verstanden haben: »Herr, wohin sollten wir gehen, du hast Worte des ewigen Lebens« (Joh 6,68). Ja, wohin sollten wir gehen? Es gibt ja nichts in dieser Welt, was vergleichbar wäre mit der frohen Botschaft unseres Herrn!

So möchte ich diesen Abschnitt über das Ringen des Hiob mit seinem Gott und über die große Gefahr einer Verzerrung unseres Gottesbildes mit einem weiteren Zitat von Kausemann abschließen, das den Nagel auf den Kopf trifft:

> Nie würde Er zulassen, dass der schwachgewordene Funken des Glaubens erlöschen würde... Was wäre aus Hiob geworden, wenn Gott Seinen Knecht nicht gehalten hätte.

Das Feuer eines starken Glaubens und starker Überzeugungen wurde in der Krise zu einem kleinen Funken. Aber der Funke war da und Gott ließ es nicht zu, dass auch der noch ausging. Preist den Herrn, dass Hiob durchgetragen worden ist und seine Krise einen guten Ausgang genommen hat.

11 Geistliche Lichtblicke in den Phasen tiefster Dunkelheit

Wie hat nun dieser Funke ausgeschaut? Dass es nur ein Funke war, zeigt das Verhältnis der Verse, die Hiobs Klagen, Anklagen, Verteidigungen und Selbstrechtfertigungen beinhalten, zu den Versen, in denen sich geradezu übernatürliche Einsichten und tiefste Hoffnungen ausdrücken. Dieses Verhältnis zeigt auch, wie sehr uns die akute Not seelisch, verstandesmäßig und sogar körperlich vereinnahmt. Immer wieder verfolgt sie uns, werden wir von ihr bedrängt und gequält. Aber ein Funke ist stärker als ein riesiger Berg aus Holz. Entscheidend ist, dass er da ist und da bleibt. So besteht jederzeit die Möglichkeit, das übermächtig Scheinende zu überwinden. Schauen wir nun, worin Hiobs letzte Bastionen des Glaubens bestanden. Was blieb ihm an Glaubensüberzeugungen übrig bzw. womit erleuchtete Gott Hiob als letzte Mauer gegen den Angriff der Verzweiflung? Ich verwende dieses Wort bewusst, weil vor allem die folgende, wichtigste Stelle weit über den damaligen Erkenntnisstand hinausgeht und uns heute noch eine Quelle des Trostes und der Ermutigung in großer Not ist.

> Aber ich weiß: Mein Erlöser lebt! Ich habe einen Bürgen. Er wird als Letzter auf der Erde auftreten. Selbst wenn meine Haut an mir zerfetzt und mein Fleisch geschwunden sein wird, so werde ich doch Gott schauen. Ja, Heil mir, ich werde ihn schauen, wie er mir zugetan ist, und meine Augen werden ihn sehen, aber nicht mehr als meinen Gegner. Danach schmachtet mein Herz in meiner Brust.
>
> Hiob 19,25-27 nach der Bruns-Übertragung

Auch wenn diese Version der sehr schwierig zu übertragenden Verse nur eine Möglichkeit darstellt, zeigt sie uns die tiefe, ja übernatürliche Hoffnung, die in Hiob immer vorhanden war, aber hier und an dieser Stelle herausbrach wie ein Sonnenstrahl durch einen ansonsten mit dicken schwarzen Wolken verhangenen Himmel. Diese Verse gehen weit über eine Lösung hier und jetzt hinaus, und zeigen, dass unsere letzte Hoffnung bei Gott selbst und in der Ewigkeit liegen und nicht nur in der Lösung unserer Probleme auf dieser Erde.

Letztlich müssen wir an den Punkt kommen, wo wir loslassen und uns auf die eigentlichen und bleibenden Fundamente unseres Glaubens und Hoffens besinnen sollen. Ein unheilbarer Kranker mag trotzdem geheilt werden. Was ist aber, wenn dieser Fall nicht eintritt? Diese Frage muss sich natürlich auch Hiob stellen, da eine befriedigende Lösung fast nicht mehr denkbar und Lichtjahre entfernt scheint. Gerade dann zeigt sich, auf welches Haus wir gebaut haben.

Hiob spricht von einem Erlöser, einem Bürgen oder auch einen Beistand, eine Rechtshilfe, der als Letzter das Wort haben und ihn rechtfertigen wird. Wir als Christen denken dabei natürlich sofort an den Herrn Jesus, der unsere Rechtfertigung und Verteidigung vor Gott ist, oder auch an den Heiligen Geist, der zu unserer Unterstützung und Hilfe nach dem Tod des Herrn Jesus gesandt worden ist. Da es aber für Hiob weder den Einblick in die Dreieinigkeit Gottes gab, noch irgendeine andere Person auf der Ebene Gottes vorstellbar war, kann mit dem Erlöser und Beistand nur Gott selbst gemeint sein. Hiob meint sinngemäß: »Auch wenn ich Gottes Wege und Gottes Gerechtigkeit nicht mehr erkennen kann und alle Hoffnung einschließlich meinen bisherigen Glaubensvorstellungen zusammengebrochen ist, wird Gott selbst sich meiner annehmen. Er hat das letzte Wort und Er wird mir zum Schluss beistehen und die Dinge wieder ins rechte Lot rücken«. Das ist auch für uns ganz wesentlich: Gott ist die letzte Instanz und es ist entscheidend, wie wir vor Ihm dastehen und nicht, wie wir vor Menschen dastehen!

Offensichtlich rechnete Hiob mit dem Ende seines leiblichen Lebens, aber nicht mit dem Ende seiner Beziehung zu Gott! Ganz im Gegenteil: Er würde Gott schauen, mit Ihm Gemeinschaft haben, aber nicht mehr als »Gegner«, sondern als Freund, der ihn so aufnehmen würde, wie er war.

Seine letzte Sehnsucht richtet sich nach dieser Begegnung, vielleicht auch, da er alle menschliche Gemeinschaft, Freundschaft, Wertschätzung und Liebe und alles, was ihm im natürlichen

Leben als so wertvoll und wichtig erschienen war, jetzt als so gescheitert, hinfällig und vergänglich erleben musste.

In der Erschütterung unserer irdischen Stützen und Mauern treten eben umso mehr die Grundlagen zutage, die für den wahren Gläubigen immer da gewesen sind und in Ewigkeit dableiben werden. Der ewige Gott, Sein gerechtes Gericht am Ende der Zeiten und ein Weiterleben nach dem Tod in Harmonie mit diesem Gott gehört zu dem ureigentlichen Glaubensbesitz auch der ersten Gläubigen nach dem Sündenfall bzw. in der Zeit Hiobs. Die späteren Gläubigen nach Hiob erwarteten »die Stadt, die Grundlagen hat, deren Baumeister und Schöpfer Gott ist« (Hebr 11,10). Sie suchten ein himmlisches Vaterland, da das so unvollkommene irdische niemals das Letzte sein kann, was ein vollkommener Gott Seinen Kindern zu geben hat. Alle diese Einsichten gewinnen wir durch Leiden und Not, die uns in einen Frieden hineinführen können, der für die Welt oder für oberflächliche Gläubige nicht erlebbar ist.

> Die Weisheit aber, wo findet man sie? Wo hat die Erkenntnis ihre Stätte? Kein Mensch kennt den Weg zu ihr, und im Lande der Lebendigen ist sie nicht zu finden. Gott allein weiß den Weg zu ihr. Er allein kennt ihre Stätte. Er blickt bis zu den Enden der Erde und sieht alles, was unter dem Himmel ist. Er sprach zum Menschen: Siehe, das ist Weisheit: Gott fürchten, und das ist Einsicht: das Böse meiden.
>
> Hiob 28,12-13; 23-24.28

In diesem Abschnitt finden wir eine andere wichtige Einsicht des Hiob: Die letzte Einsicht, die letzte Antwort, das letzte Verstehen liegt bei Gott allein und nicht bei den Theologien und Antworten der Menschen, die gar keine Frage offen lassen wollen und gerade dadurch an der Antwort vorbeigehen. Wie wir später sehen werden, bekommt Hiob keine direkte Antwort von Gott, bleibt sein Leiden ein für den Verstand unbeantwortetes Geheimnis, aber er findet seinen Frieden in Gott selbst, den er vertieft kennen lernen darf.

Ja, lieber Leser, auch wir stehen immer wieder vor ungelösten Fragen, die sich auf dieser Welt nicht mehr beantworten lassen werden. Vieles Grübeln darüber, vieles Streiten und Diskutieren ändert daran gar nichts und nimmt uns nur die Energie für das Wesentliche: Die Anerkennung der Souveränität Gottes, Seiner Allmacht, Weisheit und Liebe, das sich Fügen in Seine Wege, das Vermeiden von Murren und Anklagen und das Weitergehen auf den Bahnen, die wir als sicher und von Gott geoffenbart bekommen haben. Weiter den Weg der Nachfolge zu gehen, wenn auch vielleicht mit anderen Schwerpunkten und in dem Maße, wie es unsere momentane Situation zulässt, weiter das Böse zu meiden und sich nicht der Welt anzupassen, das ist es, was Gott von uns will. Das hat Er zu uns gesagt, und in dem einfachen, ja kindlichem Befolgen dessen, was wir sicher wissen, liegt mehr Kraft, Weisheit und Einsicht als in der Diskussion schwieriger Fragen. Gott ist die letzte Antwort und die ungetrübte Gemeinschaft mit Ihm ist mehr wert als das Suchen nach Weisheit an Orten, die uns nicht zugänglich sind.

12 Die leidlichen Tröster

Betrachten wir nun die Menschen, die Hiob eigentlich eine Hilfe hätten sein sollen. Wie schon gesagt, versagten sie total und sind so eine Warnung für uns, wie man es nicht machen soll. Gleichzeitig wollen wir nicht vergessen, dass die negativen Erfahrungen Hiobs mit seinen gläubigen Mitgenossen ein Teil seiner Prüfung waren, der mindestens so hart war wie das, was diesem Teil vorausgegangen war.

Ich kann das aus eigener Erfahrung sagen, da dem Tod meiner Frau eine Phase folgte, in der es durch mein Fehlverhalten und durch Missverständnisse zu fatalen Anschuldigungen kam, die vielen Menschen zugetragen wurden und die mir fast das Herz aus dem Leib gerissen hätten. Gleichzeitig kam es zu einer Entfremdung mit engsten Freunden und Mitarbeitern, die mich jahrelang belastet hat. Heute weiß ich, dass Gott so wie bei Hiob diese schweren Enttäuschungen durch beidseitiges Versagen schon vorweg eingeplant hat, und ich durfte viel darüber lernen, wie man damit umgeht. Trotzdem hinterlassen solche Extremerfahrungen lebenslange Spuren.

In Hiob 2,11 wird sehr schön die lautere Absicht beschrieben, die die Freunde Hiobs dazu führte, ihn zu besuchen:

> Es hatten nun die drei Freunde Hiobs von all diesem Unglück gehört, das über ihn gekommen war. Da kamen sie, jeder aus seinem Ort: Elifas, der Temaniter, und Bildad, der Schuchiter, und Zofar, der Naamatiter. Und sie verabredeten sich miteinander hinzugehen, um ihm ihre Teilnahme zu bekunden und ihn zu trösten.

Anteilnehmen am Leid des Anderen, seine Not in gewisser Weise auf die eigenen Schultern aufladen und mittragen, dem Verzweifelten dadurch helfen, dass man ihm beisteht, und ihn mit passenden Worten ermutigen, das war ihre Absicht und das sollte das Anliegen jedes Trösters und Seelsorgers sein. Sie hatten mit vielem gerechnet und Schreckliches gehört, aber der

Anblick Hiobs war ärger als alle Vorstellungen, die sie sich davon gemacht hatten. Sie konnten nur noch weinen, ihre Kleider zerreißen und lange schweigen. Was bleibt auch angesichts solcher Not noch viel zu sagen!

Schauen wir uns noch ein paar Stellen an, die die Aufgabe des Tröstens beleuchten:

> Wer seinem Freund die Treue versagt, der verlässt die Furcht des Allmächtigen.
>
> Hiob 6,14

> Ich wollte euch stärken mit meinem Mund, und das Beileid meiner Lippen würde ich nicht zurückhalten.
>
> Hiob 16,5

> Erbarmt euch über mich, erbarmt euch über mich, ihr meine Freunde! Denn die Hand Gottes hat mich getroffen.
>
> Hiob 19,21

Ein Tröster muss treu bleiben und bedingungslos zu dem Erschütterten stehen, auch wenn sein Freund nicht mehr richtig denkt oder Falsches sagt. Beides war ja bei Hiob der Fall und wurde zum Ausgangspunkt der fatalen Entwicklung der ursprünglich hilfreichen Gemeinschaft. Alles, was gesagt wird, soll in Richtung Ermutigung und Erbauung gehen. Falsches darf nicht negativ widerlegt, sonder muss positiv korrigiert werden. Wenn z. B. der Verzweifelte die Liebe Gottes anzweifelt, dann ist es viel besser, einfache Gründe für die Liebe Gottes zu nennen, als empört auf den Zweifel einzugehen und ihn theologisch zu widerlegen. Empörung über Falsches, »gerechter« Zorn etc. kommen aus unserem Fleisch wie Neid und Habsucht und haben überhaupt nichts in einem seelsorgerlichen Gespräch verloren. Echtes Erbarmen aus der Liebe Gottes heraus ist angesagt und die wird über vieles hinwegsehen, worin sich der Betroffene momentan verlaufen hat. Die unvergesslichsten Erlebnisse in meinem geistlichen Leben waren immer die, in denen ich geduldige und in Liebe ausgeübte Begleitung und Korrektur erfahren habe durch Geschwister, die die Dinge einfach einmal stehen ließen und mich gerade so überführten.

Hiob war lebensmüde, er machte Gott Vorwürfe und rechtfertige ständig sich selbst. Er lag also objektiv gesehen falsch.

Aber genau das müssen wir erwarten, wenn jemand den Boden unter den Füßen verloren hat. Es hat keinen Sinn, ihm Vorwürfe zu machen, da sich der Betroffene sonst sofort zurückzieht oder so wie hier ein heftiger Disput entsteht, der nichts mehr mit Hilfe oder Seelsorge zu tun hat. Genesungsprozesse brauchen auch viel Zeit, es geht oft zwei Schritte vorwärts und einen wieder zurück, dann wieder einmal drei vorwärts usw. Falsches schnell richtig zu stellen befriedigt vielleicht unseren religiösen Verstand, hilft aber rein gar nichts. Das ist also der erste Hauptfehler: Die Freunde können nicht damit umgehen, dass Hiob schwer angeschlagen ist und sich teilweise geistlich verirrt hat. Sie können es nicht stehen lassen, sondern wollen sofort die Dinge richtig stellen und es ergibt sich eine immer hitzigere Debatte, in der sie mindestens so viel falsch machen wie Hiob.

Noch schwerwiegender ist der zweite Hauptfehler: Ausgehend von ihrer theologischen Überzeugung, dass Gott schon in diesem Leben die Gottlosen straft und die Gerechten segnet, unterstellen sie Hiob von Anfang an, dass Sünde in seinem Leben ist und dies die wahre Ursache für sein Leiden ausmacht. Milde und gute Ratschläge, sein Leben mit Gott in Ordnung zu bringen, enden in wilden Vorwürfen, die jeder Grundlage entbehren. Schauen wir uns nur eine solche Stelle an:

> Für deine Gottesfurcht sollte er dich strafen, mit dir vor Gericht gehen? Ist nicht deine Bosheit vielfältig und ohne Ende deine Schuld? Denn du pflegtest deinen Bruder ohne Grund zu pfänden, und die Kleider zogest du den Nackten aus. Nicht einmal Wasser gabst du dem Durstigen zu trinken, und dem Hungrigen verweigertest du Brot. Und dem Mann der Faust gehört das Land, und der Angesehene darf darin wohnen. Die Witwen hast du mit leeren Händen weggeschickt, und die Arme der Waisen sind zerschlagen. Darum sind rings um dich her Fallen, und in Bestürzung versetzt dich plötzlicher Schrecken oder Finsternis, in der du nichts sehen kannst, und Wasserflut, die dich bedeckt. Hiob 22,4-11

Diese katastrophalen Beschuldigungen sind völlig unbegründet, haltlos und destruktiv. Einerseits wurde ihr Zorn dadurch erregt, dass Hiob sich selbst als gerecht und Gott als ungerecht hinstellte, anderseits aber unterlagen sie selbst einem theologischen Irrtum und somit einer falschen Einordnung der Situation Hiobs. Die Verteidigung dieses Irrtums und dieser Fehleinschätzung ließ sie alle Schranken ablegen und liebloser handeln als Ungläubige es getan hätten, die oft mehr Verständnis und weniger Vorurteile haben als viele von uns.

Diese Vorgänge sind hochaktuell; ich möchte das begründen:

1. Der Gedanke, dass Probleme und Leiden im Leben eines Gläubigen immer Sünde oder Verfehlungen als Ursache haben, ist immer noch sehr weit verbreitet und dient immer wieder als Quelle unendlicher Entmutigung im Leben der Betroffenen. Natürlich kann dieser Fall sehr wohl zutreffen, z. B. finden wir das im 1. Korintherbrief, wo deutlich steht, dass katastrophale Sünde im Leben von Gläubigen auch katastrophale Folgen haben kann. Z. B. schläft einer, der sich Bruder nennt, mit seiner eigenen Stiefmutter und Paulus übergibt ihn dem Satan »zum Verderben des Fleisches, auf dass der Leib errettet werde am Tage des Herrn«, was wohl den Tod des Betroffenen bedeutet hat. Noch deutlicher wird Paulus in Bezug auf die Unsitte, sich beim Mahl des Herrn voll zu fressen und zu betrinken. Das ist solch eine Entehrung unseres Herrn, dass direktes Gericht darauf die Antwort sein kann (1Kor 11,30).

   Das kann man aber nicht mit der Situation Hiobs vergleichen. Er war sich aufrichtig keiner Schuld bewusst und die schweren Vorwürfe waren ungerechtfertigt. Seien wir also sehr vorsichtig damit, jemanden vorschnell zu verurteilen.

2. Eine Abwandlung dieser falschen Gedanken ist die Lehre, dass Christen weder krank werden können, noch Not in welcher Form auch immer für ihr Leben geplant sei von Gott, da Christus das alles auf sich genommen habe. Falls es trotzdem im Leben von Gläubigen vorkäme, dann könnte irgendetwas nicht stimmen bzw. sei zu wenig Glaube da, um Gott zu veranlassen, die Situation zu verändern.

   Als Erstes müssen wir entgegnen, dass solch eine Lehre das Wesen der echten Nachfolge auf den Kopf stellt und unser Augenmerk auf die Gaben lenkt, um unser Fleisch zu erquicken, und nicht auf Christus und den Schöpfer. Wir sind ja dazu berufen, Frucht zu bringen und zwar in der Gesinnung des Christus, der nicht auf das Seine achtete, sondern auf das des anderen. Diese Lehre muss als Irrlehre bzw. als gefährliche Schwerpunktverschiebung zurückgewiesen werden, weil sie das Herz des Gläubigen auf seine Bedürfnisse lenkt und nicht auf Gott und damit echte Nachfolge im Keim erstickt. So eine oberflächliche Botschaft mag großen Zulauf haben, aber sehr oft auch echte Bekehrung und echtes Leben mit Gott verhindern.

Viel tragischer ist die unfassbare und für mich völlig verwerfliche Art, mit Leiden im Leben von Gläubigen umzugehen. Als Erstes wird zwingend rückgeschlossen, dass Sünde vorhanden sein muss, und als Zweites wird Menschen, deren Gebete nach Gesundheit, Wohlstand etc. nicht erhört werden, wieder unterstellt, dass sie nicht gut genug seien bzw. nicht genug Glauben hätten, um den Arm Gottes bewegen zu können. Fatal wird das, wenn jemand Krebs hat oder im Rollstuhl sitzt, und durch solche falschen Lehren in Hoffnungslosigkeit oder Verbitterung gegenüber Christen oder Gott getrieben wird. Die Schrift will ja gerade das Gegenteil bei uns bewirken: Hoffnung in jeder Situation, in jedem Mangel, in jedem Leiden, weil wir auf einen guten Gott vertrauen dürfen und in Ihm unheimlich reich sind. Das allein ist auch die Stoßrichtung jeglicher Seelsorge und jeglichen Begleitens eines Verzweifelten. Ihn noch tiefer in die Verzweiflung hineinzuführen ist eine unglaubliche Verfehlung und hat schon sehr viel Schaden angerichtet. Was also zuerst so attraktiv und ansprechend erscheint, zeigt bald die grausame Fratze des Teufels, der solche Lehren benutzt, um Menschen von Gott wegzubringen.

3. Wieder etwas anderes als die Lage Hiobs ist es, wenn sich negative Situationen zurückführen lassen auf Sünde oder Unzulänglichkeiten von anderen Menschen. Vielleicht kann sich jemand in der Gemeinde nicht unterordnen und streut so Zwietracht und Streit, Aufbegehren und Not, die die Leiter oder die ganze Gemeinde belasten. Oder es kriselt in einer christlichen Ehe, weil der Mann lieblos ist oder sich die Frau ständig verweigert (was nebenbei gesagt sehr

oft zusammenhängt). Hier lässt sich also Negatives direkt auf Sünde und Verfehlung zurückführen. Solche Situationen finden sich natürlich sehr oft, ja machen geradezu das Leben in dieser gefallenen Welt aus. Die Not kann dabei von Gläubigen und Ungläubigen ausgehen. Bei korrigierbaren Menschen lässt sich aber sofort etwas daran ändern, weil Ursache und Wirkung klar gegeben sind. Bemüht sich der Mann z. B. wieder um seine Frau, kann er wieder ihr Vertrauen gewinnen, dann wird sich an der Gesamtsituation etwas ändern, weil die Dinge nachvollziehbar zusammenhängen.

Ist der Fall anders gelagert und kommt es zu keiner Lösung, müssen wir das einfach akzeptieren und uns auf das konzentrieren, wofür wir verantwortlich sind. Beides war aber bei Hiob gerade nicht der Fall. Es war für ihn gar nicht möglich, die Situation zu ändern, da er nicht die Ursache war, sondern Gott. Er ließ Satan bis zu einer gewissen Grenze gewähren. Also wiederum: Vorsicht mit schnellen Beurteilungen und Verurteilungen, mit denen wir uns gegenüber dem Betroffenen und Gott schuldig machen. Wir sollen ja eine Hilfe sein und kein Stolperstein.

4. Warum werden die Freunde Hiobs so heftig und warum werden ihre verbalen Angriffe immer verbissener? Weil sie über Hiob empört waren. Wie konnte er so was sagen, wollte er gar sich selbst als gerecht und Gott als ungerecht darstellen?! Das wird von ihnen entschieden abgelehnt und gleichzeitig wird die eigene Meinung über Gott immer beharrlicher verteidigt. Um der sogenannten Wahrheit willen, die sich aber im Endeffekt als falsch herausstellt, wird der Weg der Liebe und des Mitleidens verlassen, und auf nahezu unbegreifliche Weise fast nicht wieder gutzumachender Schaden im Leben eines Unschuldigen angerichtet. Ist das nicht auch ein Hinweis für uns, die wir uns so schnell ein Bild über andere und deren Fehler machen und oft mit intensiven fleischlichen Gefühlen Geistliches verteidigen, das häufig gar nicht direkt aus der Bibel hervorgeht (also Traditionen oder sekundäre Lehren, die in der Bibel nicht an erster Stelle stehen) oder sogar falsch sind. Eines muss uns dabei ganz klar sein: Gefühle wie Zorn und Wut

sowie liebloses und rechthaberisches Handeln im Namen Gottes ist Sünde. Es ist erschreckend, wie gedankenlos und unsensibel wir als Christen manchmal mit Menschen umgehen, die unsere Barmherzigkeit und unser Mitgefühl brauchen würden. Fleischliche Mittel für geistliche Zwecke einzusetzen ist ein Widerspruch in sich. Das Ziel seelsorgerlicher Begleitung ist ja nicht, dass unsere theologischen Ansichten hochgehalten werden, sondern dass jemandem geholfen wird, auch wenn er Falsches tut oder behauptet.

Warum neigen wir Christen in theologischen Diskussionen oder auch, wenn es um praktische Dinge geht, so leicht zu Verbissenheit und Ungeduld? Warum erscheinen uns Lehren, Sichtweisen und Schwerpunkte, die nicht Grundlegendes betreffen, so unverzichtbar? Weil uns unsere Bilder der Wahrheit oder unsere Vorstellung von dem, was gut und richtig ist, Sicherheit vermitteln und wir nicht wollen, dass jemand unsere sichere und gewohnte Mauer, auf die wir uns stützen, einreißt. Wir wollen nicht unsere gewohnten Antworten aufgeben, um Fragen zuzulassen, die sich möglicherweise doch nicht so einfach beantworten lassen. Wohl gemerkt, es geht mir dabei nicht um die frohe Botschaft oder andere grundlegende Wahrheiten der Heiligen Schrift, sondern um theologische oder die Praxis betreffende Überzeugungen, die wir lieben, an die wir gewöhnt sind, aber über die man – objektiv gesehen – trotzdem neu überdenken können muss. Aber oft ist genau das, was wir unbewusst als richtig voraussetzen, falsch oder zumindest einseitig. Und manchmal fehlt uns einfach die Liebe und die Geduld, da wir westlichen Christen sehr kopflastig sind, vieles wissen und dabei nicht einmal die einfachsten Dinge auch nur ansatzweise umsetzen.

Paulus zeigt uns ja in 1. Korinther 13 mehr als deutlich, worauf es wirklich ankommt: Auf die Liebe, die langmütig und gütig ist und die sich nicht erbittern lässt, und dies schon gar nicht, wenn ein Mitbruder oder eine Mitschwester den Boden unter den Füssen verloren hat und unsere geduldige und liebevolle Hilfe braucht. Möge Gott mir selbst vergeben, da mein aufbrausendes Wesen schon Einiges an Schaden angerichtet hat und möge Gott uns dazu helfen, die Suchenden, Irrenden und Verzweifelten durch Liebe und Geduld wieder auf den richtigen Weg zu führen. Stoßen wir sie nicht noch tiefer in das Elend hinein, indem wir durch das scheinbar Richtige großen Schaden im Herzen des anderen anrichten.

> Brüder, wenn auch ein Mensch von einem Fehltritt übereilt wird, so bringt ihr, die Geistlichen, einen solchen im Geist der Sanftmut wieder zurecht. Und dabei gib auf dich selbst acht, dass nicht auch du versucht wirst!
>
> Galater 6,1

> Ein Knecht des Herrn aber soll nicht streiten, sondern gegen alle milde sein, lehrfähig, duldsam, und die Widersacher in Sanftmut zurechtweisen und hoffen, ob ihnen Gott nicht etwa Buße gebe zur Erkenntnis der Wahrheit und sie wieder aus dem Fallstrick des Teufels heraus nüchtern werden, nachdem sie von ihm gefangen worden sind für seinen Willen.
>
> 2. Timotheus 2,24-26

Wenn das schon für jemanden gilt, der nachweisbar gesündigt hat, wie viel mehr gilt es dann für Menschen wie Hiob, der ein Opfer falschen theologischen Eifers geworden ist. Wie viel hässliche Streitereien und fruchtlose Diskussionen könnten unter echten Christen vermieden werden, wenn wir diese Prinzipien mehr beherzigen würden.

Zum Schluss dieses Abschnitts noch einmal einige einschlägige Gedanken von Josef Kausemann zu diesem Thema:

> Gott klagt nie einen Menschen an, ohne ihm den Weg zur Heilung zu zeigen. Eliphas aber stieß den Gequälten noch tiefer in Elend und seelische Not.

> Hierin lag die totale Fehleinschätzung aller drei Tröster. Niemand kam auf den Gedanken, dass Gott durch Leiden zu größeren Segnungen führen will, indem er die, welche Er liebt, zur Erkenntnis ihrer Eigenliebe bringt.

Zu Elihu als dem Tröster, der die Prüfung noch am besten besteht, schreibt er:

Seine Worte bergen wunderbare Wahrheiten, doch blieben ihm die letzten Absichten Gottes mit Hiob ebenfalls verborgen. Er kannte die Motive und Zusammenhänge der Prüfungen Hiobs nicht.

Man kann wie Elihu die Größe und die Allmacht Gottes rühmen und einen tiefen Einblick in göttliche Gedanken offenbaren, gleichzeitig aber die Zusammenhänge in einer speziellen Situation ganz falsch einschätzen und so trotzdem die Dinge falsch beurteilen.

Diese Zitate fassen die Fehler und die sich daraus ergebende Not wunderbar zusammen.

Das Interessante ist, dass sich die Tröster genauso wenig von Menschen korrigieren lassen wie Hiob und ebenfalls direkt von Gott zur Buße geführt werden müssen. Gott tadelt Elifas in Kapitel 42,7 sehr scharf und nur durch das Gebet Hiobs finden sie Vergebung. Dabei fällt auf, dass Gott nur den Elifas namentlich anspricht, der als Erster nach der Klage Hiobs das Wort ergriffen und möglicherweise das ursprünglich gute und gutgemeinte Gespräch in eine fatale Richtung geführt hat. Das zeigt wie vorsichtig wir mit Urteilen sein müssen, weil auch andere durch uns in ein falsches Urteil hineingeführt werden können. Nicht umsonst redet der Herr im Neuen Testament so oft von der Gefahr des Pharisäertums, weil auch wir Vieles wissen und Richtiges über Gott zu sagen haben, und trotzdem nicht davor gefeit sind, jemanden vorschnell in eine Schublade zu stecken oder einen Hilfesuchenden falsch zu beurteilen und ihn so noch tiefer ins Elend zu stürzen. Den Entmutigten aber noch mehr zu entmutigen ist ein Judasdienst.

Der einzige Trost ist, dass auch diese schwere Prüfung von Gott zugelassen wurde und ein Teil von Hiobs schweren Wegen war, die Sein Gott zu seinem Wachstum für ihn bestimmt hatte. Wenn dir das, lieber Leser, passiert ist, dann verzweifle nicht, verbittere nicht und ziehe dich nicht vollkommen von den Mitchristen zurück. Bedenke: Gott beginnt da, wo die Menschen normalerweise aufhören. Er geht mit dir weiter den Weg, Er versteht dich! Dein Hohepriester, der Herr Jesus, hat ebenfalls unendliche Tiefen menschlicher Einsamkeit mitmachen müssen, und deshalb kann Er jetzt mit dir mitfühlen (Hebr 2,17-18).

Ich kann es wirklich bezeugen: Gerade in der dunkelsten Phase der Verleumdung, in der ich öfters sehr verzweifelt und verbittert war, hat sich Gott ganz besonders gezeigt. Es hat Zeit gebraucht, tiefe Gefühle der Verbitterung und Enttäuschung zu überwinden. Aber Gott schenkt uns auch gefühlsmäßige Befreiung, wenn wir uns willentlich für die Vergebung entscheiden. Auch Hiob war sofort bereit, den Dienst der Fürbitte und des Opfers für die Menschen zu tun, die ihn in ihrem falschen Eifer für Gott so sehr verletzt hatten.

Rückblickend werden wir sehen, dass wir durch das Erleben der Begrenztheit menschlicher Verständnisse und menschlicher Hilfe umso mehr in die Arme unseres Gottes getrieben und im konkreten Glauben gestärkt werden. Die Erkenntnis Gottes wird durch die Erfahrung der Begrenztheit und Fehlerhaftigkeit der Menschen nicht gestört, sondern gefördert, wenn wir unsere Not auf Ihn werfen. Dabei dürfen wir nicht zulassen, dass sich die Wurzel der Bitterkeit immer weiter ausbreitet und nach unten wächst, sodass sie uns viel wegnimmt von den geistlichen Nährstoffen, die der Heilige Geist uns darreichen will. Vergebung und um Vergebung bitten sind die einzige Möglichkeit, zutiefst zerrüttete Beziehungen wieder auf den Weg der Gesundung zu führen und sind auch die Voraussetzung dafür, mit Gott selbst in Ordnung zu kommen und zu bleiben.

13 Elihu bringt Hiob zum Schweigen

Auch wenn Elihu als letzter menschlicher Sprecher des göttlichen Dramas wieder nur vom allgemeinen Standpunkt ausgeht und Hiob anklagt und verletzt, schweigt Hiob und gibt es auf, die Auseinandersetzung um seine Person fortzusetzen. Dazu mag beigetragen haben, dass Elihu sich vorerst mehr auf die Ebene Hiobs begibt und versucht, ihn zu verstehen. Aber vor allem die tiefen Einsichten des Elihu in die Größe, Erhabenheit, Allmacht und Souveränität Gottes, die Hiob ja prinzipiell bejaht, lassen ihn stille und nachdenklich werden und nehmen ihm den Wind aus den Segeln.

Auch die Tatsache, dass sich das Gespräch fruchtlos im Kreise dreht, obwohl doch immer wieder wunderbare Einsichten gewonnen werden, lassen Hiob die Sinnlosigkeit einer weiteren Entgegnung einsehen. Genau an diesem Punkt beginnt Gott zu reden, jetzt ist der Raum da, die Zeit gekommen. Die Begrenztheit des menschlichen Beurteilens und Lösens ist offenbar geworden. Immer dann werden wir erleben: Wenn wir Menschen in unserer Unvollkommenheit nicht mehr weiter wissen, beginnt Gott sein Handeln in vollkommener Weise und zwar so, dass wir es verstehen und Heilung und Gesundung finden. Hiob weiß, dass seine Weisheit und die der Freunde ausgedient hat, und so gibt er es auch auf, sich weiter zu verteidigen. Er verlässt den unseligen Weg des Rechthabenwollens vor Menschen und kommt so wieder auf den Weg des Segens Gottes.

In menschlichen Krisen, vor allem unter Gläubigen, sollte es in erster Linie nicht darum gehen, ob wir Recht haben, sondern es geht darum, ob wir geistlich richtig handeln. Das eigene Recht zu verteidigen, ist dem Menschen zutiefst angeboren. Alle Mittel wendet er auf, um nicht benachteiligt, übervorteilt oder verleumdet zu werden. Aber wieder gilt: Für den Gläubigen kann der Zweck nicht die Mittel heiligen, sondern fleischliche Mittel führen zu fleischlichen Ergebnissen, auch wenn es um Rechtschaffenes und sogar Geistliches geht. Die Art, wie oft scheinbare oder auch echte Anliegen Gottes verteidigt werden, führt eher dazu, dass sich alle Beteiligten versündigen und im eigenen geistlichen Leben Schaden erleiden. Erst das Beenden von Streit und Diskussion ermöglicht es Gott, selbst die Dinge richtig zu stellen und einzugreifen. Deshalb bitte ich dich lieber Leser: Wenn dich Menschen verletzen und nicht verstehen, sondern deine Situation falsch beurteilen und dich so verurteilen, dann halte dir vor Augen: Es zählt nicht, was sie von dir denken, sondern es kommt darauf an, was Gott von dir denkt. Das verschafft dir wahren Frieden und echte Genesung.

14 Hiob schweigt und Gott redet

Wenn wir davon ausgehen, dass Gott uns das Buch Hiob gegeben hat, um Seinen Kindern in einer gefallenen und bösen Welt, in der Krankheit, Tod und menschliche Begrenzung herrschen, eine grundlegende Hilfe zum Thema Leid zu geben, dann muss diesem Abschnitt eine ganz besondere Bedeutung gegeben werden. Er zeigt nämlich Gottes Sicht der Dinge und somit Seine Antwort auf die Fragen Hiobs. Diese Antwort ist aber keine Antwort für den Verstand, sondern für das Herz, das zurechtgebracht und erneuert werden muss.

Denken wir an die Ausgangsposition zu Gottes Worten, die man mit einem Satz zusammenfassen kann: Die Menschen hatten versagt! Seien es die Tröster, die den Leidenden noch tiefer in die Verzweiflung und einer immer heftiger werdenden Verteidigung seiner Unschuld hineingetrieben hatten, sei es Hiob selbst, der auf Seiner Gerechtigkeit beharrte und dessen geistlicher Blick sich immer mehr getrübt hatte. In Hiob 31,35 heißt es: »Der Allmächtige antworte mir!« Hiob wehrt sich also dagegen, als ungerecht dazustehen und fordert Gott heraus! Und Gott antwortet, aber aus dem Sturm – sicherlich ein Bild dafür, dass Gott korrigieren und überführen musste. Schon die ersten Worte tadelten Hiob, der sich geistlich verlaufen hatte, und erwähnten nichts von seiner ursprünglichen überaus geistlichen Art, die Dinge aus Gottes Hand anzunehmen, noch gingen sie auf seine nahezu unerträgliche Situation ein. Das zeigt, wie wichtig es für Gott ist, wie wir von Ihm (und uns) denken, und wie gefährlich es werden kann, einen falschen Weg fortzusetzen.

Wir wollen uns nun die grundlegenden Lektionen Gottes vor Augen halten, die so ganz anders ausfallen als manche christliche Seelsorge. Die ist ja immer in Gefahr ist, den Menschen ins Zentrum zu stellen und von ihm und seinen Bedürfnissen auszugehen und nicht von Gott und Seinen Anliegen. Deshalb ist diese Art von Hilfe oft eben auch nur eine menschliche und oberflächliche und führt nicht zu einer so grundlegenden Erneuerung und Wiederherstellung wie die Seelsorge, die von Gott und unserer totalen Verderbtheit ausgeht. Lieber Leser, ganz gleich in welcher Situation du jetzt bist, lass dich jetzt ansprechen von deinem Gott und vermeide den oberflächlichen Trost, der nicht wirklich heilen kann. Der Chirurg schneidet, um zu heilen, und klebt kein Pflaster über die eiternde Wunde.

1. Die einzige Antwort auf Murren und Aufbegehren gegen Gott ist Buße und Umkehr. Wie sehr können wir es nachvollziehen, dass Hiob nicht mehr die Kraft aufbringt, seine anfänglich so geistliche Haltung durchzuhalten, aber er redet zutiefst Falsches (38,2), er rechtet mit Gott und weist Ihn zurecht (40,2). Er erklärt Ihn für schuldig, um selbst als gerecht dazustehen. Das darf nie ein Dauerzustand sein, sondern muss so schnell wie möglich beendet werden. Hier gibt es keinen Kompromiss, sondern nur einen Neubeginn durch Buße und Hingabe an den Herrn.

Man muss es ganz deutlich sagen, dass viele Gläubige, die jahrelang in geistlich schwachem Zustand leben oder sogar in Depressionen und Unzufriedenheit, oft voll sind von Selbstmitleid und vielen direkten und indirekten Vorwürfen gegen Gott. Sie sagen nicht Dank, sondern klagen Gott an. Ein Gläubiger, der sich z. B. immer mit anderen vergleicht und darüber klagt, dass er nicht so begabt ist oder dies und jenes nicht hat, macht ja indirekt Gott dafür verantwortlich. Gleichzeitig begehrt er das Aussehen, die Begabungen oder die Besitztümer von anderen und übertritt so ganz klar und deutlich Gottes Gebot: »Du sollst nicht begehren!« Vieles an gutgemeinter Seelsorge kann hier gar nicht greifen und nachhaltig verändern, weil das Grundübel einer sündigen Herzenshaltung gegenüber Gott und anderen Menschen nicht beseitigt worden ist, und so der Heilige Geist weiter betrübt und gedämpft wird.

Andere sind immer nur auf das Negative fixiert oder auf Dinge, die sie stören, die sie aber nicht ändern können. Das wirkt sich aber selbstverständlich auch auf ihre seelische Beschaffenheit aus, nämlich Entmutigung, Frust, Traurigkeit und Schwachheit. Auch hier gilt dasselbe: Selbstmitleid, Gott direkt und indirekt anklagen, um sich kreisen und überhaupt keinen Blick für die Not des anderen haben, ist Sünde und nimmt uns die geistliche Kraft. Jedenfalls ist es oft erschreckend, wie tief zerstörende und destruktive Haltungen bei Gläubigen gehen können und wie hartnäckig daran festgehalten wird. Zwar wird uns Gott immer wieder nachgehen und uns ermahnen, sei es aus einem Sturm heraus oder aus einem Säuseln des Windes, aber es liegt an uns, Buße darüber zu tun, dass wir unseren Gott angeklagt und Ihm nicht vertraut haben. In der Seelsorge muss diese Wahrheit also auch manchmal ganz klar ausgesprochen werden. Hier braucht es sehr viel Weisheit, damit wir die geistlich Betrübten ermutigen und die ungeistlich Traurigen ermahnen.

2. Wir müssen uns vor Augen halten, wer Gott ist und wer wir sind, und das soll unsere Herzenshaltung Ihm gegenüber bestimmen. Im vertrauten Umgang mit unserem liebenden Vater vergessen wir sehr schnell, mit wem wir es eigentlich zu tun haben und wer es ist, der uns in Seiner Gnade beachtet und an uns denkt: Es ist der lebendige, souveräne und allmächtige Gott, der das ganze Weltall erschaffen hat! Ihm steht nicht nur unsere Liebe zu, sondern auch unser Respekt und unsere Ehrfurcht. Er lässt sich nicht in unseren Willen einspannen, noch ist Er uns eine Antwort schuldig, auch wenn die Fragen noch so brennend sind, sondern wir sollen Seinen Willen tun und uns hineinfügen in Seine Pläne und Seine Vorhaben. Der Herr spricht: »Nicht ihr habt mich erwählt, sondern ich habe euch erwählt, und euch dazu bestimmt, dass ihr hingeht und Frucht bringt« (Joh 15,16).

Auch diese Botschaft ist angesichts oberflächlicher oder gar nicht vorhandener Nachfolge, angesichts fehlender Tiefe des Gottesbewusstseins bei vielen Gläubigen und angesichts humanistischer und dadurch nur scheinchristlicher Anschauungen und Praktiken, die in Gemeinde und Seelsorge eingedrungen sind, hochaktuell. Es fehlt in unserem westlichen Christentum einfach allseits an einer tiefen Schau Gottes und an völliger Ergebung in Seinen Willen. Stattdessen werden unsere Anliegen breitgetreten, unsere Nöte und Probleme ins Zentrum gestellt und viele Gläubige ermutigt, in ihrem Trachten nach eigenen, fleischlichen Zielen und Wünschen fortzufahren.

Viele Jahre hat eine Hanna auf einen Sohn warten müssen. Das war oft schrecklich und demütigend (siehe 1. Samuel 1). Dann wurde ihr klar, dass auch Gott einen Wunsch hatte und eine Sehnsucht, nämlich die nach einem Diener, der Sein Volk in dieser schweren Zeit führen sollte. Und so kam es, dass sie einen Sohn geschenkt bekam, den sie aber gleich wieder an Gott zurückgab. Die Fixierung nur auf unsere Not macht uns blind für die Anliegen Gottes.

Lieber Leser, diese Worte sollen dich nicht noch zusätzlich entmutigen. sondern befreien! Gott sieht deine Situation und deine Not, Er wird sich aber nicht nach deinem Willen ausrichten, sondern nach dem, was Er für dich vorgesehen hat.

Noch ein anderer Gedanke zu diesem Punkt. Jemand führte einmal das Beispiel von einem Universitätsprofessor an, der die Studenten als Kollegen ansprach. Das war ein Entgegenkommen und ein Ausdruck der Wertschätzung für den Studenten, der sich ja auf der untersten Stufe der akademischen Stufenleiter befindet, während sich der Universitätsprofessor auf der obersten Stufe befindet. Ungeziemend und peinlich ist es allerdings, wenn umgekehrt der Student den Professor ebenfalls mit Kollege anspricht. So hat sich Gott noch unendlich tiefer zu uns herabgelassen, ist uns entgegengekommen und hat sich in Seinem Sohn sogar für uns zu Tode geliebt. Dieses Entgegenkommen darf aber nicht dazu führen, dass wir Gott gegenüber respektlos werden oder Ihn als gleichberechtigten Partner ansehen, der uns Rechenschaft schuldig ist über ungelöste brennende Fragen oder über für uns nicht nachvollziehbare persönliche Führungen. Nicht Gott sitzt auf der Anklagebank, sondern wir!

Hier hat sich etwas bei Hiob in die falsche Richtung verschoben, etwas, das nur durch diese Extremsituation offenbar geworden ist: sein Hang zur Selbstgerechtigkeit, sein Hang sich zu überschätzen. Solange sich sein theologisches Schema dadurch bestätigte, dass alles glatt lief, gab es geistlich gesehen keine Probleme. Als ihm aber der

Boden unter den Füßen weggezogen wurde, wurde sein Manko offenbar und es wurde Zeit umzukehren und sich und seinen Gott ganz neu zu erkennen. Gott funktioniert nicht nach unseren Regeln und nach unserem sehr begrenzten Verständnis, sondern Er ist der unendliche Schöpfer, der uns Menschen, die wir heute aufblühen und morgen schon wieder verwelkt sind, mit Seiner gnädigen Zuwendung Ewigkeitswert und individuelle Bedeutung zumisst. Dafür soll uns tiefe und demütige Dankbarkeit erfüllen; Einfordern, Ihn anklagen und Ähnliches zeigt, dass diese Lektion noch nicht verstanden worden ist.

> Niemand ist so tollkühn, dass er ihn aufreizte. –
> Und wer ist es, der vor mir bestehen könnte? Wer
> hat mir zuvor gegeben, dass ich ihm vergelten
> sollte? Was unter dem ganzen Himmel ist, mir
> gehört es!

3. Sowie Gott die Schöpfung in wunderbarer Ordnung führt, steht auch hinter dem Leben des Gläubigen ein Plan, eine Ordnung. Dieses Thema wurde schon mehrmals behandelt und wir brauchen nicht weiter darauf eingehen. Es ist aber für uns so ermutigend zu wissen, wenn wir uns die Schöpfung oder den Sternenhimmel anschauen, dass dahinter kein kaltes Es, sondern ein liebendes Ich steht, das unser Leben so in der Hand hat, wie Er auch die ganze Schöpfung in Seiner Hand hält. Diese unendlichen Dimensionen und das unfassbare Wunder der Schöpfung, das wir heute mehr denn je im Mikrokosmos und im Makrokosmos bewundern können, sollen unser Vertrauen stärken. Denn wenn Gott diese Unendlichkeiten beherrscht, dann ist es auch für Ihn kein Problem, unser kleines endliches Leben richtig zu leiten.

15 Hiobs geistliche Erneuerung und materielle Wiederherstellung

Siehe, wir preisen die glückselig, die ausgeharrt haben. Vom Ausharren Hiobs habt ihr gehört, und das Ende des Herrn habt ihr gesehen, dass der Herr voll innigen Mitgefühls und barmherzig ist.

Jakobus 5,11

Gott geht es um unser Herz! Die Ursünde hat damit begonnen, dass Zweifel in den guten Plan Gottes gesät wurden und es deshalb zum Unglauben und Ungehorsam kam. Genau das versucht Satan auch bei uns in der Leidenssituation. Deshalb geht es im Leiden hauptsächlich darum, am Herrn als dem liebenden Vater festzuhalten und die richtige Stellung Ihm gegenüber beizubehalten.

Aber letztlich ist es Sein Eingreifen, das die Dinge wieder ins Lot bringt. Er lässt sich vorübergehende Trübung unseres geistlichen Blickes gefallen (Worte ohne Erkenntnis), er lässt es zu, dass wir verzweifeln und an Seiner Liebe irre werden, aber am Ende wird jeder Gläubige, der mit Gottes Hilfe diese Phase überwindet, ein Geläuterter sein, ein im Glauben und in der Schau Gottes zutiefst Gestärkter, dem in Zukunft die Größe Gottes und die eigene Kleinheit und Hinfälligkeit klar bewusst ist. Dieser Vorgang macht uns frei und stark im Herrn und bedeutet keine Einengung unserer menschlichen Entfaltung. Die ist ja oft nur eine Täuschung und verhindert die innige Verbindung mit Gott. Auch der gesegnete Gottesmann Josef Kausemann sei in diesem Zusammenhang noch einmal zitiert:

> Das will uns der Verlauf der Geschichte Hiobs lehren. Wir finden hier die richtige Reihenfolge des Geschehens. Zunächst wurde Hiob von Gott zurechtgebracht. Die Übungen des Dulders hatten seinen wirklichen Zustand offenbart. Als alle menschlichen Versuche, Hiob zur Selbsterkenntnis zu bringen, gescheitert waren, griff Gott ein. Das Ergebnis stand

vor uns: »Ich verabscheue mich und bereue in Staub und Asche.«

Die geistliche Wiederherstellung Hiobs lässt sich in drei Aspekten sehen, die seitdem bei jedem Gläubigen immer wieder dieselben sind.

Tiefe Selbsterkenntnis

> Da antwortete Hiob dem HERRN und sagte: Siehe, zu gering bin ich! Was kann ich dir erwidern? Ich lege meine Hand auf meinen Mund. Einmal habe ich geredet, und ich will nicht mehr antworten; und zweimal, und ich will es nicht wieder tun. Darum verwerfe ich mein Geschwätz und bereue in Staub und Asche.
>
> Hiob 40,3-6

Wir haben schon besprochen, warum Gott uns erziehen und demütigen muss. Der Hauptgrund ist, dass wir in uns selbst durch und durch böse sind und von Haus aus das Gegenteil tun und denken von dem, was gottgemäß ist. Deshalb will Gott gerade Seine treuen und geliebten Kinder erziehen, um sie von sich weg auf Ihn zu fixieren und die Ewigkeit in ihrem Denken, Trachten und Handeln größer werden zu lassen. Die Lehre von unserer vollkommenen Verderbtheit ist auf Erste nicht gerade ermutigend und alles andere als dem Zeitgeist entsprechend. Die Diagnose »Erkältung« hören wir lieber als die Diagnose »unheilbarer Krebs«! Wenn wir aber die unsagbare grausame Geschichte des Menschen und seine vielen gottlosen und teilweise absurden Kulturen, Religionen und Ansichten, die er hervorgebracht hat, anschauen, dann können wir keinen anderen Schluss ziehen, als dass der Mensch unheilbar böse ist.

Zum selben Resümee müssen wir bei der Betrachtung der Geschichte der christlichen Kirchen kommen: Irrlehre, Streit, Spaltung, Kampf und sogar grausame Kriege und Unterdrückung – und das alles im Namen Gottes. Versenken wir uns in uns selbst, blickt uns ein Gewissen entgegen, das uns ständig anklagen muss. Wir müssen außerdem zugeben, dass wir zu allem fähig sind und vieles in Gedanken tun, was andere in der Tat tun. Angesichts dieser Tatsachen können wir dankbar sein, wenn uns die Bibel in der Lehre, dass diese Welt und wir selbst unter der Herrschaft des Bösen stehen, eine echte Antwort gibt, auch wenn sie uns nicht schmeckt. Gott will nicht das Alte ändern, sondern Neues in uns schaffen. Und wir sollen dabei unser Vertrauen nicht mehr auf unser altes Ich setzen, sondern auf die neue Schöpfung, die durch den Heiligen Geist in uns schon begonnen hat, und auf Christus, der in uns lebt.

Der »starke« Gläubige gleicht oft einem Mose, der lieber dreinschlägt und selbst handelt, oder einem junggläubigen Paulus, der überall, wo er hinkommt, in seinem Eifer Diskussionen, um nicht zu sagen Streit, anfängt und von den geistlichen Führern fortgeschickt wird. Auch wir Christen sind in Gefahr, viel zu gut von uns zu denken und viel zu schnell zu sein im Reden und Urteilen. So nimmt Gott gerade den hingegebenen Gläubigen, in dessen Herz und Leben Platz ist für Sein Wirken, um ihn in einem ein Leben lang andauernden Prozess »umzuerziehen« und Seinen Erfordernissen und Vorstellungen anzupassen. Er bringt uns zum Schweigen, auf dass wir Sein Reden hören und verstehen können. In diesem Gedanken finden wir auch unendlichen Trost: Wir dürfen alles Negative im Leben und gerade das, was uns am meisten zusetzt und verzweifeln lässt, als Erziehungswege unseres ewigen und uns liebenden Gottes erkennen und annehmen, und dadurch wird es zu etwas Positivem.

Tiefe Gotteserkenntnis

> Und Hiob antwortete dem HERRN und sagte: Ich habe erkannt, dass du alles vermagst und kein Plan für dich unausführbar ist.
>
> Hiob 42,1

In dem Maße, in dem wir durch geistliche Erkenntnis vor uns selbst kleiner werden, wird unser Gott in unseren Herzen größer. Wir erkennen, dass Ihm nichts unmöglich ist und dass Seine Pläne hinter allem stehen. Er hat diese Welt in der Hand und nichts kann daran ändern, auch die Rebellion Satans, seiner Engel und der gottlosen Menschheit nicht. Das stärkt unser geistliches Vertrauen in Gott und Sein Wort. Er selbst wird für uns (wieder) lebendig und Sein Wort taufrisch. Es gewinnt unmittelbare Bedeutung und spricht zunehmend (wieder) unser

Herz an, das uns zur Tat führen will, und nicht mehr so sehr unseren Verstand, der analysiert und einordnet, aber oft keine echte geistliche Frucht bringt. Wir werden wieder wie die Kinder und vertrauen unserem Gott so wie Er es sagt, ohne den Filter unseres eigenen Verständnisses oder unserer eigenen Selbsteinschätzung und unbewussten Überhebung.

Tiefe Gemeinschaft

> Vom Hörensagen hatte ich von dir gehört, jetzt aber hat mein Auge dich gesehen.
>
> Hiob 42,5

All das führt uns in eine viel tiefere Gemeinschaft mit Ihm und unser Innerstes ist verbunden mit Seinem Innersten. Der Glaube ist nicht mehr abhängig von Gefühlen und Umständen, sondern wir sind durchdrungen von tiefsten geistliche Überzeugungen, die unseren Geist positiv prägen. Das Angeld und Unterpfand des Heiligen Geistes, Seine Kraft und Führung wird etwas ganz Reales und Normales, und so wird die Ewigkeit selbst etwas ganz Selbstverständliches. Unser Handeln in der Welt wird zunehmend im Glauben geschehen als sähen wir den Unsichtbaren. Die Liebes- und Vertrauensverbindung mit Gott, die Dankbarkeit und Ergebenheit an Jesus Christus wird immer tiefer und durchdringt rückwirkend von unserem Geist auch unsere Gefühle und sogar unseren Körper. Ein tiefer Friede und großer Optimismus machen uns zu Lichtern in der Welt. All das macht uns innerlich so reich und glücklich, dass wir vermehrt dazu befähigt werden, der übermächtigen geistlichen Armut und dem unendlichen Elend dieser Welt die Stirn zu bieten und die Werke auszuführen, die Gott zuvor für uns bereitet hat.

So hat Gott im Leiden etwas Besseres für uns bereit, als die Welt oder ein Mensch es je geben kann. Die Zuversicht, wenn wir an ihr festhalten, hat eben eine große Belohnung.

Hiobs materielle Wiederherstellung

> Und der HERR wendete das Geschick Hiobs, als der für seine Freunde Fürbitte tat. Und der HERR

vermehrte alles, was Hiob gehabt hatte, auf das Dop-
pelte. Und der HERR segnete das Ende Hiobs mehr
als seinen Anfang.

Hiob 42,10

Gott wendete das Geschick Hiobs und ließ nach der geistlichen
Erneuerung Hiobs, die sich bei ihm unter anderem in Verge-
bungsbereitschaft an seinen leidlichen Tröstern zeigte, auch irdischen Segen folgen, der alles übertraf, was Hiob zuvor hatte. Ja,
wie schön ist es, wenn sich am Ende alles Leidens und Kämpfens
auch ein sichtbares glückliches Ende auftut und das Herz nicht
mehr durch ständiges Ausharren und Warten belastet ist. Dieser
sichtbaren Lösung geht – zumindest in meinem Leben – meist
eine unsichtbare Veränderung des Herzens voraus.

Vor vielen Jahren war ich in einer schrecklichen Situation,
die mich innerlich zerriss und mich Tag für Tag sehr viel Kraft
kostete. Trotz großer Liebe zu einer jungen Frau war Gottes
eindeutige Antwort seit drei Jahren ein klares Nein. Massive
Probleme in der Gemeinde erfüllten mein Herz mit großer Sorge,
und finanzielle Nöte waren auch nicht gerade ein Beitrag zur
Ermutigung. Gott benutzte das Studium des Philipperbriefes,
um mich in Seinen Frieden hineinzuführen. Alle Lasten des
Herzens konnte ich mit Danksagung im Gebet abgeben und
ein tiefer Glaube erfüllte mich, dass Gott alles lösen würde. Ich
musste dann wirklich nur mehr zuschauen, wie Gott eines nach
dem anderen zum Guten fügte. Dieses Erlebnis habe ich nie
vergessen.

Ja, lieber Leser, ich wünsche es dir so sehr, dass du auch dasselbe erfahren darfst, wir wollen uns aber daran erinnern, dass
wir es Gott überlassen sollen, ob wir das Zurechtrücken der Dinge noch in dieser Welt erleben dürfen oder erst in der Ewigkeit.
Auch hier könnte ich manche Begebenheiten anführen, wo es
noch keine Veränderung gegeben hat oder die sogar mit dem
körperlichen Tod ihr Ende fanden. Manche warten heute noch
auf einen Partner, andere wurden nicht geheilt und sind schon
zum Herrn gegangen. Manche liebe Mitchristen leiden heute
noch immer unter körperlichen oder psychischen Krankheiten,
und andere warten immer noch darauf, dass ihre Kinder ihre
gottlosen Wege verlassen und zum Herrn finden. Manchen, die
nach Gerechtigkeit dürsten, warten immer noch darauf, dass
die Unwahrheit gemeiner Verleumdungen vor allen aufgedeckt

wird, und andere müssen weiter eine schlechte Ehe ertragen. Die Lösung liegt im Herrn und nicht in erster Linie in der Änderung der Umstände. Wollen wir das nie vergessen.

Ich habe bereits versucht, den inneren Reichtum eines glücklichen und reifer gewordenen Lebens mit dem Herrn zu beschreiben. Das ist unsere eigentliche Wiederherstellung und unsere Zukunftsaussicht ist immer eine herrliche und hoffnungsvolle, da der Herr in den ewigen Wohnungen schon auf uns wartet und die Gemeinschaft mit Ihm alle Vorstellungen übertreffen wird! Dann wird das Kleine wirklich klein und das Große wirklich groß sein.

Wir wollen diese Betrachtungen schließen mit einem Wort von Paulus, das uns diese Wahrheit vor Augen hält:

> Deshalb ermatten wir nicht, sondern wenn auch unser äußerer Mensch aufgerieben wird, so wird doch der innere Tag für Tag erneuert. Denn das schnell vorübergehende Leichte unserer Bedrängnis bewirkt uns ein über die Maßen überreiches, ewiges Gewicht von Herrlichkeit, da wir nicht das Sichtbare anschauen, sondern das Unsichtbare; denn das Sichtbare ist zeitlich, das Unsichtbare aber ewig.
>
> 2. Korinther 4,16-18

Teil IV

Schluss

16 »Ich kann das alles nicht mehr glauben!« Oder: »Herr, wohin sollten wir gehen?«

Wie kommt es, dass man als ehemals überzeugter Christ an einen Punkt angelangt, an dem man wirklich überlegt, ob der Glaube, auf den man bis jetzt sein Leben aufgebaut hat, überhaupt stimmt? Darf man als Christ den Glauben in Frage stellen? Kann es einem echten Gläubigen passieren, dass er in schwere Zweifel kommt und auf einmal sein ganzes Glaubensgebäude zu wanken beginnt?

Vielleicht bist du gerade in dieser Situation. Oder sogar wahrscheinlich, denn sonst hättest du gerade dieses Kapitel nicht aufgeschlagen. Vielleicht weiß niemand von deinen Kämpfen, von deiner großen Not, die dich innerlich einsam macht und dich immer mehr verzagen lässt.

Sei getrost, du bist nicht der Erste, dem es so geht. Sofort fallen mir drei Stellen in der Bibel ein, die sich mit diesem Thema auseinandersetzen.

1. In Johannes 6 stellt der Herr Jesus seine Jünger auf eine schwere Probe, indem er den Glauben an Ihn mit »mein Fleisch essen und mein Blut trinken« umschreibt und sich mit dem Brot des Lebens vergleicht, das gegessen werden muss. Viele nun von Seinen Jüngern gingen von da an nicht mehr mit Ihm. So stellt der Herr auch dem Kern der Zwölf die Frage: »Wollt Ihr etwa auch weggehen?« Und sie antworten mit den bewegenden Worten: »Herr, wohin sollten wir gehen? Du hast Worte des ewigen Lebens!« Ich glaube, dass die Jünger zu diesem Zeitpunkt diese Umschreibung genauso wenig verstanden hatten wie die anderen, die gegangen waren. Aber sie hielten am Herrn fest, obwohl Seine Worte für sie momentan ein Anstoß waren und ihrem Empfinden stark widerstrebten. Und so halten wir

als den ersten großen Grund des Strauchelns Bibelstellen fest, die wir nicht verstehen oder einen Lehrpunkt, der uns einfach nicht eingehen will.

2. Im Psalm 73 kommt Asaph an seine Grenzen. Er schreibt in Vers 2 davon, dass er fast ausgeglitten und ins Wanken gekommen wäre bezüglich seines Glaubens. Ausgehend von seiner persönlichen Situation (V. 14) versteht er Gott nicht mehr: Wie kann es sein, dass der gerechte allwissende Gott den Gerechten leiden lässt und zuschaut, wie die Gottlosen und Hochmütigen gedeihen und bei ihnen scheinbar alles aufgeht. Auch wir Christen leiden manchmal darunter, dass die Weltmenschen scheinbar so unbeschwert dahinleben und sich keine größeren Gedanken machen. Sie schwimmen mit im Strom und wir haben das Nachsehen. Oder wir fühlen uns benachteiligt, weil wir stark angefochten sind, und uns die Ungläubigen vielleicht noch von oben herab Rat geben (V. 8) oder gar unseren Glauben verhöhnen. Wieder die Frage: Bin ich überhaupt auf dem richtigen Weg, weiß Gott von mir, hört er meine Gebete? Oder habe ich mich getäuscht und mich von Wunschdenken leiten lassen?

3. Im Hebräerbrief finden wir eine ähnliche Lage. Christen, die gut begonnen haben, kommen angesichts lang anhaltender Not und Nachteilen, die sie als Christen haben, ins Grübeln. Ist Christus wirklich der Messias und Gottes Sohn? Hat nicht Gott direkt zu Mose gesprochen? Wie kann dann jetzt auf einmal alles anders sein? Sollen wir wieder zurück in unser altes soziales Umfeld? War es richtig, dass wir uns von denen, die Christus nicht als Messias angenommen haben, abgesondert haben? Waren wir nicht lieblos gegenüber unseren Eltern oder anderen Verwandten? Sollen wir zurück in unser altes Leben, in unseren alten Glauben und den Glauben an Christus fahren lassen?

4. Auch eine gewisse Müdigkeit, die sich im Laufe der Jahre langsam aber sicher breitmachen kann, kann uns dazu führen, dass wir den Glauben an Gott und Sein Wort vernachlässigen oder gar in Frage stellen. Hier könnte man David anführen, der nach vielen Jahren der Not sogar

zum Feind überlief und in dieser Phase wahrscheinlich mehr von der Gnade getragen war als aktiv am Glauben festzuhalten.

5. Fehlgeleiteter Glaube oder falsche Erwartungen an Gott, die sich beharrlich nicht erfüllen, können zu extremen Glaubensfrust führen. Dadurch wächst die Gefahr, den Glauben überhaupt über Bord zu werfen und in die Welt zurückzugehen.

6. Dasselbe gilt für Enttäuschungen durch andere Gläubige in der Gemeinde durch Unverständnis, Verurteilungen oder andere Anlässe.

7. Ganz besonders wird unser Glaube durch unerwartete Katastrophen wie der Tod geliebter Familienangehöriger, ein finanzieller Zusammenbruch und Ähnlichem auf die Probe gestellt. Das sind traumatische Erlebnisse, durch die sich ganz besonders die Warum-Frage stellt.

Ich möchte dir in diesem Kapitel in aller Kürze zeigen, dass es zum Glauben an Gott und zur Hingabe an Ihn keine Alternative gibt. Dafür möchte ich dir zuerst einmal Futter für dein Denken geben, dann aber auch für dein Herz. Beides zusammen soll dich ermutigen, wieder ganz dem Herrn zu vertrauen und Ihm alles abzugeben. Der Leitfaden schaut daher folgendermaßen aus:

1. Verstandesmäßige Gründe für den Glauben: Allgemeine Hinweise und spezielle Argumente für den biblischen Glauben

2. Die weitreichenden Folgen einer Abkehr von Christus

3. Was können wir tun, damit wir wieder fest im Glauben gegründet sind?

Verstandesmäßige Gründe für den Glauben

Allgemeine Hinweise auf Gott

Bis jetzt hat man noch kein Volk und keine Kultur aus vergangenen Zeiten oder der heutigen Zeit entdeckt, das nicht in irgend einer Weise religiös gewesen wäre, also an höhere Wesen oder an einen Gott geglaubt hätte. Beispielsweise finden sich sogar bei den ägyptischen Pharaonen Grabbeigaben, die auf einen Glauben an ein Leben nach dem Tod hinweisen. Trotz Wissenschaft und Entmythologisierung der Natur sind die allermeisten Menschen »hoffnungslos« religiös. Es ist nicht möglich, dieses Phänomen auszurotten. Als ich nach dem Fall des Eisernen Vorhangs Anfang der Neunzigerjahre öfters in Bulgarien war, war das Vakuum in Bezug auf religiöse Fragen geradezu spürbar. Jahrzehnte der kommunistischen Unterdrückung und die menschliche Ideologie des atheistischen Marxismus konnten den religiösen Hunger weder ausrotten noch verhindern, dass der wieder ausbrach, sobald die Freiheit dazu bestand.

Sollte sich der Großteil der Menschen in ihrer gesamten Geschichte geirrt haben? Das ist schwer anzunehmen und sehr unwahrscheinlich. Die Bibel sagt uns, dass Gott die Ewigkeit in unser Herz gelegt hat (Pred 3,11). Daher eine andere Frage: Sollte Gott unsere Herzen so ausgerichtet haben, um uns dann mit dieser diffusen Sehnsucht alleine zu lassen? Das ist ebenfalls sehr unwahrscheinlich.

Ein anderes weltweites Phänomen ist ein allen Menschen angeborener Maßstab von Gut und Böse. Dazu gibt es ein Gewissen, das uns – ob wir es wollen oder nicht – überführt und anklagt, wenn wir etwas Falsches getan haben. Natürlich sind dieses »Naturrecht« und das Gewissen nicht unfehlbar und vom eigentlichen Maßstab Gottes abweichend. Aber woher kommt diese Überzeugung von grundlegenden Werten, wenn der Mensch nur ein höher entwickeltes Tier ist oder ein Produkt der Evolution? Werte wie Rücksichtnahme, den Schwächeren beschützen, Nächstenliebe etc. stehen ja geradezu im Gegensatz zum Kampf ums Dasein und verschaffen dem Individuum keinen Vorteil in diesem Kampf.

Tief verwurzelt ist auch die Überzeugung von einem Gericht über unser Handeln und damit zusammenhängend von einer letzten Instanz, die eine absolute und ausgleichende Gerechtigkeit schaffen wird. Dies findet sich ebenfalls bei fast allen Völkern in irgendeiner Form. Woher kommt das? Wer hat das in uns hineingelegt? Warum haben Kinder – unabhängig von Erziehung und kultureller Prägung – einen ausgeprägten Gerechtigkeitssinn?

Weiterhin muss sich der ungläubige Mensch die Frage gefallen lassen, wie der Mensch, wenn er nur ein Tier ist, so eine unglaubliche Fülle von kulturellen Leistungen einschließlich Literatur, Philosophie und Religion hervorbringen konnte. Woher kommen diese stark geistigen Fähigkeiten. Wie haben sie sich konkret aus den Tieren entwickelt? Warum diese unglaubliche Kreativität, die sich auch in komplexen Sprachen ausdrückt, die bei »primitiven« Völkern oft noch komplizierter sind als die Schriftsprachen? Dies allein aus einer Höherentwicklung von den Affen zu erklären ist nicht möglich, auch wenn es immer wieder behauptet wird.

Den stärksten Hinweis auf Gott finden wir aber in der Schöpfung selbst, wie es auch schon Paulus schreibt (Einheitsübersetzung):

> Denn was man von Gott erkennen kann, ist ihnen offenbar; Gott hat es ihnen offenbart. Seit Erschaffung der Welt wird seine unsichtbare Wirklichkeit an den Werken der Schöpfung mit der Vernunft wahrgenommen, seine ewige Macht und Gottheit.
>
> Römer 1,19-20

Gott selbst hat sich in der Schöpfung geoffenbart, auch wenn diese Schöpfung zerstört ist und sich uns nicht mehr so zeigt, wie sie ursprünglich erschaffen wurde. Wilder Smith hat das mit einem zerbombten Dom verglichen: Gerade dadurch, dass man durch die Zerstörung einen Einblick bekommen hat in das Innenleben des Doms, wird die geniale Konzeption und Planung des Doms sichtbar. Und gerade dadurch, dass man in den letzten hundert Jahren Einblicke bekommen hat in den Mikro- und Makrokosmos, die man nicht für möglich gehalten hätte, wird der Glaube an einen intelligenten Designer, an Gott, sehr gestärkt.

Naturwissenschaft und Glaube

Prinzipiell muss festgestellt werden, was die Naturwissenschaft kann und was nicht. Sie kann die Natur beschreiben und ihre Gesetzmäßigkeiten feststellen, sie kann aber folgende Fragen nicht beantworten:

1. Warum ist überhaupt irgendetwas da?

2. Woher kommen die Gesetze der Natur?

3. Wie ist das Leben entstanden?

4. Wie lässt sich die unglaubliche Komplexität der Natur und ihre offensichtliche Zielgerichtetheit erklären?

5. Wie lässt sich erklären, woher die exakte und komplizierte genetische Information kommt, die man schon im primitivsten Einzeller finden kann?

6. Wie lässt sich die Verständlichkeit und Erforschbarkeit des Universums für unseren Verstand erklären? Wenn alles nur blinder Zufall wäre, warum arbeitet dann das Universum so exakt nach Gesetzmäßigkeiten, die wir verstehen und erforschen können?

Die Naturwissenschaft kann Gott im strengen Sinne weder beweisen noch widerlegen. Da sich ihr Forschungsgegenstand nur innerhalb von Raum und Zeit befindet und ihre Methoden nur diesem Gegenstand gerecht werden, kann sie keine Aussagen darüber machen, ob sich etwas außerhalb von Raum und Zeit, also außerhalb der empirischen Welt befindet. Alle negativen Aussagen diesbezüglich sind deshalb naturwissenschaftlich nicht beweisbar, auch wenn sie von einem Naturwissenschaftler verkündet werden. Umgekehrt kann aber auch der Glaube somit nicht im strengen Sinne bewiesen werden, sehr wohl aber können wir die momentan vorliegenden Ergebnisse daraufhin »abklopfen«, ob sie auf eine dahinter stehende übernatürliche Ursache hinweisen. Letztlich geht es also um folgende Frage: Deutet die Natur und das, was wir bis jetzt über sie wissen bzw. auch nicht wissen, darauf hin, dass sie sich selbst erklären kann? Oder weisen die Fakten darauf hin, dass es einen Gott gibt, der alles in irgendeiner Form erschaffen hat? Ist die Weltanschauung des Theismus wahrscheinlicher oder die Weltanschauung des Materialismus?

Dabei ist immer wieder die Rede von einem Lückenbüßergott, der für die Lücken unseres Wissens Pate stehen muss. Das Faszinierende dabei ist aber, dass gerade das, was wir bis jetzt von der Natur verstehen dürfen, stark in die Richtung weist, dass diese wunderbare Ordnung von jemandem geplant und erschaffen wurde. *Die rationale Verständlichkeit des Universums* hat Denker aus allen Generationen dazu geführt, dass das Universum selbst das Produkt von Intelligenz sein muss. Gott hat die Welt und auch unseren Verstand erschaffen, deshalb besteht zwischen dem geordneten Universum und unserem Verstand eine Beziehung, die es uns möglich machen, das Universum zu erforschen und zu einem gewissen Teil zu verstehen. Die ganze Wissenschaft beruht darauf, dass das Universum nach Gesetzen funktioniert und die menschlichen Verstandesprozesse einen gewissen Grad an Zuverlässigkeit besitzen.

Das Universum hatte nach heutiger allgemeiner Auffassung einen Anfang. Die Rotverschiebung ferner Galaxien, die auf eine Expansion des Universums hindeuten, eine gleichmäßig verteilte Hintergrundstrahlung und andere Gründe lassen die meisten Wissenschaftler an einen explosionsartigen Anfang des Universums glauben, den sogenannten Urknall. Dies passt wunderbar zusammen mit dem, was uns die Bibel über den Ursprung sagt. Gott setzte einen Anfang. Er ist es, der Materie und Energie, Raum und Zeit und letztlich uns selbst geschaffen hat.

Das Universum ist fein abgestimmt. Viele der Grundkonstanten der Natur haben genau den richtigen Wert, damit das Universum nicht »auseinanderfällt« und Leben existieren kann. Seien es die vier Grundkräfte (die *starke Kernkraft*, die *schwache Kernkraft*, die *elektromagnetische Kraft* und die *Schwerkraft*) oder sei es die Ausdehnungsgeschwindigkeit des Universums, alles muss genau so sein, wie es ist, damit die Welt, wie wir sie kennen, überhaupt existieren kann. Die Wahrscheinlichkeit für eine Entstehung dieses perfekten Zusammenspiels durch reinen Zufall ist so unglaublich gering, dass man dafür viel mehr Glauben aufbringen muss als für eine Entstehung durch Gott. Dasselbe gilt für die speziellen Bedingungen in unserem Sonnensystem und auf der Erde: Der Abstand der Erde zur Sonne zum Mond und den anderen Planeten, die Oberflächengravitation und die Temperatur, die Zusammensetzung der Atmosphäre und unzählige andere Faktoren müssen exakt passen und zueinander im genau richtigen Verhältnis stehen, damit Leben dauerhaft existieren kann. Die Wahrscheinlichkeit dafür, dass es einen Planeten gibt, bei dem dies alles im richtigen Verhältnis vorkommt, liegt bei 10 hoch 30, ist also unglaublich gering. Ist es nicht viel vernünftiger, von einem planenden und schaffenden Gott auszugehen als davon, dass alles von selbst entstanden ist? *Die Entstehung des Lebens ist für eine rein materialistische Wissenschaft ein Rätsel.* Vorbei ist die Zeit, in der tollkühn behauptet wurde, dass sich das Leben in einer Ursuppe gebildet hätte. Mittlerweile weiß man

- dass die frühe Atmosphäre wahrscheinlich anders zusammengesetzt war, und zwar auch mit freiem Sauerstoff, der die Bildung von Aminosäuren nicht zulässt;

- dass nur eine bestimmte Form von Aminosäuren in lebendigen Organismen vorkommt, eine zufällige Entstehung aber genauso die andere Form hervorbringen würde;

- dass alle Bindungen der Aminosäuren in L-Form für ein funktionsfähiges Protein von einer ganz bestimmten Art sind, was eine zufällige Entstehung eines solchen Proteins wieder höchst unwahrscheinlich macht;

- dass die natürliche Tendenz geschlossener Systeme zur Degeneration die Produktion von »richtigen« Peptidketten äußerst unwahrscheinlich machen;

- dass einfach zu wenig Zeit für eine Entstehung vorhanden war, da in den »ältesten« Gesteinsschichten bereits einzellige Organismen gefunden wurden;

- dass eine zufällige Anordnung aller Aminosäuren genau an der richtigen Stelle praktisch nicht möglich ist;

- dass der primitivste Einzeller eine nicht reduzierbare komplexe Maschine darstellt, die nur funktionieren kann, wenn alles ganz genau passt; ein hypothetischer Vorgänger, dem ein Teil fehlt, wäre nicht funktionsfähig.

Die Wissenschaft kann nicht erklären, woher die exakte und sehr komplizierte Information, die sich in jeder Zelle in Form der DNS befindet, gekommen ist. Jede lebende Zelle ist nicht nur Materie, sondern Materie und Information. Jede menschliche Zelle enthält eine Datenbank größer als die größte Bibliothek der Welt. Und so wie in einem Buch jeder Buchstabe genau an der richtigen Stelle sein muss, um ein Wort und viele sinnvolle Wortketten hervorzubringen, müssen die einzelnen Aminosäuren genau an der richtigen Stelle und genau richtig verbunden sein, um ein funktionsfähiges Protein hervorzubringen. Woher kommt der genetische Code, der allen Lebensformen gemeinsam ist?!

Das Wesen von Information ist unsichtbar, wenn auch ihre Träger sichtbar sein können. Durch bestimmte Buchstaben entsteht in uns ein Bild, z. B. von einem Apfel oder einer Orange. Diese Information kann ich aber nicht sehen, sie ist unsichtbar, die Buchstaben kann ich schon sehen. So ähnlich verhält es sich mit den Aminosäureketten und der Information, die sie tragen. Wie soll aber aus Nichtmaterie Materie entstanden sein? Eine materialistische Erklärung reicht einfach nicht aus, da Materie und Energie ohne zusätzliche Zufuhr von Information kein biologisches Leben hervorbringen können. Die einzigen bekannten Informationsquellen sind intelligente Quellen. Warum sollte es bei biologischer Information anders sein?

Der Schluss von einer Mikroevolution (Variationen innerhalb einer Art) *zu einer Makroevolution* (die Entstehung neuer Arten aus anderen Arten, die Entstehung von qualitativ neuem Erbmaterial) *ist unzulässig, nie beobachtet worden und deckt sich nicht mit dem Zeugnis der Fossilien.*

- Mikroevolution ist nicht von der Hand zu weisen. Als ehemaliger begeisterter Vogelzüchter habe ich mich selbst viel mit diesem Thema beschäftigt. Jede Kartoffel, die wir essen, jede Taube, die wir auf einer Ausstellung sehen, ist ein Beweis dafür, dass im Rahmen der Grenzen einer Art beträchtliche Variationen möglich sind.

- Gezielte Züchtung verlangt nach gezielter Intelligenz, die diese Züchtung lenkt. Es ergeben sich aber auch in der Natur durch den Druck der Umstände vorteilhafte Mutationen, die im Daseinskampf hilfreich sind. Für beide Fälle sind aber die Kapazitäten in der Erbmasse begrenzt, eine Taube bleibt eben eine Taube, eine Kartoffel eine Kartoffel usw. Millionenfach herbeigeführte Mutationen im Labor beweisen das.

- Die große Mehrheit von Mutationen ist schädlich und liegt etwa in einem Verhältnis von einer positiven zu tausend negativen. Für eine einfache, aber ganz neue Struktur in einem Organismus werden ungefähr fünf positive Mutationen benötigt. Diese müssen aber noch in den Gesamtorganismus integriert und im Erbmaterial weitergegeben werden. Die Wahrscheinlichkeit einer zufälligen Weiterentwicklung ist also äußerst gering.

- Der Fossilbefund ist vernichtend. Statt Millionen und Abermillionen von Übergangsformen gibt es ganz wenige Beispiele dafür, und auch die sind umstritten. Jede Art taucht plötzlich und bereits fertig ausgebildet auf. Wenn sie aus der Fossil-Dokumentation wieder verschwindet, sieht sie mehr oder weniger so aus, wie sie am Anfang ausgesehen hat.

Ähnliche Baupläne und eine Reihe von ähnlichen Genen müssen nicht als ein Hinweis auf eine gemeinsame Abstammung interpretiert werden, sondern können genauso gut als ein Argument für einen gemeinsamen Bauplan aufgefasst werden.

Die Einzigartigkeit des biblischen Glaubens

Nach diesem Ausflug in die Naturwissenschaft möchte ich drei Stellen aus der Bibel (nach der Einheitsübersetzung) anführen, die ein Licht auf die Entstehung des Universums werfen.

Im Anfang schuf Gott Himmel und Erde; die Erde aber war wüst und wirr, Finsternis lag über der Urflut, und Gottes Geist schwebte über dem Wasser. Gott sprach: Es werde Licht. Und es wurde Licht.

1. Mose 1,1-3

Im Anfang war das Wort, und das Wort war bei Gott, und das Wort war Gott.

Johannes 1,1

Aufgrund des Glaubens erkennen wir, dass die Welt durch Gottes Wort erschaffen worden und dass so aus Unsichtbarem das Sichtbare entstanden ist.

Hebräer 11,3

Auch wenn für meinen Verstand vieles, was die Urgeschichte betrifft, noch ein Rätsel ist, so kann ich von ganzem Herzen die klare Botschaft dieser Verse bejahen: Gott hat alles erschaffen! In den Ausdrücken »sprechen« und »Wort« erkennen wir Seine Macht, alles zu erschaffen, und Seine Fähigkeit, zu planen und die notwendigen Strukturen und Informationen in die Schöpfung hineinzulegen, damit Leben entstehen und weiter bestehen kann.

Allein die Bibel gibt uns somit befriedigende Antworten auf unsere grundlegenden Fragen

- *Woher kommen wir?* Gott hat uns geschaffen und deshalb ist jeder Mensch von großem Wert. Der Mensch ist kein höher entwickeltes Tier, sondern nach dem Bilde Gottes erschaffen. Daher auch seine außerordentlichen Fähigkeiten, die ihn völlig von der Tierwelt unterscheiden: Sprache, Kreativität, überragende geistige Fähigkeit, Abstraktionsvermögen usw. Alle diese Fähigkeiten können missbraucht werden; und so geschieht es auch. So haben wir aber auch eine einleuchtende Antwort auf die Frage, warum der Mensch auf der einen Seite zu solchen Höhen hinaufsteigen kann und auf der anderen Seite sich grausamer benimmt als jedes Tier es tun würde.

- *Warum ist die Welt so wie sie ist*, unvollkommen und voller Elend, Krankheit, Gewalt und Tod? Auch hier gibt uns die Bibel eine einleuchtende Antwort: Gott hat die Welt nicht so geschaffen, aber der Mensch hat seine Freiheit missbraucht (und tut es seither fortwährend). Deshalb haben wir es mit einer gefallenen Schöpfung zu tun, die nicht unmittelbar dem Willen Gottes entspricht. Wieder kommen wir gerade im Zusammenhang mit dieser Frage mit unserem Verstand auch an Grenzen. Aber der rote Faden, den die Schrift uns hier aufzeigt, ist befriedigend und erklärt uns Grundlegendes.

- *Was ist der Sinn des Lebens?* Der Sinn des Lebens ist, in Harmonie mit Gott und Seinem Willen unser Leben zu bewältigen. Nur so kommt unser Geist zur Ruhe, nur so ist unser Innerstes erfüllt und nur auf diese Weise finden wir tiefen Frieden.

● *Wohin gehen wir?* Das Ziel unseres Lebens ist Gott, der uns in die Ewigkeit aufnehmen wird, wo wir ungetrübte Gemeinschaft mit Ihm haben werden. Diese christliche Hoffnung ist eine übernatürliche Kraftquelle, gerade dann, wenn wir angefochten sind.

Die Bibel zeigt uns einen einzigartigen Gott

● Im Gegensatz zu den damals vorherrschenden primitiven Vorstellungen bezüglich Gott oder Göttern, *zeigt uns die Bibel einen unendlichen Gott außerhalb von Raum und Zeit, der die Macht hat, die gesamte Schöpfung mit einem Schöpfungsakt aus dem Nichts zu erschaffen.* Schon die Denker des alten Griechenlands nahmen großenteils Abstand von ihren unmoralischen und menschenähnlichen Göttern und kamen zu dem Schluss, dass hinter dem Universum eine letzte Ursache sein muss. Die Bibel zeigt das von vorneherein und spricht von einem Gott, den die Himmel der Himmel nicht fassen können (1Kön 8,27).

● *Die Bibel zeigt uns einen Gott, der seine Schöpfung und insbesondere die Menschen liebt und großes Interesse an ihnen hat.*

Wenn ich anschaue deine Himmel, deiner Finger Werk, den Mond und die Sterne, die du bereitet hast: Was ist der Mensch, dass du sein gedenkst, und des Menschen Sohn, dass du dich um ihn kümmerst?

Psalm 8,4-5

Denn so hat Gott die Welt geliebt, dass er seinen eingeborenen Sohn gab, damit jeder, der an ihn glaubt, nicht verloren geht, sondern ewiges Leben hat.

Johannes 3,16

Als Hiob von Gott so schwer geprüft wurde, zeichnete er in seiner Verzweiflung und im Laufe der heftigen Diskussionen ein Bild von einem Gott, dem man ausgeliefert ist und gegen den man als Mensch sowieso keine Chance hat, egal, was man sagt oder tut. So ähnlich schaut auch der Allah des Islam aus: Willkürlich, nicht nachvollziehbar in seinem Handeln, der rettet und hilft, wem er will, und der verwirft und umkommen lässt, wen er will. Der Gott der Bibel aber lässt den aufrichtig Suchenden nicht im Regen stehen, sondern kümmert sich um ihn und freut sich, wenn Menschen Buße tun und zu Ihm umkehren. Er hat nicht nur Sein Liebstes gegeben, sondern ist in Seinem Sohn sogar selbst auf die Welt gekommen und hat sich am Kreuz zu Tode geliebt, damit wir Menschen wieder zu Ihm zurück finden können.

- *Die Bibel zeigt uns einen Gott, der die Menschheit richten wird in Gerechtigkeit.* Getrost können wir die vielen ungeahnten Gemeinheiten und Verbrechen, die in dieser Welt passieren oder uns selbst geschehen sind, Ihm überlassen. Nichts ist verborgen, was nicht aufgedeckt werden wird, nichts geschieht, das Er nicht nur Kenntnis nimmt. Eine Welt ohne letzte Gerechtigkeitsinstanz wäre unerträglich, weil somit das Böse im Großen und im Kleinen die letzte Instanz wäre und den Sieg davontragen würde. Also ist uns auch diese Seite Gottes ein Trost und darf nicht verniedlicht werden.

Die Bibel zeigt uns die einzigartige Geschichte eines Volkes mit seinem Gott

Es ist schon interessant. Da gibt es ein kleines Volk mit einem kleinen, eigentlich unbedeutenden Staat, das aber die ganze Welt in Atem hält und jeden Tag in vielen Zeitungen zu finden ist: Israel! Seine Geschichte begann vor 3 500 Jahren. Das Faszinierende ist, dass vieles, was diesem Volk widerfahren ist, vorausgesagt wurde und auch so eingetroffen ist. Das ist wirklich einzigartig in der Geschichte: Es gibt kein Volk, dessen Werdegang im Voraus detailliert prophezeit worden ist.

- Es beginnt schon in 3. Mose 26 und 5. Mose 28: Sowohl der Segen, wenn das Volk gehorsam sein würde, als auch seine Vertreibung im gegenteiligen Fall werden beschrieben. Alles ist exakt so eingetroffen.

- *Denn die Söhne Israel bleiben viele Tage ohne König und ohne Oberste, ohne Schlachtopfer und ohne Gedenkstein und ohne*

Ephod und Teraphim (Hosea 3,4). Diese Prophezeiung ist einmal unter den Assyrern eingetroffen und einmal durch die Babylonier, die Jerusalem samt seinem prächtigen Tempel im Jahre 586 vollkommen zerstörten.

- Erstaunlich ist, dass sogar die Zahl der Jahre, die die Juden in Babylon verbringen würden, genau vorausgesagt worden ist, nämlich 70 Jahre (Jer 25,11). Daniel nimmt darauf Bezug und »erinnert« Gott daran im Gebet.

Noch erstaunlicher ist, dass derselbe Daniel eine erneute Zerstörung Jerusalems voraussagt, obwohl doch Jerusalem gerade zerstört worden ist, und zwar »nachdem ein Gesalbter ausgerottet worden war«. Dies ist nach der Kreuzigung Jesu durch die Römer 70 n. Chr. eingetroffen, und zwar in verheerender Weise. Weiterhin wird vorausgesagt, dass die Geschichte dieses Volkes bis zum Ende unheilvoll sein wird.

> Und nach den 62 Wochen wird ein Gesalbter ausgerottet werden und wird keine Hilfe finden. Und das Volk eines kommenden Fürsten wird die Stadt und das Heiligtum zerstören, und sein Ende ist in einer Überflutung; und bis zum Ende ist Krieg, fest beschlossene Verwüstungen.
>
> Dan 9,26

Manche behaupten, dass Daniel viel später geschrieben worden ist. Auf jeden Fall ist er lange vor der Eroberung des jüdischen Gebietes durch die Römer und vor der Zerstörung Jerusalems geschrieben worden. Das tut also gar nicht zur Sache.

- Der Untergang Jerusalems samt einer weltweiten Zerstreuung und Verfolgung wird auch im NT mehrmals vorausgesagt; siehe als Beleg dazu Lukas 21 Vers 24. Alles ist genauso eingetroffen wie von den Propheten und dem Herrn Jesus vorausgesagt! Nirgends sonst und in keinem anderen Buch finden wir so klare Beweise des Redens Gottes!

- Weiter geht's mit einer wunderbaren Prophezeiung in Bezug auf die Zukunft Israels:

> Aber über das Haus David und über die Bewoh-
> nerschaft von Jerusalem gieße ich den Geist der
> Gnade und des Flehens aus, und sie werden auf
> mich blicken, den sie durchbohrt haben, und
> werden über ihn wehklagen, wie man über den
> einzigen Sohn wehklagt, und werden bitter über
> ihn weinen, wie man bitter über den Erstgebore-
> nen weint.

Sach 12,10

Hier ist impliziert, dass die Juden Gott (!) durchbohrt haben. Das gab für den Propheten selbst und sein Publikum
wahrscheinlich überhaupt keinen Sinn. Wie sollte jemand
Jahwe durchbohren können? Genau das aber ist passiert,
indem der Sohn Gottes – die zweite Person der Dreieinigkeit – auf die Welt gekommen ist und gekreuzigt wurde.

- Als Zweites können wir festhalten, dass vorausgesagt wird,
dass die Juden das Unrecht einsehen und wehklagen werden über ihren Fehler. Sie werden also eine geistliche Erneuerung erleben.

- Das setzt aber voraus, dass das Volk all die zwei Jahrtausende nach der zweiten Zerstörung Jerusalems und des
Tempels hindurch bestehen bleiben würde. Und genau das
ist auch passiert.

- Eine Umkehr als Volk setzt voraus, dass sie wieder gesammelt werden würden, und genau das ist geschehen, wenn
auch der heutige Staat Israel nicht die Enderfüllung der
Prophezeiungen ist, sondern nur die Voraussetzung dafür.
Manche Gelehrte des 19. Jahrhunderts haben auf Basis der
biblischen Prophezeiungen stark angenommen, dass dieses
Volk eine neuerliche Rückführung und Zusammenführung
in seinem Land erleben muss. Und genauso ist es eingetroffen, obwohl eine neuerliche Souveränität Israels über
Palästina zum damaligen Zeitpunkt als völlig undenkbar
erschien und nichts »Reales« darauf hindeutete.

Eine erstaunliche Zusammenfassung dieser so herausra-
genden Geschichte eines Volkes findet sich bereits in 5. Mose 4 Vers 25 bis 31. Die Zerstreuung und die Ursache dafür,

sowie die zukünftige Wiederherstellung (V. 30: am Ende der Tage) wird klar vorausgesagt. Ursache dafür ist die Bundestreue Gottes, der zu dem steht, was Er geschworen hat.

Abschließend sei folgende Anekdote erzählt: Friedrich der Große wollte einmal seinen Superintendenten in Verlegenheit bringen und fragte: »Nenne Er mir einen einzigen Gottesbeweis, aber kurz, in drei Worten!« Da soll der kluge Geistliche einen Schritt vorgetreten sein und sich mit den Worten verbeugt haben: »Majestät, die Juden«.

Jesus Christus ist einzigartig

- *Sein Kommen und Wirken wurden angekündigt!* Darin unterscheidet sich Jesus Christus von allen anderen Religionsstiftern. Schon Jahrhunderte vor Seinem Kommen wird seine Geburt, sein Wirken in Niedrigkeit (Leben als normaler Mensch, Verachtung und Tod) sowie sein Eingreifen mit aller Macht angekündigt. Als ich ganz kurze Zeit bekehrt war, ließ ich meinen noch nicht bekehrten Bruder in eine Falle tappen, indem ich ihm Jesaja 52, ab Vers 13 das ganze Kapitel 53 vorlas. Ich fragte ihn, ob er die Stelle kennt und ob er weiß, wo sie steht. Er antwortete, dass er es nicht weiß, aber dass sie sicherlich im Neuen Testament zu finden sei. Diese detaillierte Beschreibung des Märtyrertodes Jesu Christ wurde aber schon im 8. Jahrhundert vor Christus geschrieben!

- *Seine Botschaft und die der Apostel war von Anfang an klar und immer dieselbe*

  > Denn ich habe euch vor allem überliefert, was ich auch empfangen habe: dass Christus für unsere Sünden gestorben ist nach den Schriften; und dass er begraben wurde und dass er auferweckt worden ist am dritten Tag nach den Schriften ...
  > 1Kor 15,3-4

  Ungefähr drei Jahre nach dem Tod Jesu bekehrte sich Saulus von Tarsus zu Jesus Christus. Er empfing damals schon dieselbe frohe Botschaft von den Augenzeugen und Aposteln, wie wir sie auch heute noch glauben. Diese Botschaft hat sich also nicht irgendwie mit der Zeit entwickelt, sondern stand von Anfang an fest: Jesus Christus ist für uns gestorben und auferstanden.

- *Seine Botschaft ist gut bezeugt in den Evangelien und ist keine erfundene Fabel oder Geschichte*

> Was von Anfang an war, was wir gehört, was wir mit unseren Augen gesehen, was wir angeschaut und unsere Hände betastet haben vom Wort des Lebens ...
>
> 1Joh 1,1

> Denn wir haben euch die Macht und Ankunft unseres Herrn Jesus Christus kundgetan, nicht indem wir ausgeklügelten Fabeln folgten, sondern weil wir Augenzeugen seiner herrlichen Größe gewesen sind.
>
> 2Petr 1,16

Die Worte Jesu wurden von Anfang an – wie es damals üblich war – von den ersten Jüngern auswendig gelernt, was später in den Evangelien seinen Niederschlag fand. Da die Apostelgeschichte vor 70 n. Chr. endet, ist stark anzunehmen, dass beide von Lukas geschriebenen Bücher des Neuen Testaments (Lukasevangelium und die Apostelgeschichte) ebenfalls vor diesem Zeitpunkt abgefasst wurden. Dies gilt auch für die anderen zwei so genannten synoptischen Evangelien. Es kann keine Rede davon sein, dass die Evangelien erst in der dritten oder vierten Generation von Christen entstanden sein können.

- *Sein Anspruch war einzigartig und war von Anfang an ein Teil Seiner Botschaft.* Als Jesus dem Sturm gebot, warfen sich Seine Jünger vor Ihm nieder. Als Jesus behauptete, vor Abraham gewesen zu sein, wollten die jüdischen Zuhörer ihn steinigen, weil sie genau wussten, was er damit sagen wollte (Joh 8,58-59). Kein Religionsstifter und kein anderer ernstzunehmender Mensch hat jemals von sich behauptet, eine Inkarnation des allmächtigen Gottes und Schöpfers von Himmel und Erde zu sein. Die Inkarnation von irgendeinem Gott des heidnischen Pantheons ja, aber nicht die Inkarnation des Gottes Israels. Dieser unglaubliche Gedanke wird ebenfalls schon in den Schriften des Alten Testaments ganz deutlich ausgedrückt, z. B. in Jesaja 9:

> Denn ein Kind ist uns geboren, ein Sohn uns gegeben, und die Herrschaft ruht auf seiner Schulter; und man nennt seinen Namen: Wunderbarer Ratgeber, starker Gott, Vater der Ewigkeit, Fürst des Friedens.
>
> Jesaja 9,5

Diese Worte aus dem 8. Jahrhundert vor Christus sprechen für sich selbst.

• *Der Weg, den Er uns zu Gott weist, ist einzigartig!* Dieser Weg ist Er selbst. Alle Religionen legen bei der Frage, wie der Mensch mit Gott und der Ewigkeit ins Reine kommen kann, den Akzent auf den Menschen und das, was er dafür zu tun hat. Die Bibel hingegen legt den Schwerpunkt auf das, was Jesus Christus für uns getan hat. Durch Sein Leben, Sein Sterben für uns und Seine Auferstehung ist der Weg zu Gott frei. Wer Ihn als den Herrn bekennt und von Herzen glaubt, dass Er auferstanden ist und heute noch lebt, kann so zu Gott kommen, wie er ist und wird angenommen wie der verlorene Sohn. Diese einfache und für alle Menschen verständliche Botschaft hat das Leben vieler Millionen Menschen von Grund auf verändert.

Die weitreichenden Folgen einer Abkehr von Christus

> ... zu jener Zeit ohne Christus wart, ausgeschlossen vom Bürgerrecht Israels und Fremdlinge hinsichtlich der Bündnisse der Verheißung; und ihr hattet keine Hoffnung und wart ohne Gott in der Welt.
>
> Epheser 2,12

Was bleibt uns, wenn wir dem Zweifel, der Resignation, dem Murren oder der Auflehnung gegenüber Gott nachgeben, das lebendige Vertrauen auf Gott verwerfen und in irgendeiner Form wieder zurückgehen in die Welt?

- Statt der Gewissheit des Glaubens würden wieder Ungewissheit und Unsicherheit herrschen!

- Statt einem Leben der Geborgenheit in Gott würden wir wieder unser eigenes Leben führen »ohne Gott in der Welt«. Man sagt nicht umsonst, dass das Buch Prediger von dem alten, abgefallenem Salomo geschrieben wurde, in dem er das Geschehen nicht mehr aus den Höhen eines geisterfüllten Lebens beschreibt, sondern sozusagen von unten (»unter der Sonne«). Neben allem, was wir durch dieses Buch trotzdem lernen dürfen, ist es doch eher ein Zeugnis der Verzweiflung und des Unerfülltseins eines Menschen, der nicht mehr in lebendiger Beziehung zu seinem Gott steht.

- Statt befreit zu sein von der Todesfurcht durch eine lebendige Hoffnung, wäre dieses irdische Leben voller Mühe und Unvollkommenheit, das einzige, das wir noch haben.

- Statt ein Licht und Hoffnungsträger in dieser Welt zu sein, wären wir resignierte, desillusionierte und unerfüllte Menschen, die keine geistliche Bestimmung mehr haben. Anstatt der Welt den Weg zu weisen, hat sie ihn nun uns gewiesen. Wir würden nicht sammeln, sondern zerstreuen.

- Statt in allem in Gott geborgen zu sein und im Herrn Freude und Zuversicht zu haben, müssten wir wieder alle unsere Sorgen alleine tragen und damit fertig werden.

- Statt unseren Kindern den Weg zu weisen für ein Leben mit Gott würde ihr geistliches Leben aller Wahrscheinlichkeit nach entweder gar nicht beginnen oder im Sumpf der Welt versickern.

- Statt wie ein Abraham zu leben, wirst du ein Lot werden und nicht mehr von einem Ungläubigen zu unterscheiden sein.

Die Liste ließe ich noch lange fortsetzen. Du sollst dir vor Augen halten, dass deine Entscheidung schwere und unabsehbare Folgen für deine Zukunft hat und du gar nichts, aber auch wirklich gar nichts Gutes eintauschen würdest für ein von Gott getragenes Leben. Gott bietet uns Sein Licht in jeder Situation an.

Er wird Seine Verheißungen für dein Leben erfüllen, wenn du an Ihm dranbleibst und darin ausharrst, sei es noch in diesem Leben oder im nächsten. Das Ausharren im Glauben wird eine reiche Belohnung ernten.

Was können wir tun, damit wir wieder fest im Glauben gegründet sind?

Es ist schön, dass unser Glaube an Gott und an Jesus Christus nicht nur ein irrationaler Sprung ist, sondern wir haben gesehen, dass es viele deutliche Hinweise gibt für diesen Glauben. Nun müssen wir aber zum Thema Denken und Glauben zwei Dinge ganz deutlich feststellen:

1. Das Vertrauen auf Gott ist letztlich keine Sache des Denkens, sondern des Herzens. Hier – im Herzen – werden die Schlachten gewonnen oder verloren. Das Denken kann uns nur dabei helfen, mit dem Herzen den richtigen Schritt der Entscheidung zu Gott hin zu tun und daran festzuhalten.

2. Wir kommen mit dem Verstand an unsere Grenzen und können längst nicht alle Fragen beantworten, weder im theologischen, noch im persönlichen Bereich. Beispielsweise zeigt uns die Bibel, dass Gott die Welt gut geschaffen hat und das Böse durch die falsche Entscheidung des Menschen Macht über diese Erde gewann. Sie beantwortet uns aber nicht, wie das Böse genau in die Welt gekommen ist und aus vollkommenen Engelwesen der Satan und die Dämonen geworden sind. *Persönlich* beschäftigt mich gerade, warum Gott es zugelassen hat, dass der Sohn einer alten Frau, die noch nicht allzu lange in eine Gemeinde geht, durch tragische Weise ums Leben gekommen ist. Er half ihr bei Holzarbeiten und ist dabei durch einen Unfall gestorben. Nun ist die Frau extrem entmutigt und die ganze Gemeinde, die in den letzten Jahren schon »unnormal« viel mit gemacht hat, mit ihr. Wofür ist es gut? Ich kann es nicht sehen! Noch schwieriger wird es, wenn wir selbst direkt betroffen sind von einem für uns nicht nachvollziehbaren Schicksalsschlag oder einer scheinbar sinnlosen Lebensphase.

Die Bibel zeigt uns ganz klar, wie wir mit unserem Fragen und unseren Grenzen umgehen sollen:

> Das Verborgene steht bei dem HERRN, unserm Gott; aber das Offenbare gilt uns und unsern Kindern für ewig, damit wir alle Worte dieses Gesetzes tun.
>
> 5. Mose 29,28

> Denn obwohl wir im Fleisch wandeln, kämpfen wir nicht nach dem Fleisch; denn die Waffen unseres Kampfes sind nicht fleischlich, sondern mächtig für Gott zur Zerstörung von Festungen; so zerstören wir Vernünfteleien und jede Höhe, die sich gegen die Erkenntnis Gottes erhebt, und nehmen jeden Gedanken gefangen unter den Gehorsam Christi.
>
> 2. Korinther 10,3-5

Gott hat uns Seine Offenbarung gegeben, damit wir Ihm vertrauen und das von Ihm Geoffenbarte umsetzen. So wie wir mit unseren Augen nur ein bestimmtes Lichtwellenspektrum sehen können, können wir mit unserem Verstand nur einen Teil des Gesamten verstehen. Und auch hier sind wir voll davon abhängig, dass Gott uns Seine Offenbarung gegeben hat. Sie ist das eigentliche Licht, damit wir mit unserem Denken das Geschehen um uns her richtig einordnen und die grundlegenden Fragen beantworten können. Der natürliche Mensch, der Gottes Offenbarung ablehnt, ist in den wesentlichen Dingen blind. Möchtest du dich selbst in diesen Zustand zurückbringen, nachdem Gott dich sein Licht hat sehen lassen?

Um weiter sehen zu können, müssen wir die Gedanken und brennenden Fragen, die Vernünfteleien und verstandesmäßigen Hindernisse ganz bewusst unter den Gehorsam des Christus stellen. Wenn wir es nicht wissen, Gott weiß es! Er ist ein guter Gott, und wir dürfen Ihm bewusst vertrauen. Das ist eine bewusste Entscheidung, die dir niemand abnehmen kann. Die unsichtbare Welt beobachtet sehr genau, wie diese Entscheidung ausfallen wird. Wenn du Gott den Vertrauensvorschuss gibst, wird Er sich dir nahen und der Teufel wird von dir fliehen. Leider ist es auch umgekehrt genauso. Klammere dich daher an den Herrn Jesus, der für dich betet, dass dein Glaube nicht aufhöre, schenke Ihm weiter dein Vertrauen, und du wirst es nie bereuen.

Ein Ehepaar verlor sein geliebtes Kind. Verzweifelt schrieb der Vater auf das Grab: »Warum, Gott?« Übers Jahr wurde dem Ehepaar noch ein Kind genommen. Nun schrieb der Vater auf das Grab: »Gott weiß, warum!« Dem Tod des ersten Kindes folgte ein heftiges Ringen mit Gott. Dem Tod des zweiten Kindes folgte Ergebung in Gott. Meinen ersten Tauftermin vor vielen Jahren sagte ich ab, weil ich manches einfach nicht verstehen konnte. Erst als ich Jesus mein Herz wieder öffnete und mich Ihm wieder ganz neu anvertraute, hatte ich erneut Zugang zu einem erfüllten Glaubensleben. So können wir mit allem, was uns plagt, zum Herrn gehen. Er wartet darauf, dass wir kommen, Er wird uns antworten, wenn auch der Himmel momentan für dich wie verschlossen scheint.

> Habt nun Geduld, Brüder, bis zur Ankunft des Herrn! Siehe, der Bauer wartet auf die köstliche Frucht der Erde und hat Geduld ihretwegen, bis sie den Früh- und Spätregen empfange. Habt auch ihr Geduld, stärkt eure Herzen! Denn die Ankunft des Herrn ist nahe gekommen. Seufzt nicht gegeneinander, Brüder, damit ihr nicht gerichtet werdet! Siehe, der Richter steht vor der Tür. Nehmt, Brüder, zum Vorbild des Leidens und der Geduld die Propheten, die im Namen des Herrn geredet haben! Siehe, wir preisen die glückselig, die ausgeharrt haben. Vom Ausharren Hiobs habt ihr gehört, und das Ende des Herrn habt ihr gesehen, dass der Herr voll innigen Mitgefühls und barmherzig ist.
>
> Jakobus 5,7-11

Schon immer brauchten die Gläubigen die Ermahnung und Ermutigung zur Geduld und zum Ausharren. Damit verbunden ist auch die zwischenmenschliche Ebene: Wenn wir am Herrn dran und in Ihm geborgen sind, werden wir qualitativ ganz andere Beziehungen haben, als wenn das nicht der Fall ist. Das betrifft die Beziehungen in der Familie, in der Gemeinde oder auch in der Welt. Es zahlt sich also auch von diesem Aspekt her extrem aus, dem Herrn weiter zu vertrauen. Im letzten Vers sagt Jakobus etwas ganz Wichtiges: Der Herr ist voll innigen Mitgefühls und barmherzig. Satan will uns den Herrn selbst madig machen, er will uns einreden, dass Er uns etwas vorenthält, dass

Er es nicht gut mit uns meint, dass Er eigentlich kein guter Gott ist. Diese Strategie des Zweifels an Gottes Wort und an Gottes guten Willen mit Seinen Kindern verfolgte er schon bei Eva und hat bis heute damit Erfolg. Manche, die heute nicht mehr mit dem Herrn gehen, sind genau an diesem Punkt gescheitert. Sie zweifelten nicht an Gott selbst, sondern daran, ob Gott es gut mit ihnen meint. Irgendwann endete das in Zynismus, Resignation, Abkehr von Gott und Austritt aus der Gemeinde.

> Wenn aber jemand von euch Weisheit mangelt, so bitte er Gott, der allen willig gibt und keine Vorwürfe macht, und sie wird ihm gegeben werden. Er bitte aber im Glauben, ohne irgend zu zweifeln; denn der Zweifler gleicht einer Meereswoge, die vom Wind bewegt und hin und her getrieben wird. Denn jener Mensch denke nicht, dass er etwas von dem Herrn empfangen werde, ist er doch ein wankelmütiger Mann, unbeständig in allen seinen Wegen.
>
> Jakobus 1,5-8

Genau darum geht es unter anderem in diesen Versen. Der Zweifler zweifelt daran, ob Gott seine Not überhaupt sieht, ob Er es gut mit ihm meint, und ob es überhaupt jemals wieder einen Ausweg aus allem geben kann. Immer mehr wird er hin- und hergetrieben, immer höher gehen die Wogen des Unglaubens und immer tiefer geht es hinein in das Wellental der Verzweiflung. Statt diese schlechte Entwicklung mit bewusster Ergebenheit in Gottes Willen zu unterbinden, geht die Saat des Zweifels immer mehr auf und er kommt so immer weiter weg vom Herrn. Für den Zweifler, und wir alle haben wohl schon zu ihnen gehört, gibt es ein einfaches Gebet: »Herr ich glaube, hilf meinem Unglauben!«

> Ohne Glauben aber ist es unmöglich, ihm wohlzugefallen; denn wer Gott naht, muss glauben, dass er ist und denen, die ihn suchen, ein Belohner sein wird.
>
> Hebräer 11,6

Hier sehen wir wieder beide Aspekte: Wir müssen darauf vertrauen, dass Gott ist und unsere Gebete nicht ins Leere gehen. Aber auch darauf, dass Er es gut mit uns meint und wir nicht umsonst unser Vertrauen auf Ihn werfen. Niemand kann sein Schicksal mit dem des Hiob vergleichen, und doch behielt Gott alles in Seiner Hand und führte es zum Guten hinaus. Warum sollte Er es bei uns nicht auch tun?!

Bücher zum Thema *Verstandesmäßige Gründe für den Glauben*:

1. *Hat die Naturwissenschaft Gott begraben?*, John Lennox, SCM Brockhaus 2009

2. *Apologetik*, Stephan Holthaus, Jota Publikationen 2009

3. *Die historische Glaubwürdigkeit der Evangelien*, Hugo Staudinger, SCM Brockhaus 2007

4. *Warum Gott?*, Timothy Keller, Brunnen Verlag Gießen 2010

5. *Macht es Sinn, an Gott zu glauben?* Kenneth D. Boa und Robert M. Bowman, Jr. Verlag C.M. Fliß 2007

6. *Gott macht Sinn*, Manfred Martin, CV Dillenburg 2011

7. *Der Jesus-Papyrus*, Carsten Peter Tiede, Bastei Lübbe 2003

Beim Christlichen Mediendienst – CMD – sind weitere Bücher erhältlich:

Fritz Binde

Vom Geheimnis des Glaubens

CMD, Paperback, 280 Seiten
ISBN 978-3-939833-35-2
Euro 9,50

Fritz Binde (1867-1921), ein ehemaliger Atheist, Anarchist und Nietzsche-Anhänger, lebte nach seiner Bekehrung lange bei Georg Steinberger in der Schweiz. In dieser Zeit las er – nach eigener Aussage – fast nur noch die Bibel. Und dann trat dieser wache Geist vor die Menschen.

Binde wirkte als Evangelist und Verkündiger in großem Segen. Meine Großeltern, Heinrich und Katharina Plock, kamen anfangs des 20. Jahrhunderts in seinem Umfeld zum Glauben und liefen manches Mal viele Kilometer zu Fuß zu seinen Bibelstunden. Von daher ist es mir natürlich eine besondere Freude, *Vom Geheimnis des Glaubens* neu herausgeben zu dürfen.

Aber Fritz Binde schont niemanden. Er demütigt das stolze Menschlein, um Christus und sein Heil bei jeder Gelegenheit groß zu machen. Wer bereit ist, sich ins Licht Gottes zu stellen, der wird großen Gewinn haben und das Geheimnis des Glaubens (neu) entdecken.

Ich wünschte, Gott, der HERR, könnte dieses Buch für die heute lebende Generation erneut zum Segen gebrauchen!

(Aus dem Vorwort von Wilfried Plock)

Arnold G. Fruchtenbaum

Das Leben des Messias
*Zentrale Ereignisse aus jüdischer
Perspektive*

CMD, Paperback, 5. Auflage,
168 Seiten
ISBN 978-3-939833-05-5
Euro 9,50

Manchmal haben an Christus gläubig gewordene Juden einen besseren Zugang zum Wort Gottes als Christen aus den Nationen. Vor allem dann, wenn sie solch gründliche Studien durchlaufen haben wie Arnold G. Fruchtenbaum.

In diesem Buch beschäftigt sich der Autor mit zentralen Ereignissen im Leben des Messias. Er beleuchtet schlichte Evangelientexte – wie zum Beispiel die Geburt oder die Verklärung Jesu – im Licht ihres jüdischen Bezugsrahmens und beschränkt sich besonders auf diejenigen Passagen im Leben Jesu, die das Wissen um den jüdischen Hintergrund zum Verständnis benötigen. Der Leser wird dabei große Kostbarkeiten entdecken, die ihm zu einem tieferen Verständnis der Schrift verhelfen können.